财经法治

TAX LAW AND
税法解释与判例评注
CASE REVIEW

第十四卷

熊伟／主编
叶金育／副主编

法律出版社
LAW PRESS·CHINA
北京

图书在版编目(CIP)数据

税法解释与判例评注. 第十四卷 / 熊伟主编. -- 北京 : 法律出版社, 2022
ISBN 978-7-5197-6064-9

Ⅰ. ①税… Ⅱ. ①熊… Ⅲ. ①税法－法律解释－中国 ②税法－判例－中国 Ⅳ. ①D922.220.5

中国版本图书馆 CIP 数据核字(2021)第 207602 号

税法解释与判例评注(第十四卷)
SHUIFA JIESHI YU PANLI PINGZHU (DI-SHISI JUAN)

熊　伟　主编

策划编辑 沈小英
责任编辑 毛镜澄
装帧设计 李　瞻

出版发行 法律出版社
编辑统筹 法治与经济出版分社
责任校对 王　丰　郭艳萍
责任印制 吕亚莉
经　　销 新华书店

开本 710 毫米×1000 毫米 1/16
印张 17.25　**字数** 313 千
版本 2022 年 6 月第 1 版
印次 2022 年 6 月第 1 次印刷
印刷 北京虎彩文化传播有限公司

地址:北京市丰台区莲花池西里 7 号(100073)
网址:www.lawpress.com.cn
投稿邮箱:info@lawpress.com.cn
举报盗版邮箱:jbwq@lawpress.com.cn
销售电话:010-83938349
客服电话:010-83938350
咨询电话:010-63939796

书号:ISBN 978-7-5197-6064-9
定价:95.00 元
凡购买本社图书,如有印装错误,我社负责退换。电话:010-83938349

《税法解释与判例评注》

合作单位

中汇（武汉）税务师事务所有限公司

中汇
ZHONGHUI

北京市金杜律师事务所上海分所

KING&WOOD MALLESONS
金杜律师事务所

卷首语

《契税法》《城市维护建设税法》自2021年9月1日起施行。2021年6月10日，第十三届全国人民代表大会常务委员会第二十九次会议通过《印花税法》，自2022年7月1日起实施。税收法定的步伐沉重而坚定。《民法典》于2021年1月1日起施行，它对税法的影响全面而深远。而《行政处罚法》的全面修订，则直接带来了税收执法的一系列现实转变。《重大税务案件审理办法》修正，《税务稽查工作规程》被废止，代之以升格为规章的《税务稽查案件办理程序规定》。尤其值得关注的是，2021年3月26日，中共中央办公厅、国务院办公厅印发了《关于进一步深化税收征管改革的意见》，奠定了新一轮征管改革的基调。这为《税法解释与判例评注》提供了新动力，也提出了新要求。

呈现在读者面前的第十四卷，共收录了13篇文章。在内容和基调上，除继续坚持丛书以往的风格与定位外，也尝试进行了一些突破。

胡邵峰、王维顺在一个税收保全案例中敏感地捕捉到了《税收征收管理法》有关批准主体的规定在理论上和实践中面临的困惑，在全面梳理法条的基础上，从内部行政和外部执法的视角切入，见微知著，对“经上级税务局局长批准”和“经上级税务机关批准”这类表述进行了法教义学的解构，为《税收征收管理法》的修订提出了有价值的立法建议。李欣颐通过案例指出，国际税收协定中有关股息饶让条款中两个值得注意的问题，并结合我国改革开放的新形势提出，在饶让条款设置方面，我国应当限制饶让抵免优惠依据的法律来源，明确饶让抵免和对应抵免的独立或约束关系，在提高适用确定性的基础上，适当兼顾灵活性。元武、翁启标关注出口退税账户质押贷款这一特殊的商业模式，并分析了在该模式下应退未退税款作为纳税担保的可能性以及出口退税银行账户质押贷款是否构成质押担保的问题，为纳税担保理论和实践的发展提供了很好的素材。

王晓春在分析大量案例的基础上，以公权与私权的关系为研究视角，重新梳理了公法债权与私法债权竞合时的优先顺位，即原则上，私法债权优先、公法债权谦抑避让，作为例外，公法债权优先、私法债权劣后。黄俊涛聚焦近年来石化行业变票交易偷逃消费税的系列案件，从增值税的发展沿革、增值税专用发票功能、虚开增值税专用发票罪立法目的及刑法基本原则等方面展开研究，指出不应对《刑法》第205条作扩大解释,对于石化企业变票交易偷逃以及抵扣消费税的行为应以逃税罪作出评价。李文伟在大量案例分析研究的基础上,对包税条款的效力认定和计税依据确定方面的研究另辟蹊径,选取了当事人主观意志这一特殊视角,提出对"显失公平"的认定应严守"主客观要件说",对"重大误解"的认定可引入"相对人过错"作为重要的判断因素,并将包税条款划分为价税合一型、具体约定型和概括涵盖型3种类型展开论证。

苏怡雯以税法上的基本原则对以股权形式转让房地产的行为进行检视,认为不应将以股权形式转让房地产的行为纳入土地增值税的课税对象,同时提出,要从股权转让行为所具有的民事权利与民事法律行为双重属性上重塑土地增值税规则,并基于程序上的反避税逻辑对滥用股权转让形式实现有效征管。毛彦经过对个人所得税扣缴三方法律关系的分析,将扣缴义务人定位于因所得源泉的角色,进而承担法定的扣缴义务,负担行政助手的职责,并进一步在"支付所得"此一核心概念基础上剥离出所得来源、支付形式、支付内容与支付控制4个判断扣缴义务人责任负担的基本要件。何镓杰在对一起典型案例进行分析的基础上,检讨了《税收征收管理法》第51条在适用上不仅没有照顾法律原因自始欠缺的情形,对纳税人与税务机关之间法律原因嗣后消灭的情形更是调整失灵,进而提出应明确税收返还请求权的构成要件为无法律上原因,时效期间为3年,期间的起算点为请求权成立之日或请求权可得行使之日。许永盛关注因税法适用本身的专业性及行刑交叉案件固有复杂性所导致的涉税行刑交叉案件的处理难度,为探寻该类案件的一般处理思路,从方法论层面尝试构建涉税行刑交叉案件的"三级拆解法"。

自社会保险费划转税务机关统一征收以来,其话题性就不断升温,已经成为税务机关执法和人民法院司法的重要内容。丛书紧贴时代脉搏,特别收录了两篇文章。洪小东认为,社保费征管体制改革须能够有效应对企业的"新增"负担,促使税务机关严格依法征收以及提升参保人缴费动力的三重挑战,并建议强化国家对社保基金的财政补助以及综合协调税费筹资工具,强化税务机关的垂直管理以消解其角色冲突,增强社会保险权益的可携性以提升参保人的缴费动力。薛皓天在对社保费的公私属性及对价特征进行法理检视后,尝试论证了将《税收征收管理法》作为法律依据补足现行规则授权不足、刚性缺失、追缴不明的可能性,认为对社保费税式征收的落地,应适当弱化对参保个人征费的公法措施,同时衡量企业法律预期性、经济转型压力等,在法律上考虑引入保费赦免等规则以缓和追缴压力。

本卷继续创新组稿模式，尝试收录了一篇硕士学位论文。陈晓虹以偷、逃税行为的立法问题为研究的出发点与落脚点，从广阔的视角，充分结合税法与刑法领域有关偷、逃税的立法沿革、司法现状与学理研究，以期探索解决立法协调问题的适当出路，是近年来税法专业硕士学位论文中难得一见的佳作。因篇幅关系，丛书将分上、下两篇收录。本卷收录的上篇，通过对我国偷、逃税的立法演变及特征进行梳理、归纳，简要分析其背后的历史原因，结合新一轮税制改革的背景，总结出我国现行立法逻辑中存在的税法与涉税刑法“交织倒错”，且刑法“不当扩张”至税法的现实问题。随后，作者归纳出“偷税行政违法”与“逃税刑事犯罪”共同涉及与相互勾连的构成要件，采用社会学定量研究方法，收集整理了截至2020年年底的788份偷税行政裁判文书和1676份逃税刑事裁判文书，并根据论题需要归纳出40余个统计变量，使用SPSS数据统计软件建立数据库后导入样本案例的详情数据进行定量分析，考察我国偷、逃税司法实践的整体现状，以及各构成要件下普遍存在的不符合行政犯本质原理的法律解释适用问题。在探究问题产生的内在缘由后，进一步提炼分析各构成要件下与本文主题相关的裁判观点，据此以司法困境反证立法不协调之弊病。

本卷的出版仰赖作者的集体智慧，也离不开编辑部所有编辑的专业投入。感谢编辑部中南民族大学叶金育、首都经济贸易大学贺燕、厦门大学王宗涛、西南政法大学王婷婷、华东政法大学欧阳天健以及其他老师的协力共进，感谢法律出版社毛镜澄编辑一如既往的鼎力支持。本卷执行编辑国家税务总局税务干部学院（长沙）胡邵峰老师的高度投入和精益求精，为书稿出版作出了重大贡献。国家税务总局沅江市税务局史龙娟女士和武汉大学法学院博士研究生毛彦承担了书稿的规范化工作，在此一并致谢。

本卷出版同样离不开中汇（武汉）税务师事务所有限公司、北京市金杜律师事务所上海分所的资金支持。正是刘菊芳、段晖、叶永青等热心人士的无私帮助和真心支持，才使《税法解释与判例评注》得以平稳运行。期待更多热心税法公益事业的有志之士提供帮助，共同谱写新时代的《税法解释与判例评注》，合力助推新时代中国的税收法治建设。

熊　伟
武汉大学财税与法律研究中心
2021年9月10日

目 录

Contents

“经上级税务局局长批准”和“经上级税务机关批准”的法教义学解构*

胡邵峰**　王维顺***

摘　要：现行《税收征收管理法》及其实施细则中关于需“经县以上税务局（分局）局长批准”的有关规定在税收实践中，遇到了法律地位不明确、概念不清晰等法律适用的问题。本文在分析这些问题成因的基础上，从外部执法和内部行政的关系着眼，提出了《税收征收管理法》优化建议。较彻底的做法是在《税收征收管理法》中放弃纯属于内部行政的规定。而局部的修改建议包括：删除局长批准程序，改为将相关执法权力规定为只能由县级及以上税务机关行使，同时将县级及以上税务机关的范围确定为包含各级税务局的稽查局；或者引入行政机关负责人的概念，将原来的局长批准修改为负责人批准，并规范负责人的范围和法律职责。

关键词：税收征收管理法；税务机关；税务局局长；批准

一、案情简介[1]

2014年6月5日，经厦门市国家税务局（以下简称市国税局）分管稽查工作的副局长批准，税务机关作出厦国税保冻〔2014〕00401号税收保全措施决定书。该决定书的发文机关为“厦门市国家税务局（稽查局）”，落款签章处盖有“厦门市国家税务局”印章。该决定书主要内容如下：根据《税收征收管理法》第55条的规定，经市国家税务稽查税务局局长批准，决定从2014年6月5日起冻结厦门泰元盛进出口贸易有限公司（以下简称泰元公司）在厦门工行思明支行等银

---

* 这里的“经上级税务局局长批准”和“经上级税务机关批准”并非法条上的原文表述，而是出于强调以及文章写作的方便所进行的处理。

** 国家税务总局税务干部学院（长沙）专职教师。

*** 国家税务总局济南市税务局第三稽查局，公职律师，税务师。

〔1〕 福建省厦门市思明区人民法院行政判决书，(2014)思行初字第118号。

行的存款5,055,263.64元,并责令泰元公司于2014年6月5日前缴纳应纳税款;逾期未缴的,将依照《税收征收管理法》第55条、第58条的规定采取强制执行措施。该决定书尾部告知内容为:“如对本决定不服,可自收到本决定之日起六十日内依法向厦门市国家税务局申请行政复议,或者自收到本决定之日起三个月内依法向人民法院起诉。”

泰元公司不服该决定书,于2014年7月14日向市国税局申请行政复议。2014年9月2日,市国税局作出厦国税复决字〔2014〕3号行政复议决定,维持厦国税保冻〔2014〕00401号税收保全措施决定。

泰元公司认为,市国税局采取的税收保全措施程序违法、适用法律不当,起诉至法院,请求判令撤销被告作出的厦国税保冻〔2014〕00401号税收保全措施决定。法院经审理,就各相关问题分别判定如下:(1)证据16中的授权委托书,系被告法定代表人授权该局负责稽查工作的副局长代为履行有关税务行政事项的批准权限的委托书,系被告的内部行政事务,原告对该授权委托书的真实性存有异议,没有事实依据,法院不予采纳。(2)最高人民法院《关于执行〈中华人民共和国行政诉讼法〉若干问题的解释》(法释〔2000〕8号)第19条规定:“当事人不服经上级行政机关批准的具体行政行为,向人民法院提起诉讼的,应当以在对外发生法律效力的文书上署名的机关为被告。”〔1〕涉诉税收保全措施系稽查局在税务稽查过程中,经被告批准而作出的,决定书落款签章处盖有被告的印章,因此,该税收保全措施决定依法应认定为系被告作出的。原告就该决定书向被告提起行政诉讼,符合法律规定。(3)被告作出的涉诉税收保全措施,按照被告内部局领导的职责分工,并经局长授权,由分管稽查工作的副局长批准,并不违反法律规定的批准程序。(4)《税务行政复议规则》第16条规定:“对各级国家税务局的具体行政行为不服的,向其上一级国家税务局申请行政复议。”该复议规则第19条第2款规定:“对税务所(分局)、各级税务局的稽查局的具体行政行为不服的,向其所属税务局申请行政复议。”涉诉决定书系被告签章作出的,不服该决定书,依法应向福建省国家税务局申请行政复议。被告在该决定书中

---

〔1〕该司法解释现已被最高人民法院《关于适用〈中华人民共和国行政诉讼法〉的解释》(法释〔2018〕1号)废止。法释〔2018〕1号文件对此有类似规定。法释〔2018〕1号文件第19条规定:“当事人不服经上级行政机关批准的行政行为,向人民法院提起诉讼的,以在对外发生法律效力的文书上署名的机关为被告。”

告知原告向厦门市国家税务局申请行政复议,申请行政复议的告知内容错误。《税收征收管理法》第88条规定,对税收保全措施不服的,可以依法申请行政复议,也可以依法向人民法院起诉。据此,税收保全措施的行政复议不是必经程序。尽管被告对申请行政复议的告知内容有误,但鉴于行政复议不是必经程序,原告提起行政诉讼的诉权并未因此受到影响。因此,涉诉税收保全措施的前述瑕疵并不导致该行政行为违法。综上,被告采取涉诉税收保全措施系其法定职责,涉诉决定书认定事实清楚、证据充分、适用法律正确、程序要素齐备,但存在瑕疵。鉴于该瑕疵并未对原告的权利产生实质影响,且鉴于原告现状,被告采取税收保全措施既是法定职责,也是为保障国家税款及时、足额入库所采取的必要措施,因此,人民法院对原告要求撤销被告作出的厦国税保冻〔2014〕00401号税收保全措施决定并解除对原告银行存款冻结的诉讼请求不予支持,判决驳回原告泰元公司的诉讼请求。

二、争议焦点

该案争议的问题很多,例如,执法文书送达回证的签字、文书送达的效力、调取账簿资料的程序、账簿资料清单的签收、救济权利的告知、保全措施的法律依据、逃避纳税义务的判断、"经上级税务局局长批准"的法律意义、副局长签字的法律效力等。囿于篇幅有限,本文并不逐一展开,只就有关"经上级税务局局长批准"的相关问题进行探讨。具体包括"经上级税务局局长批准"的法律意义是什么?"经上级税务局局长批准"是否等同于"经上级税务机关批准"?"副局长批准"在效果上是否等同于"局长批准"?如何在立法上进行改进以减少此类争议?

三、现行法律文件的实然梳理

(一)"经税务局(分局)局长批准"的相关规定

在现行《税收征收管理法》及其实施细则中,不少法条都规定"经县以上税务局(分局)局长批准”,[1]此类规定主要是《税收征收管理法》第37条[2]、第38条、第40条、第54条第1项[3]、第54条第6项等。其中,有的明确需“经县以上税务局(分局)局长批准”,有的强调的是“经设区的市、自治州以上税务局(分局)局长批准”。

(二)“经税务机关批准”的相关规定

在现行有效的涉税法律文件中,有关需“经税务机关批准”的规定并不多见,且措辞上不见得直接表述为“经税务机关批准”,它主要存在于涉税行政许可中。[4] 例如,《税收征收管理法》第31条[5]、第27条,[6]《税收征收管理法实施细则》第47条、第53条、第30条等。

值得注意的是,在全面推行“放管服”改革之前,还是有不少涉税事项需要

---

[1] 国家税务总局《关于稽查局有关执法权限的批复》(国税函〔2003〕561号)规定:“税收征管法及其实施细则中规定应当经县以上税务局(分局)局长批准后实施的各项权力,各级税务局所属的稽查局局长无权批准。”

[2] 《税收征收管理法》第37条规定:“对未按照规定办理税务登记的从事生产、经营的纳税人以及临时从事经营的纳税人……扣押后仍不缴纳应纳税款的,经县以上税务局(分局)局长批准,依法拍卖或者变卖所扣押的商品、货物,以拍卖或者变卖所得抵缴税款。”

[3] 《税收征收管理法》第54条第1项并没有直接规定批准主体及权限,但《税收征收管理法实施细则》第86条规定:“税务机关行使税收征管法第五十四条第(一)项职权时,可以在纳税人、扣缴义务人的业务场所进行;必要时,经县以上税务局(分局)局长批准,可以将纳税人、扣缴义务人以前会计年度的账簿、记账凭证、报表和其他有关资料调回税务机关检查,但是税务机关必须向纳税人、扣缴义务人开付清单,并在3个月内完整退还;有特殊情况的,经设区的市、自治州以上税务局局长批准,税务机关可以将纳税人、扣缴义务人当年的账簿、记账凭证、报表和其他有关资料调回检查,但是税务机关必须在30日内退还。”

[4] 根据国家税务总局《关于税务行政许可若干问题的公告》(国家税务总局公告2016年第11号)和国家税务总局《关于公布已取消税务行政许可事项的公告》(国家税务总局公告2019年第11号)的规定,现行有效的税务行政许可事项共6项:(1)企业印制发票审批;(2)对纳税人延期缴纳税款的核准;(3)对纳税人延期申报的核准;(4)对纳税人变更纳税定额的核准;(5)增值税专用发票(增值税税控系统)最高开票限额审批;(6)对采取实际利润额预缴以外的其他企业所得税预缴方式的核定。

[5] 《税收征收管理法》第31条规定:“纳税人、扣缴义务人按照法律、行政法规规定或者税务机关依照法律、行政法规的规定确定的期限,缴纳或者解缴税款。纳税人因有特殊困难,不能按期缴纳税款的,经省、自治区、直辖市国家税务局、地方税务局批准,可以延期缴纳税款,但是最长不得超过三个月。”

[6] 《税收征收管理法》第27条第1款规定:“纳税人、扣缴义务人不能按期办理纳税申报或者报送代扣代缴、代收代缴税款报告表的,经税务机关核准,可以延期申报。”

"经税务机关批准"的,其中不少都经历了从审批到备案再到备查的变化。[1] 尤其是大量有关税收减免的税收优惠类事项管理,往往都强调需经税务机关批准,现在已基本废止。[2]

(三)"经上级税务机关批准"的规定

在对有关"经税务机关批准"的规定进行梳理的过程中可以发现,有批准职权的税务机关除主管税务机关外,还包括一类特殊情况,即要求经主管税务机关的上级税务机关批准。

在现行《税收征收管理法》及其实施细则中,明确规定需要经上级税务机关批准的税收行政行为,只有《税收征收管理法实施细则》第 88 条。它对延长税收保全措施期限,明确要求应当报国家税务总局批准。[3] 在单行税法中,对于缴纳城镇土地使用税确有困难(含遭受自然灾害)需要减税免税的,则经历了从省级税务机关审核、总局批准,到由主管税务机关审核、省级税务局审批,再到现在全部由县以上税务机关批准的审批权限下放过程。[4]

另外一个"经上级税务机关批准"的典型规定,即《重大税务案件审理办法》(国家税务总局令第 51 号)。[5] 该办法规定,稽查局处理的重大税务案件,需报经所属税务局设立的重大税务案件审理委员会审理,稽查局应当按照重大税务案件审理意见书制作税务处理处罚决定等相关文书,加盖稽查局印章后送达执

---

〔1〕 参见国家税务总局《关于公开行政审批事项等相关工作的公告》(国家税务总局公告 2014 年第 10 号)。该公告共公布了 87 项税务行政审批事项,但仅保留 6 项税务行政许可事项,其余 81 项非行政许可审批事项已清理完毕,其中取消 58 项,调整为其他权力 23 项。

〔2〕 国家税务总局《关于发布〈税收减免管理办法〉的公告》(国家税务总局公告 2015 年第 43 号,已失效)。根据 2017 年 12 月 29 日发布的国家税务总局《关于公布失效废止的税务部门规章和税收规范性文件目录的决定》(国家税务总局令第 42 号),该公告全文失效废止。

〔3〕 《税收征收管理法实施细则》第 88 条规定:"依照税收征管法第五十五条规定,税务机关采取税收保全措施的期限一般不得超过 6 个月;重大案件需要延长的,应当报国家税务总局批准。"

〔4〕 参见《城镇土地使用税暂行条例》(国务院令第 17 号,已失效)、国务院《关于修改〈中华人民共和国城镇土地使用税暂行条例〉的决定》(国务院令第 483 号)、国家税务总局《关于适当下放城镇土地使用税减免税审批权限的通知》(国税发〔1992〕53 号,已失效)、国家税务总局《关于下放城镇土地使用税困难减免审批项目管理层级后有关问题的通知》(国税函〔2004〕940 号,已失效)、国家税务总局《关于下放城镇土地使用税困难减免税审批权限有关事项的公告》(国家税务总局公告 2014 年第 1 号,已被修改)。

〔5〕 国家税务总局《关于修改〈重大税务案件审理办法〉的决定》,已经 2021 年 5 月 11 日国家税务总局 2021 年度第 1 次局务会议审议通过,2021 年 6 月 7 日公布,自 2021 年 8 月 1 日起施行。

行。严格从行政组织法的角度来说,虽然重大税务案件审理委员会是所属税务机关的一个内设组织,不可将二者等同视之。但它们在重大案件审理这一特定事项上,组织意志方面是有同一性的,重大税务案件审理委员会的批准行为可以视为所属税务机关的批准行为。

其他需经税务机关批准的行为中,大多并没有明确批准机关必须是主管税务机关的上级税务机关。批准权限较高的延期缴纳税款的批准,虽然规定由省级税务机关批准,但未明确规定必须先由主管税务机关受理后再上报省级税务机关批准。在各地的执法实践中,做法也不尽相同。例如,湖南省税务局规定,延期缴纳税款核准业务可以由省局行政审批受理窗口(纳税服务处)负责申请的受理工作;[1] 宁夏地方税务机关曾经规定,延期缴纳税款由主管税务机关受理,然后上报至自治区局(省级税务机关)审批流程;[2] 大连市地方税务局也曾经规定了与宁夏类似的延期缴纳税款审批工作流程。[3] 在此不再赘述。

四、批准主体规则的法教义学分析——如何理解“经上级税务局局长批准”与“经上级税务机关批准”的出入

(一)批准主体的研究价值

批准的主体是局长还是税务机关,不仅是种文字上的讲究,它涉及相关批准

---

[1] 参见湖南省税务局《关于明确延期缴纳税款核准业务有关事项的公告》(湖南省税务局公告2018年第12号):“一、关于延期缴纳税款核准业务受理。省局行政审批受理窗口(纳税服务处)负责纳税人延期缴纳税款事项申请的受理工作。在法定的申报缴款期限内,纳税人可选择直接到省局行政审批受理窗口(纳税服务处)提交相关申请资料,也可选择由主管税务机关办税服务厅代为转报相关申请资料。主管税务机关办税服务厅在核对申请材料后向纳税人出具材料接收清单,做好代办转报事项台账登记,并于5个工作日内向省局行政审批受理窗口(纳税服务处)转报,不得向纳税人收取任何费用。”

[2] 参见宁夏回族自治区地方税务局《关于发布〈宁夏回族自治区地方税务局延期缴纳税款管理办法〉的公告》(宁夏回族自治区地方税务局公告2015年第7号,已失效)第5条的规定,“地税机关应当按照‘集中受理、内部流转、限时办结、窗口出件’的工作流程办理延期缴纳税款审批工作”。第12条规定:“延期缴纳税款审批由主管地税机关受理后直接向自治区地方税务局行政审批办公室(以下简称区局审批办)报送。”

[3] 参见辽宁省大连市地方税务局《关于印发延期缴纳税款管理办法的通知》(大地税发〔2008〕57号,部分失效)。

行为法律属性的界定，暗含理论上和实践中的重大意义。

虽然这些年来行政法学的研究取得了很大进展，但和民法、刑法等成熟的法律部门相比，它的研究在整体上仍显不足，其基础理论尚不能充分满足实践需要。虽然如此，可以肯定的是，虽然内部行政和外部行政概属于行政法这一个法律部门，但它们在适用范围、法律依据、法律后果、救济途径等方面都存在诸多不同。例如，在我国现行法律文件中，税务局局长从来就不是一个执法主体，但它完全可能且应该成为内部行政的主体。

通过上述文件梳理就可以发现一些规律：需要“经上级税务局局长批准”的行为虽然种类很多，从表象上看似乎都是外部执法行为，但其呈报和批准的主体却都是行政主体，从这个视角来考察报批行为，它本质上是一种内部行政行为；而“经上级税务机关批准”的行为，该被审批的行为不仅是外部执法行为，而且呈报主体和审批主体正是外部行政法律关系中的相对人和行政主体，本质上是一种外部行政行为。

虽然在内部行政和外部行政的关系上，可能存在理论供给不足的问题，但在内部行政行为和外部行政行为这一视角，可以成为评价该案的一个重要线索。

从实践角度来说，区别税务机关作出的行为是“经上级税务局局长批准”还是“经上级税务机关批准”，也有现实的意义。

例如，在行政复议法律关系中，需要确定由哪个税务机关担任行政复议的被申请人，也就是由谁来承担这个被批准的行政行为的责任。而根据现行法律文件的相关规定，在行政复议案件的审理中，通常由作出具体行政行为的税务机关作为被申请人。[1] 但是，如果这个具体行为的作出是经过上级机关批准的，则

---

〔1〕《行政复议法》第10条第4款规定：“公民、法人或者其他组织对行政机关的具体行政行为不服申请行政复议的，作出具体行政行为的行政机关是被申请人。”《行政复议法实施条例》第11条规定：“公民、法人或者其他组织对行政机关的具体行政行为不服，依照行政复议法和本条例的规定申请行政复议的，作出该具体行政行为的行政机关为被申请人。”《税务行政复议规则》（2010年2月10日国家税务总局令第21号公布，根据2015年12月28日国家税务总局《关于修改〈税务行政复议规则〉的决定》和2018年6月15日国家税务总局《关于修改部分税务部门规章的决定》修正）第26条规定：“申请人对具体行政行为不服申请行政复议的，作出该具体行政行为的税务机关为被申请人。”

批准的机关为被申请人。[1] 因此,在行政复议过程中,如果认为一个“经上级税务局局长批准”的行政行为属于“经上级税务机关批准”的行政行为,则作出具体行政行为的税务机关的上级税务局即为被申请人;反之,如果认为一个“经上级税务局局长批准”的行政行为不属于“经上级税务机关批准”的行政行为,则作出行政行为的税务机关即为被申请人。

而在行政诉讼中并不存在这种纠结。最高人民法院《关于适用〈行政诉讼法〉的解释》(法释〔2018〕1号)第19条明确规定:“当事人不服经上级行政机关批准的行政行为,向人民法院提起诉讼的,以在对外发生法律效力的文书上署名的机关为被告。”

值得研究的是,都是为了监督行政机关依法行政,为什么行政复议程序和行政诉讼程序在这个问题上作出了明显不同的规定?

一般认为,这取决于行政复议和行政诉讼的不同作用机理和价值。行政复议程序属于行政机关内部的监督纠错机制,如果以签章机关为被申请人,作出批准决定的上级机关即为复议机关,那行政复议实际上就成为复议机关自己审理自己决定的行政行为,显然有违正当程序原则,不利于案件的正确审理,客观上也失去了上级监督下级的作用。

其中最典型的是重大税务案件审理程序。如前文所述,因为在稽查局的执法过程中切入了一个重大案件的审理程序,对于市稽查局处理的重大税务案件,在行政复议程序中,被申请人是重大税务案件审理委员会所在税务机关,复议机关则是重大税务案件审理委员会所在税务机关的上级税务机关,即省税务局。如此一来,在行政诉讼程序中可能会出现一种很有意思的结果。根据《行政诉讼法》的规定,如果该案经过了行政复议,且复议机关维持稽查局的处理和处罚决定时,作出具体行政行为的市稽查局和作为复议机关的省税务局同时作为被告,而真正作出税务决定的市税务局反而置身事外了。

(二)“经上级税务局局长批准”与“经上级税务机关批准”关系之厘清

当前,对于“经上级税务局局长批准”是否属于“经上级税务机关批准”,主

---

〔1〕《行政复议法实施条例》第13条规定:“下级行政机关依照法律、法规、规章规定,经上级行政机关批准作出具体行政行为的,批准机关为被申请人。”《税务行政复议规则》第29条规定:“税务机关依照法律、法规和规章规定,经上级税务机关批准作出具体行政行为的,批准机关为被申请人。申请人对经重大税务案件审理程序作出的决定不服的,审理委员会所在税务机关为被申请人。”

要有两种不同的观点。

支持“经上级税务局局长批准”属于“经上级税务机关批准”的观点认为，税务机关实行行政首长负责制，行政首长作为税务机关的法定代表人，其作出的决定，视同税务机关作出的决定。行政机关负责人作出的决定代表行政机关的决定，是有现实法律文件支持的。

如新修订的《行政处罚法》第57条规定：“调查终结，行政机关负责人应当对调查结果进行审查，根据不同情况，分别作出如下决定：（一）确有应受行政处罚的违法行为的，根据情节轻重及具体情况，作出行政处罚决定；（二）违法行为轻微，依法可以不予行政处罚的，不予行政处罚；（三）违法事实不能成立的，不予行政处罚；（四）违法行为涉嫌犯罪的，移送司法机关。”只有“对情节复杂或者重大违法行为给予行政处罚，行政机关负责人应当集体讨论决定”。在接下来的该法第59条进一步规定：“行政机关依照本法第五十七条的规定给予行政处罚，应当制作行政处罚决定书。”可见，在行政处罚程序中，行政首长对于处罚决定的意志在很多情况下就代表了所在机关的意志。

另外，在国家税务总局的内部答复以及印发供各级税务机关参考的省及省以下税务机关权力和责任清单范本的相关文件中，将“经上级税务局局长批准”的行为视同“经上级税务机关批准”的行为，在税务行政复议时，复议机关为上级局长所在税务局的上级税务机关。

另一种观点则认为，局长的个人批准意见与税务机关的集体意见并不能简单等同。而经上级税务机关批准，在很多情况下是指经上级集体研究、集体决定的结果。《税收征收管理法》及其实施细则中规定的经局长审批，是税务机关内部的工作流程和工作机制，不必然对外产生执法效力。通过对上述规定的梳理也可以发现，《税收征收管理法》及其实施细则中明确规定，需要县以上税务局局长个人批准的，主要是那些由税务机关主动发起的行政行为。而那些由纳税人或者其他行政相对人发起的需要税务机关同意的事项，并未规定需要局长批准。另外，税务机关作出的很多具体行政行为，在实践中不一定需要局长本人批准。例如，2000元以下的罚款，税务所就可以决定并以其作出，不需要局长批准。还可以对此印证的是，虽然重大税务案件审理委员会实行主任负责制,[1]且局长是审理委员会主任,但重大税务案件审理程序是包括政策法规、税政业务、纳税服务、征管科技、大企业税收管理、税务稽查、督察内审等各成员单位在内集体审理、集体决定的过程,不是审理委员会主任即局长个人的决定。[2]

其实,这个问题在该案中就有体现。正是因为签章上一个显而易见的错误,导致了执法逻辑上的混乱。涉诉税收保全措施决定书的发文机关为稽查局,落款签章的机关却为市税务局,二者并不一致。而恰恰是盖章的市税务局作为复议机关对案件进行了审理,只是法院并未对此进行深究。

这里有个技术性问题值得探讨:经上级税务局局长批准的具体行政行为,应该加盖哪级机关的公章?如果意识到该案的报批行为其实牵扯内部行政和外部行政的关系,或许答案不难找寻。如果某一外部行政行为的作出以特定的内部行政程序为前提,两者的性质和彼此关系往往会引发认识上的混乱。内部行政上的违法或者瑕疵是否影响以及在多大程度上影响外部行政的合法性,理论上的认识并不一致。但相对来说,仅强调两者在性质上的出入,更容易形成共识。"经上级税务局局长批准"本质上是一种内部控制程序,该上级税务局局长就是该内部行政的主体,其个人的签字就已经是对其内部行政中主体资格及承担相应法律后果的标识,并不需要加盖所在税务机关的印章,否则就可能导致内部行

---

[1] 《重大税务案件审理办法》(国家税务总局令第51号)第5条规定:"省以下各级税务局设立重大税务案件审理委员会(以下简称审理委员会)。审理委员会由主任、副主任和成员单位组成,实行主任负责制。审理委员会主任由税务局局长担任,副主任由税务局其他领导担任。审理委员会成员单位包括政策法规、税政业务、纳税服务、征管科技、大企业税收管理、税务稽查、督察内审部门。各级税务局可以根据实际需要,增加其他与案件审理有关的部门作为成员单位。"

[2] 《重大税务案件审理办法》(国家税务总局令第51号)第9条规定:"审理委员会成员单位根据部门职责参加案件审理,提出审理意见。"第20条规定:"审理委员会成员单位应当认真履行职责,根据本办法第十九条的规定提出审理意见,所出具的审理意见应当详细阐述理由、列明法律依据。"第28条规定:"审理委员会成员单位书面审理意见一致,或者经审理委员会办公室协调后达成一致意见的,由审理委员会办公室起草审理意见书,报审理委员会主任批准。"第29条规定:"审理委员会成员单位书面审理意见存在较大分歧,经审理委员会办公室协调仍不能达成一致意见的,由审理委员会办公室向审理委员会主任或其授权的副主任报告,提请审理委员会会议审理。"第34条规定:"审理委员会办公室根据会议审理情况制作审理纪要和审理意见书。审理纪要由审理委员会主任或其授权的副主任签发。会议参加人员有保留意见或者特殊声明的,应当在审理纪要中载明。审理意见书由审理委员会主任签发。"

政中税务局局长和该局长所在税务机关的主体混同。

(三)"经上级税务局局长批准"的法教义学分析

1."副局长"是不是"局长"

在该案中,被告作出的涉诉税收保全措施,按照被告内部局领导的职责分工,并经局长授权,由分管稽查工作的副局长批准。在法庭上,被告也提供了授权书作为证明。因此,法院认为这并不违反法律规定的批准程序。

这种情况并不鲜见。近年来,全国已经发生了多起争议"经副局长批准"是否等同于"经局长批准"的涉税司法案件。

如"河南某进出口有限公司诉国家税务总局某税务局稽查局税务行政管理(税务)案"(以下简称"益隆案")中,稽查局的调取账簿资料通知书就是由分管稽查工作的市局副局长审批的。[1] 在该案中,纳税人认为,依据《税收征收管理法实施细则》第86条、《税务稽查工作规程》第25条之规定,调取纳税人相关财务资料,应经所属税务局局长批准,因此该案中批准调取上诉人财务资料的权力,只能由时任某市国家税务局正职局长行使,时任某市国家税务局副局长李某并没有行使该项权力的法律授权。税务机关则认为,无论是《税收征收管理法实施细则》还是《税务稽查工作规程》,均未有由正职局长批准的描述,局长包括正职局长和副职局长,认为必须由正职局长批准是对法律规定的曲解。一审、二审法院均认为:"被上诉人经由其分管稽查工作且负责审批税务稽查案件执法文书的副局长批准而调取上诉人的财务资料符合上述法律规定,并无不当。上诉人认为必须由被上诉人的正职局长批准才能调取财务资料属于对法律条文的限缩解释,其理由不能成立。"

2.将"局长"限定为正职是不是限缩解释

在"益隆案"中,法院认为《税收征收管理法》及其实施细则中的"局长"是包含"副局长"的,纳税人理解的必须由正职局长批准才能调取财务资料属于对法律条文的"限缩解释"。

笔者认为,任何概念的使用和理解,要结合具体的使用情境。在行政机关的日常工作交往中,口头称呼上一般对正、副职的局长不作区分。但必须指出的是,这是基于特定的税务行政职场。换一种情境,这种称呼方式就不见得适用。虽然在日常的工作生活中,基于各种原因,不少人往往称呼某副局长为某局长,

---

〔1〕 河南省郑州市中级人民法院行政判决书,(2018)豫01行终450号。

但无论是在行政级别、工作分工还是职责大小上,行政正职和副职之间还是有很大差别的。

所以,在讨论这个问题时,我们首先要将语境锁定在法律语境中,在此基础上,进一步将范围收缩到行政组织法这一特定语境。

在一般法律语境里,局长仅指正职,不包括副职。如《地方各级人民代表大会和地方各级人民政府组织法》第 56 条第 2 款规定:“县、自治县、不设区的市、市辖区的人民政府分别由县长、副县长,市长、副市长,区长、副区长和局长、科长等组成。”该条款对于县、市、区均单独指出了副职,但是对于局长和科长,并未指出副职。基于法教义学的立场,当然不能将这里的局长和科长理解为对包括副职在内的限缩。另外,该法第 65 条第 1 款规定:“各厅、局、委员会、科分别设厅长、局长、主任、科长,在必要的时候可以设副职。”这一规定进一步明确区分了正、副职的法律地位。通过这些法律规定可以看出,至少在行政组织法这一内部行政的法律语境里,局长仅仅是指正职。

此外,行政机关的正、副职不仅是身份上的区别,从行政组织法的角度来说,还意味着一种工作机制,即行政首长负责制。这在《宪法》中有明确规定。[1] 作为最高国家行政机关的国务院,《宪法》对其领导体制进行了明确:总理领导国务院的工作,副总理、国务委员协助总理工作。[2] 对于国务院的各部、各委员会的领导配置和职能分工,《国务院组织法》也有明确规定,各部设部长 1 人,副部长 2~4 人。各部、各委员会实行部长、主任负责制。副部长、副主任协助部长、

---

[1] 《宪法》第 85 条规定:“中华人民共和国国务院,即中央人民政府,是最高国家权力机关的执行机关,是最高国家行政机关。”第 86 条规定:“国务院由下列人员组成:总理,副总理若干人,国务委员若干人,各部部长,各委员会主任,审计长,秘书长。国务院实行总理负责制。各部、各委员会实行部长、主任负责制。国务院的组织由法律规定。”第 105 条规定:“地方各级人民政府是地方各级国家权力机关的执行机关,是地方各级国家行政机关。地方各级人民政府实行省长、市长、县长、区长、乡长、镇长负责制。”

[2] 《宪法》第 88 条规定:“总理领导国务院的工作。副总理、国务委员协助总理工作。总理、副总理、国务委员、秘书长组成国务院常务会议。总理召集和主持国务院常务会议和国务院全体会议。”

主任工作。[1]

可以看出,正、副职在行政组织法的法律语境中,是有明确区别的。从行政首长负责制的角度来说,这种区别同时还意味着不可替换。而《税收征收管理法》及其实施细则规定的"经上级税务局局长批准",其实正是从行政组织法角度进行的规制。

这里有必要说明的一点是,《税收征收管理法》的立法宗旨应当是调整外部税收执法关系,涉及税务机关的组织等行政组织法规范,应当在税收基本法或者专门的税务机关组织法中予以规定。但由于税收基本法或者专门的税务机关组织法未并出台,现行《税收征收管理法》不得已在一定程度上兼容了部分税收基本法的功能。例如,《税收征收管理法》第 14 条规定:"本法所称税务机关是指各级税务局、税务分局、税务所和按照国务院规定设立的并向社会公告的税务机构。"这就是一条典型的行政组织法规范,它并不是从外部执法的角度明确执法主体资格的规定。如果从规范外部执法行为的角度出发,这一规定在技术处理上就应当明确这几类税务机关是执法主体,同时强调这几类税务机关以外的主体作出的执法行为的法律后果是,由于主体不适格而行为无效。但这些内容在现行《税收征收管理法》中却付之阙如。

3. "局长批准"的权限能否授权他人行使

在该案中,市局局长将"经县以上税务局(分局)局长批准"的职权授权委托给了分管稽查工作的副局长行使,并在法庭上提供了授权书作为证明,从而间接地实现了"局长"批准,法院也对此进行了认可。

这种内部授权如何在效力上将它外部化,是一个值得研究的问题。如果确实存在税务局局长事后授权,相对人其实很难有效识别其真伪。但是,即使无论事实上是否真实存在有效授权,仅从授权本身来看,笔者认为这种做法也有待商榷。法律设定的职权,是权力和义务的统一,不能消极行使和放弃。虽然在行政法上是承认授权委托的,但一般认为,在行政法律关系中,只有法律明确规定可以授权委托的情况下,才可以授权委托。否则,设定职权的条款就失去了意义,

---

[1] 《国务院组织法》第 9 条规定:"各部设部长一人,副部长二至四人。各委员会设主任一人,副主任二至四人,委员五至十人。各部、各委员会实行部长、主任负责制。各部部长、各委员会主任领导本部门的工作,召集和主持部务会议或者委员会会议、委务会议,签署上报国务院的重要请示、报告和下达的命令、指示。副部长、副主任协助部长、主任工作。"

行政职权的行使也会因此失控。

这一点在现行法律文件中也可以找到依据。《行政许可法》第 24 条规定:“行政机关在其法定职权范围内,依照法律、法规、规章的规定,可以委托其他行政机关实施行政许可……受委托行政机关在委托范围内,以委托行政机关名义实施行政许可;不得再委托其他组织或者个人实施行政许可。”《行政处罚法》第 20 条规定:“行政机关依照法律、法规、规章的规定,可以在其法定权限内书面委托符合本法第二十一条规定条件的组织实施行政处罚。行政机关不得委托其他组织或者个人实施行政处罚……受委托组织在委托范围内,以委托行政机关名义实施行政处罚;不得再委托其他组织或者个人实施行政处罚。”[1]

由于行政法是分散立法,缺乏统一法典。从节约立法成本考虑,单行行政法不会,也没必要面面俱到。很多单行行政法上的规定,当它符合行政法的一般性规律时,即认定其在行政法领域的普适价值。《行政许可法》《行政处罚法》关于再委托的规定,并非局限于行政许可、行政处罚这些特定领域,因此这一规定并不能片面地理解为只能在行政许可和行政处罚领域适用。也就是说,对于行政职权的委托行使,必须有法律文件的明确授权,且不得转委托。

《税收征收管理法》也规定,税务机关可以委托有关单位和人员代征税款,同时也明确规定,除税务机关、税务人员以及经税务机关依照法律、行政法规委托的单位和人员外,任何单位和个人不得进行税款征收活动。[2] 另外,《税收征收管理法》及其实施细则也有其他关于授权委托的规定,如纳税人、扣缴义务人可以委托税务代理人代为办理税务事宜;[3] 税务机关委托银行开具完税凭证;[4]

---

〔1〕 原《行政处罚法》没有类似行政委托的规定。

〔2〕 《税收征收管理法》第 29 条规定:“除税务机关、税务人员以及经税务机关依照法律、行政法规委托的单位和人员外,任何单位和个人不得进行税款征收活动。”《税收征收管理法实施细则》第 44 条规定:“税务机关根据有利于税收控管和方便纳税的原则,可以按照国家有关规定委托有关单位和人员代征零星分散和异地缴纳的税收,并发给委托代征证书。受托单位和人员按照代征证书的要求,以税务机关的名义依法征收税款,纳税人不得拒绝;纳税人拒绝的,受托代征单位和人员应当及时报告税务机关。”

〔3〕 《税收征收管理法》第 89 条规定:“纳税人、扣缴义务人可以委托税务代理人代为办理税务事宜。”

〔4〕 《税收征收管理法实施细则》第 46 条规定:“税务机关收到税款后,应当向纳税人开具完税凭证。纳税人通过银行缴纳税款的,税务机关可以委托银行开具完税凭证。”

税务机关委托拍卖、变卖扣押、查封的财物;[1] 税务机关委托送达税务文书等。[2] 其中,并没有关于批准权委托行使的规定。

但这也不绝对。《行政诉讼法》明确规定了被诉行政机关负责人不能出庭时的委托授权条款,但对委托的条件、受托的主体范围有明确的限定。[3] 此外,还存在一些特殊情况,局长的职权需要由主持工作的其他副局长行使。例如,原来的局长调走或者退休,新的局长尚未任命;局长因为工作或者其他原因长时间不在工作岗位等。但是,此时由副局长代替局长行使局长职权,本身是行政组织法上的制度安排,不是基于行政委托。

五、《税收征收管理法》有关批准主体的规则再造

该案出现的争议,凸显了税收执法过程中有关内部行政程序和外部行政程序关系方面理论和制度上的供给不足。要解决这个问题,较稳健的做法,当然是整体上在理论研究上取得突破并达成共识后,立法上再徐图跟进(但这个路径

---

〔1〕《税收征收管理法实施细则》第69条规定:"税务机关将扣押、查封的商品、货物或者其他财产变价抵缴税款时,应当交由依法成立的拍卖机构拍卖;无法委托拍卖或者不适于拍卖的,可以交由当地商业企业代为销售,也可以责令纳税人限期处理;无法委托商业企业销售,纳税人也无法处理的,可以由税务机关变价处理,具体办法由国家税务总局规定。国家禁止自由买卖的商品,应当交由有关单位按照国家规定的价格收购。"

〔2〕《税收征收管理法实施细则》第104条规定:"直接送达税务文书有困难的,可以委托其他有关机关或者其他单位代为送达,或者邮寄送达。"

〔3〕《行政诉讼法》第3条规定:"人民法院应当保障公民、法人和其他组织的起诉权利,对应当受理的行政案件依法受理。行政机关及其工作人员不得干预、阻碍人民法院受理行政案件。被诉行政机关负责人应当出庭应诉。不能出庭的,应当委托行政机关相应的工作人员出庭。"最高人民法院《关于适用〈行政诉讼法〉的解释》(法释〔2018〕1号)第128条规定:"行政诉讼法第三条第三款规定的行政机关负责人,包括行政机关的正职、副职负责人以及其他参与分管的负责人。行政机关负责人出庭应诉的,可以另行委托一至二名诉讼代理人。行政机关负责人不能出庭的,应当委托行政机关相应的工作人员出庭,不得仅委托律师出庭。"第129条规定:"涉及重大公共利益、社会高度关注或者可能引发群体性事件等案件以及人民法院书面建议行政机关负责人出庭的案件,被诉行政机关负责人应当出庭。被诉行政机关负责人出庭应诉的,应当在当事人及其诉讼代理人基本情况、案件由来部分予以列明。行政机关负责人有正当理由不能出庭应诉的,应当向人民法院提交情况说明,并加盖行政机关印章或者由该机关主要负责人签字认可。行政机关拒绝说明理由的,不发生阻止案件审理的效果,人民法院可以向监察机关、上一级行政机关提出司法建议。"

可能历时长久,无法体现对现实的充分关怀);同时,它也并不排斥立法上的局部作为。相对来说,把握住契机,通过立法修订来解决现实问题是更直接、有效的。而立法上的进取对于共识的形成和实践的开拓,往往也颇富积极意味。

现行《税收征收管理法》的修订和本轮征管体制改革正是这样一个规则再造的契机。较彻底的解决方案是重新定位《税收征收管理法》的立法宗旨,立足于调整税务机关与相对人的法律关系,将有关内部行政的内容逐出《税收征收管理法》,交由税收基本法、税法总则或者税务机关组织法等法律文件来跟进。如此一来,立法体例上的调整本身也暗示了它对于税收执法活动中内部行政和外部执法关系的基本立场,从而有效化解实践争议。

这个思路并非空穴来风,已经有了立法实践的支持。2021 年 4 月 9 日,国家税务总局拟对《税务稽查工作规程》(国税发〔2009〕157 号,已失效)进行修改,并拟将修改后的内容更名为《税务稽查案件办理程序规定》,以部门规章的形式发布施行。2021 年 6 月 18 日,《税务稽查案件办理程序规定》(国家税务总局令第 52 号,以下简称《规定》)经国家税务总局 2021 年度第 2 次局务会议审议通过,自 2021 年 8 月 11 日起施行。国家税务总局在征求意见时,同步发布了一份《关于〈税务稽查案件办理程序规定(征求意见稿)〉的说明》(以下简称《说明》)。在《说明》的"修改的基本原则"部分,特别提道:"……将《规程》(指原《税务稽查工作规程》)中直接涉及行政相对人权益的内容修改整理成《税务稽查案件办理程序规定》,并拟作为部门规章颁布施行……"这已经明白指出,《规定》在内容上将要对与行政相对人权益无关的内部行政部分进行有效切割。而最终通过的《规定》,确实也更注重规范外部执法行为,剔除了原《税务稽查工作规程》中大量有关内部程序的规定。

事实上,在现行《税收征收管理法》及其实施细则中,涉及内部行政的内容还不少。例如,在"法律责任"一章中,就存在大量涉及内部责任追究的规定。[1] 但颇有玩味的是,由于这些条款规定的内容与其他法律文件重合,在实践中几乎从不援引。这恰恰说明,《税收征收管理法》的定位需要认真检讨。

---

〔1〕 例如,《税收征收管理法》第 76 条规定:"税务机关违反规定擅自改变税收征收管理范围和税款入库预算级次的,责令限期改正,对直接负责的主管人员和其他直接责任人员依法给予降级或者撤职的行政处分。"在"法律责任"这一章,类似的规定还包括第 77 条、第 78 条、第 79 条、第 80 条、第 81 条、第 82 条、第 83 条、第 84 条、第 85 条、第 87 条。

如果这一轮《税收征收管理法》的修订还只是立足于局部技术上的更新,那就只能回到规则本身,结合具体情况进行打磨。

在国地税征管体制改革以前,区、县级税务局普遍设立了稽查局。同时,不同层级的稽查局都是所属税务机关的直属机构。鉴于历史上区、县级税务局的稽查局可能存在人员偏少、业务能力偏弱、执法水平偏低的现象,在一些涉及可能严重侵犯相对人权利的行政权力(如税收保全、行政强制、调取账簿、查询存款等)的行使上,适当增加审批程序,有助于规范税收执法,更好地保护相对人的合法权益。但在2018年国地税征管体制改革后,稽查体系发生了很大变化。地市级以上税务局成立跨区域稽查局,区、县级税务局不再设立稽查局。目前的稽查局属于省级和地、市税务局的派出机构,其执法主体资格已经不需要法律的特别授权。同时,其行政级别均属于县级及县级以上,已经在无形中满足了批准主体的级别要求。此外,新组建的稽查局整体上在人员力量、执法能力、业务水平上均有较大提升。随着税务执法信息化、规范化、公开化的推进,对于稽查局的税收保全、强制执行、检查账户等执法权力的行使,强调由所属税务局局长批准的必要性已大大降低,也使删除该项规定的可行性大大提高。在这种情况下,可以考虑在《税收征收管理法》中删除关于"需要经县以上税务局(分局)局长批准"的规定,同时明确将相关执法权力直接授予县级以上税务机关行使。

从行政机关执法程序上看,行政机关对外作出的行政行为是以行政机关的名义作出的。这个行政行为是否需要单位负责人审批,以及经过了什么样的审批流程,都属于行政机关内部的工作规则,与行政行为对外的法定效力没有必然联系。再者,行政机关对外作出的行政行为,无论是否经过单位负责人的审批或者批准,单位负责人都要承担相应的领导责任。如果某项行政行为对行政相对人的权利义务影响较大,需要谨慎行使,可以通过提高执法层级(县以上税务机关)或者行政机关制订严格的内部工作审批流程、监督考核机制等予以实现,而不必将这些行政机关的内部审批程序捆绑到执法行为的外部合法性评价上来。

与强调行政机关负责人审批不同,上级行政机关审批如直接针对的是外部执法行为,那就构成外部执法程序的法定环节,并不涉及内部行政和外部执法的关系。对其进行修订的分析角度并不一样。是否应该设定审批及如何审批,应当放到"放管服"改革大背景下,结合行政审批制度改革和执法层级下沉的实践综合把握。

如果坚持内部审批机制,那么,需要推敲的一个技术问题就是批准人的范围和表述。虽然在司法实践中,法院大多支持了税务机关,认为经过分管副局长审批也属于经过局长审批。但在行政法意义上,局长和副局长的含义毕竟还是有所区别的。因此,还是要强调立法表述的严谨性以避免歧义。笔者建议,将“行政机关负责人”作为一个合适的选项纳入《税收征收管理法》修订的视野。

“行政机关负责人”的概念,在现行法律语境和工作体系中已经有了较明确的界定。一方面,不少行政法律文件中一般都使用“行政机关负责人”的表述。如《行政处罚法》第57条、[1]《行政复议法》第28条、[2]《行政诉讼法》第3条、[3]《行政强制法》第18条[4]等。对于行政机关负责人的范围,行政诉讼法上还进一步明确,行政机关负责人包括行政机关的正、副职负责人以及其他参与分管的负责人。[5] 另一方面,在党和政府部门日常工作的语境中,也频繁出现“负责人”的表述。“主要负责人”,是指单位的“一把手”,包括书记、行政首长或者主持工作的副职行政领导等。其实,在中国的行政体制中,行政首长和行政机关负责人是两个概念。行政机关负责人通常是指该行政机关的首长,以及分管相应工作的副职领导人;行政机关主要负责人,即行政机关的首长。行政决定由行政机关负责人或者主要负责人审批,意味着由其最后决定并承担直接责任。这有助于行政决定的中立、审慎,防止个别行政人员的偏见、恣意。它是行政首长负责制的体现之一。行政机关负责人审批的要求,给了法院一个审查行政决定内部程序的通道。虽然法院在实践中还很少把它作为一个独立、唯一的判决理由,但行政决定应当经过行政机关负责人批准而没有经过其批准,确实有可能

---

[1] 《行政处罚法》第57条规定:“调查终结,行政机关负责人应当对调查结果进行审查,根据不同情况,分别作出如下决定……”

[2] 《行政复议法》第28条规定:“行政复议机关负责法制工作的机构应当对被申请人作出的具体行政行为进行审查,提出意见,经行政复议机关的负责人同意或者集体讨论通过后,按照下列规定作出行政复议决定……”

[3] 《行政诉讼法》第3条第3款规定:“被诉行政机关负责人应当出庭应诉。不能出庭的,应当委托行政机关相应的工作人员出庭”。

[4] 《行政强制法》第18条规定:“行政机关实施行政强制措施应当遵守下列规定:(一)实施前须向行政机关负责人报告并经批准……”

[5] 最高人民法院《关于适用〈中华人民共和国行政诉讼法〉的解释》(法释〔2018〕1号)第128条规定:“行政诉讼法第三条第三款规定的行政机关负责人,包括行政机关的正职、副职负责人以及其他参与分管的负责人。”

是法院撤销行政行为的理由之一。[1] 由于行政机关负责人包括行政机关首长以及履行职责的副职,分管相应事务的副职通常也可以依法给予同意或者批准。除法律法规明确规定外,行政机关负责人不应转授权力。[2] 所以,《税收征收管理法》修订时,可以考虑将"需要经县以上税务局(分局)局长批准"修改为"需要经县以上税务机关负责人批准"。甚至可以进一步直接明确审批主体的具体范围,如《税务稽查案件办理程序规定》(国家税务总局令第52号)第47条规定:"稽查局应当自立案之日起90日内作出行政处理、处罚决定或者无税收违法行为结论。案情复杂需要延期的,经税务局局长批准,可以延长不超过90日;特殊情况或者发生不可抗力需要继续延期的,应当经上一级税务局分管副局长批准,并确定合理的延长期限。"必须说明的是,这种选择不见得是一种理论上的必然,而是贴近现实的一种选择。在这两种方案中,可再行明确规定,县以上税务机关包含各级县以上税务局(分局)和稽查局。

六、小　　结

总体来看,虽然在税收征管实务中,因"经县以上税务局(分局)局长批准"引起的争议不多,但仍然值得重视。要有效解决这个问题,需要认真审视内部行政程序和外部执法程序关系,在理论和制度上取得突破,并有赖行政程序法、行政机关的组织法等法律的建立和健全。就税收执法而言,较现实的做法是,结合《税收征收管理法》的修订,重新定位《税收征收管理法》的立法宗旨,立足于调整税务机关与税务相对人的法律关系,将有关内部行政的内容从《税收征收管理法》中予以剔除,交由税收基本法、税法总则或者税务机关组织法等法律文件或者内部工作程序来规范。如果确实有必要在《税收征收管理法》中明文规定需要局长批准的事项(虽然目前没发现这种必要性),那应当明确作为审批主体的局长范围,指明由局长还是分管局长批准,或者模糊化处理,统一规定由机关负责人批准。

---

[1] 在"福建省官头海运总公司诉福建省莆田县国家税务局行政强制措施案"中,莆田市中级人民法院在判定被告莆田县国家税务局下属稽查分局扣押原告轮船及所运载货物的决定缺乏事实根据和法律依据的同时,还指出,扣押的具体行政行为未经县以上税务局局长批准,违反了《税收征收管理法》第26条关于税收保全措施应当经县以上税务局(分局)局长批准的规定,所作出的具体行政行为应予撤销。

[2] 参见何海波:《内部行政程序的法律规制》(上),载《交大法学》2012年第1期。

从中韩股息饶让条款的适用争议看税收饶让条款的解释和设置*

李欣颐**

摘　要：本文通过案例指出了中韩股息饶让条款适用中的两个问题。当我国的国内股息预提税率高于中韩税收协定中较低的股息预提税率，而又与较高的股息预提税率相等时，韩国是否有义务将协定中的限制税率之差看作饶让基础，从而给予饶让；当饶让抵免和对应抵免之间的连接词语意较模糊时，对应抵免的适用是否以饶让抵免的适用条件成就为前提。在饶让条款解释方面，如果协定中没有明确的限制和说明，限制税率之差应当是饶让抵免的对象，对应抵免的适用不受饶让抵免条款的约束。在饶让抵免和对应抵免的关系方面，饶让抵免是对来源国税收政策的尊重，对应抵免是缔约国在协定中对税额的划分，二者是相互独立的机制，原则上独立适用。在饶让条款设置方面，我国应当限制饶让抵免优惠依据的法律来源，善用连接词，明确饶让抵免和对应抵免的独立或约束关系。考虑到我国"一带一路"的发展实践，饶让条款设计应当"一案一议"，在提高适用确定性的基础上，适当兼顾灵活性。

关键词：饶让抵免；对应抵免；中韩税收协定；条款设置

一、问题的提出

税收饶让抵免，是指居民国对本国居民纳税人在来源地国获得的各种减免税优惠，不区分所得的种类性质，均视同纳税人已实际缴纳而给予抵免。[1] 在反对"有害税收竞争"的浪潮中，饶让抵免的正当性和有效性，从1997年经济合

* 本文系国家社科基金重大项目"推动构建更加公正合理的国际税收治理体系研究"（项目编号：20ZAD104）的研究成果。本文写作受到金润载律师在2016年12月第五届中韩财税法研讨会上的发言启发，特此致谢。

** 厦门大学财税法学硕士研究生。

〔1〕 参见廖益新主编：《国际税法学》，高等教育出版社2008年版，第239页。

作与发展组织(Organization for Economic Co-operation and Development,OECD)的报告《饶让抵免——再思考》(以下简称1997年报告)开始,一直极富争议。然而,在1997年报告出台之后的20年,饶让抵免条款的运用仍然非常广泛。[1] 在实践层面,如果没有饶让抵免,实行抵免制的居民国将只对投资者在来源地国实际缴纳的税款进行抵免,纳税人事实上得不到税收优惠,来源地国放弃的税收会落入居民国的国库,[2]在一定程度上损害了来源地国的税收政策。[3] 因此,有大量外资优惠税制的资本输入国从未放弃对饶让抵免条款的争取,一些学者的实证研究也表明,跨国公司的投资行为确实有依赖税收抵免制度的倾向。[4] 在理论层面,不少学者对饶让抵免的本质和正当性进行了论述。例如,李金艳认为,饶让抵免是目前税制中唯一调整资本输入国和资本输出国之间税权分配不公现象的机制,应当实行饶让抵免以实现税权分配的"国家间公平"。[5] 路易斯·爱德华多·舒埃里(Luís Eduardo Schoueri)认为,饶让抵免是对每个国家税收政策应有的尊重。[6] 此外,在"一带一路"和提倡"走出去"的背景下,不少学者指出,我国的对外投资税收支持政策尚不完善,应给予其他发展中国家,尤其

---

[1] See B. Andrade Rodríguez, *A Look at Tax Sparing Clauses in the 21st Century as Tools for the Implementation of Tax Incentives from the Perspective of Developing Countries*, IBFD-Tax Research Platform (Jan. 7, 2021), https://research.ibfd.org/#/doc? url =/document/itaxs_2020_07_int_1.

[2] See OECD, *Model Tax Convention on Income and on Capital: Condensed Version* 2017, Nov. 21, 2017, Article 23B, para. 72.

[3] See Luís Eduardo Schoueri, *Tax Sparing: A Reconsideration of the Reconsideration*, *Tax, Law and Development*, Edward Elgar Publishing, 2013, p. 107.

[4] 参见张磊:《税收抵免制度对跨国公司资本结构选择影响的实证研究——基于我国跨国公司经验数据的检验》,载《经济问题》2011年第6期;王玮、叶舟舟:《税收饶让抵免对涉外投资影响效应的实证研究》,载《湖北经济学院学报》2013年第4期。

[5] See Jinyan Li, *Improving Inter-nation Equity through Territorial Taxation and Tax Sparing*, Globalization and its Tax Discontents, University of Toronto Press, 2016, p. 129.

[6] See Luís Eduardo Schoueri, *Tax Sparing: A Reconsideration of the Reconsideration*, *Tax, Law and Development*, Edward Elgar Publishing, 2013, p. 107.

是"一带一路"沿线国家饶让待遇,[1]这同时也是"走出去"企业共同的呼声。[2]未来我国可能站在资本输出国的立场上,增加对"一带一路"沿线国家的饶让。关于饶让抵免,除是否给予和索取的立场问题外,还涉及如何设计条款的技术问题。本文重点关注的是,在确定给予其他国家饶让待遇之后,如何对税收饶让条款进行科学地设置和适用。

本文所要探讨的问题源于韩国法院2013年以来审理的若干起围绕《中韩税收协定第二议定书》第5条饶让抵免条款的解释展开的案件。[3] 这些案件一方面反映出税收饶让(tax sparing)和对应抵免(matching credit)之间模糊的关系,另一方面体现了来源国法律制度的重大变动给纳税人带来的法律适用不确定性。[4] 虽然在这些争议中,韩国是税收居民国,但在今天,我国也越来越多地扮演着居民国的角色。所以,虽然案涉条款已经失效,但这些案件暴露出来的问题对我国未来签订和解释饶让抵免条款仍然具有启示作用。特别是我国给予其他国家饶让抵免的情形仍面临诸多理论和实践难题:协定优惠是否属于可以饶让的优惠?诸如"本款中"之类的用语在技术上如何理解?在饶让抵免条款的设计中,如何看待对应抵免?如何处理饶让抵免和对应抵免之间的关系?如何给饶让条款设置限制条件?厘清这些问题可以提高饶让抵免条款的严谨性,增加

---

[1] 参见李俊:《我国对外直接投资财税政策优化研究》,载《税务研究》2020年第9期;顾海波、王淼:《中国企业境外所得税收抵免规则探析——以促进"走出去"战略实施为视角》,载《东北大学学报(社会科学版)》2016年第5期;崔晓静、张涵:《美国国际税改法案对中国的冲击及应对》,载《河南师范大学学报(哲学社会科学版)》2018年第1期。

[2] See B. Andrade Rodríguez, *A Look at Tax Sparing Clauses in the 21st Century as Tools for the Implementation of Tax Incentives from the Perspective of Developing Countries*, IBFD-Tax Research Platform (Jan. 7, 2021), https://research.ibfd.org/#/doc?url=/document/itaxs_2020_07_int_1.

[3] 议定书全称为《中华人民共和国政府和大韩民国政府关于对所得避免双重征税和防止偷漏税的协定第二议定书》(2006年,以下简称《中韩税收协定第二议定书》),该议定书第5条对《中华人民共和国政府和大韩民国政府关于对所得避免双重征税和防止偷漏税的协定》(以下简称《中韩税收协定》)第23条第3款饶让抵免条款进行了修订,并规定其生效时间为2005年1月1日至2015年1月1日。案件的具体情况将在本文第二部分进行介绍。

[4] 相比前述税收饶让抵免概念,对应抵免,是指居民国不考虑纳税人在来源国的实际纳税情况,直接按照税收协定中固定的抵免率给予纳税人抵免。See L. Na, *Chapter 2: Basic Features in The Tax Sparing Mechanism and Foreign Direct Investment*, IBFD-Tax Research Platform (Sept. 20, 2021), https://research.ibfd.org/#/doc?url=/document/tsm_c02.

“走出去”企业税收成本的确定性，减少我国执法和司法资源的消耗。

二、中韩税收协定中的股息所得饶让范围之争

（一）案情及法律背景

2011年以后，韩国法院审理了一系列围绕《中韩税收协定第二议定书》第5条饶让抵免条款的解释和适用展开的案件。[1] 这些案件的争议焦点几乎相同，其缘起与我国2008年企业所得税制改革有密不可分的联系。这里以首尔行政法院第四部的案例“2013 구합 6374”为例对基本案情进行介绍。[2]

原告为一家1997年在韩国成立的销售手机配件和相关产品的电子有限公司，这家公司2003年在中国成立100%控股的全资子公司。2010年，该韩国公司就其从中国子公司在2007年取得的股息（50万元人民币）以及2008年取得的股息（3750万元人民币）向韩国申报纳税。2007年的股息在中国不缴纳预提税，[3] 对于这部分股息，纳税人和税务机关都认为应按照总额的10%抵免。2008年的股息在中国适用的预提税税率是5%，[4] 该公司要求按照《中韩税收协定第二议定书》第5条第1款抵免10%，但遭到了韩国税务机关的拒绝。双方的分歧在于，韩国税务机关是否应对2008年的股息给予10%的抵免（其中包含5%的饶让抵免）。

依据《中韩税收协定》第23条第2款，韩国对韩国居民纳税人源于中国的所得进行限额抵免。《中韩税收协定第二议定书》第5条第1款规定，当韩国作为居民国执行抵免时，在中国应缴纳的税额，视为包含假如没有按照中国为促进经济发展的法律规定给予减免税或其他税收优惠而本应缴纳的税额。在该款中，在《中韩税收协定》第10条第2款、第11条第2款和第12条第2款的情况下，

---

〔1〕 用于分析的判决书有：2013 구합 6374、2013 누 53402、2015 구합 3196和2015 구합 80123。

〔2〕 其余案件的核心事实与之相同。

〔3〕 《外商投资企业和外国企业所得税法》第19条第3款规定，对外商投资企业免征股息所得税。该条款自2008年1月1日起废止。

〔4〕 依据《企业所得税法》第3条第3款、第27条第1款第5项，以及《企业所得税法实施条例》第91条的规定，非居民企业在中国取得的与常设机构无关的收入，按照10%的税率征收企业所得税。同时，依据《中韩税收协定》第10条第2款第2项的约定，如果韩国居民受益所有人是直接拥有中国支付股息的居民公司至少25%资本的公司，中国的预提税率被限制为5%。

该项税额应分别视为股息、利息和特许权使用费总额的10%。《中韩税收协定第二议定书》第5条第1款可以分为两个部分:第一部分"当韩国作为居民国执行抵免时,在中国应缴纳的税额,视为包含假如没有按照中国为促进经济发展的法律规定给予减免税或其他税收优惠而本应缴纳的税额"是饶让抵免条款的一般表述;第二部分"本款中,在《中韩税收协定》第10条第2款、第11条第2款和第12条第2款的情况下,该项税额应分别视为股息、利息和特许权使用费总额的10%"是对应抵免条款。同时,依据《中韩税收协定》第10条的规定,股息的来源地国可以对股息所得征税,如果是由缔约国另一方的受益所有人公司收款,则预提税税率不超过以下标准:(1)如果受益所有人拥有支付股息公司25%以上的资本,为5%;(2)在其他情况下,为10%。可见,《中韩税收协定》第10条给不同持股比例规定了不同的限制税率。

2008年,中国出台《企业所得税法》,取消了对外国投资者股息所得免税的优惠。依据《企业所得税法》第3条第3款、第27条和《企业所得税法实施条例》第91条的规定,外国投资者源于中国的股息所得会被征收10%的预提税。然而,在2008年以前,无论投资比例如何,韩国居民企业源于中国的股息所得都可以得到10%的饶让抵免。相比之下,《企业所得税法》和《企业所得税法实施条例》出台以后,在持股比例大于25%的情形下,取得源于中国的股息时,韩国居民企业是否可以在5%境外已纳税额抵免的基础上,再享受5%的饶让抵免,就成为一个备受争议的问题。韩国国税厅在2008年发布了《2008年进出中国市场企业的相关税收说明》,表明对5%追加饶让抵免的承认。但从2011年开始,韩国税务机关不再承认该追加的饶让抵免,由此便引发了实践中的法律争议。

(二)争议双方之观点

在已有的司法案件中,双方当事人,即韩国税务机关与纳税人的具体分歧有两个。分歧点一:在中国的优惠税率为10%,高于限制税率5%的情况下,韩国是否有义务依据《中韩税收协定第二议定书》第5条第1款中的饶让抵免条款给予纳税人5%的追加饶让抵免?即当纳税人的投资比例大于等于25%时,税收协定中的限制税率之差能否作为饶让抵免的对象?分歧点二:当纳税人的投资比例大于等于25%时,对应抵免条款是否能够独立适用?即当饶让抵免和对应抵免条款并存时,是否只有满足了饶让抵免的要求,才能适用对应抵免?

依据《中韩税收协定第二议定书》第 5 条第 1 款规定的饶让范围的构成要件以及法院的认定,只有两个分歧点的答案都是“否”时,投资比例大于 25% 的纳税人才无法享受 5% 的追加抵免。在韩国税收司法实践中,纳税人、税务机关对该问题的认识不尽相同,韩国不同法院的认定也不尽相同。

1. 税务机关的观点

在案号为“2013 구합 6374”的案例中,关于第一个分歧,韩国税务机关认为,由于中国税法规定的股息预提所得税税率 10% 高于限制税率 5%,所以饶让抵免的适用前提,即来源地国的税收优惠不存在,因而《中韩税收协定第二议定书》第 5 条第 1 款中的饶让抵免条款不能适用。税收条约中限制税率的目的是划分征税权,这与促进经济发展的税收优惠政策有本质上的区别,所以限制税率之差不能成为饶让抵免的对象。

关于第二个分歧,韩国税务机关认为,《中韩税收协定第二议定书》第 5 条第 1 款中饶让抵免条款的适用是对应抵免条款适用应当满足的条件。理由是:第一,《中韩税收协定第二议定书》第 5 条第 1 款中的对应抵免条款有“本款中”(for the purpose of this paragraph)这种明示的语言,在语义上应结合该款其他表述考虑;第二,《中韩税收协定》及其第二议定书是在中国对外资股息分配免税的背景下签订的,中国单方取消了这一税收优惠政策,使中国国内的税率超过了 5% 的限制税率,这超出了韩国缔约时的预期,因而适用 10% 的对应抵免相当于韩国在为纳税人对中国市场进行高持股比例投资的行为提供补贴,这种补贴既非韩国政府自愿,也非中韩两方之合意,是不合理的。

2. 纳税人的观点

在第一个分歧点上,纳税人一方认为,税收协定中的限制税率之差可以成为饶让抵免的对象。理由如下:第一,从文义上来看,《中韩税收协定第二议定书》第 5 条第 1 款中的“该缔约国为促进经济发展的法律规定给予减免税或其他税收优惠”不仅包括国内税法,而且包括税收条约;第二,通过设置不同的税率,高持股比例的投资确实会获得更多的税收优惠,所以不能否认较低限制税率的优惠性质。

在第二个分歧点上,纳税人一方认为,《中韩税收协定第二议定书》第 5 条第 1 款中的对应抵免条款可以独立适用。理由是:“本款中”(for the purpose of this paragraph)这一表达没有清晰传达出对应抵免条款的适用需受饶让抵免条款约束的意义,如果这样解释,会脱离正常的语义范围。将“本款中”理解为“为了保障纳税人税收优惠之目的”更合理。

3. 法院的解释和认定

关于第一个分歧点，法院认为，对限制税率作出规定的《中韩税收协定》不能被视为中国的减免法律规定，即《中韩税收协定第二议定书》第5条第1款中的“为促进经济发展的法律规定”是指比限制税率5%更低的中国国内法律。而《企业所得税法》和《企业所得税法实施条例》规定的限制税率10%高于《中韩税收协定》的限制税率5%，因而不能适用《中韩税收协定第二议定书》第5条第1款中的饶让抵免条款，即支持被告的主张。

关于第二个分歧点，法院认为，如果没有《中韩税收协定第二议定书》第5条第1款中的对应抵免条款，在中国适用5%预提税率的公司只有在5%的范围内可以进行饶让抵免，和适用10%预提税率的公司相比就显得没有继续投资的必要，这样设定不同限制税率的目的就无法得以实现。《中韩税收协定第二议定书》第5条第1款中的“视为”一词已经说明了税额抵免的限度，因此法院不能认同被告认为只能在限制税率的范围内确定抵免税额的主张，即支持原告的观点。

综上，原告韩国居民公司应当得到10%的抵免。

随后，该案被上诉至首尔高等法院，案号为“2013 누 53402”。二审判决支持了一审判决，同时追加论证，指出《中韩税收协定第二议定书》第5条第1款中的对应抵免条款的宗旨是为了促进中国的经济发展才设立的税收优惠政策，所以无论中国的预提税率是5%还是10%，韩国都应当按照10%进行抵免。

而在两年后的“2015 구합 80123”类案判决中，首尔行政法院第二部[1]在两个争议焦点上都支持了税务机关的观点。关于第一个分歧点，法院认为《中韩税收协定第二议定书》第5条第1款中“为促进经济发展的法律规定”只包括《企业所得税法》出台前的中国国内法。关于第二个分歧点，法官提出了一个耐人寻味的观点：《企业所得税法》出台以前，在《中韩税收协定第二议定书》第5条第1款中饶让抵免条款的规定下，低持股比例投资能得到10%的饶让抵免，

---

[1] 韩国的地方法院、高等法院及大法院分别负责案件的第一审、第二审和第三审；行政法院是专门法院，设在首尔，与地方法院级别相同。韩国的法院下设不同部处理具体的司法事务。这里的“部”与我国的“庭”大致相当。参见陈宜芳：《韩国的司法制度》，载《山东审判》2008年第2期。

而高持股比例投资只能得到 5%，因此设置对应抵免条款来矫正高持股比例投资受到歧视的现象。而《企业所得税法》出台之后，如果仍然适用《中韩税收协定第二议定书》第 5 条第 1 款中的对应抵免条款，那么高持股比例投资能得到 5% 的饶让抵免，低持股比例投资无法得到，反而会让低持股比例投资受到歧视。此外，“本款中”一语确定了《中韩税收协定第二议定书》第 5 条第 1 款中饶让抵免条款和对应抵免条款之间的关系，即饶让抵免条款的适用是对应抵免条款的适用前提。

在“2015 구합 3196”类案判决中，水源地方法院第五部却支持纳税人的观点。在第一个分歧点上，法院认为，通过较低限制税率达到促进经济发展、吸引外商投资的目的是无法否认的，《中韩税收协定第二议定书》第 5 条第 1 款饶让抵免条款中“法律规定”的原文是“legal provisions”，而《中韩税收协定》第 23 条第 1 款 1 项“中国税法”的原文是“the laws of China”，因此，“legal provisions”不仅包括中国国内法，还包括税收协定。在第二个分歧点上，与“2015 구합 80123”判决相反，法院认为，缔约双方在拟定《中韩税收协定第二议定书》第 5 条第 1 款中的对应抵免条款时，应当对中国税法的变化有所预见并默许了该条款的持续适用，因此，即便进入《企业所得税法》时代，对应抵免条款也应当被适用。

2008 年以前，在《中韩税收协定第二议定书》和《中韩税收协定》中，“限制税率之差是否为饶让抵免的对象”和“对应抵免的适用是否以饶让抵免的适用为前提”这两个问题的答案就不甚明晰，但无论投资比例如何，韩国居民公司都能得到 10% 的抵免，纳税人和税务机关之间没有产生争议，因此问题也不突出。但在 2008 年，我国废止对外商投资股息免税的优惠之后，上述问题通过司法案件逐渐暴露并引起关注。2016 年，韩国驻华大使馆与我国国家税务总局就该问题进行了沟通。国家税务总局的回复为，《中韩税收协定第二议定书》第 5 条第 1 款中的“为促进经济发展的法律规定”仅包含国内法律规定，不包含《中韩税收协定》。因此，对于拥有我国居民公司 25% 以上股份的韩国居民公司所获股息，韩国给予 5% 的抵免即可。这一回复表明了国家税务总局的理解和态度。然而行政机关的沟通文件不具有法律拘束力，上述问题仍然需要从法律层面上给予合理解释。

三、中韩股息饶让条款的法律评析

虽然《中韩税收协定第二议定书》第 5 条第 1 款已于 2015 年失效,但从我国现存有效的饶让抵免条款来看,相似的争议仍可能发生。因此,关于上述案件的法律分析对未来的饶让抵免解释仍有参考意义。

(一)限制税率之差是否为饶让抵免的对象

凡是具备以下 3 个特征的税收协定,适用时都可能出现限制税率之差能否成为饶让抵免对象的问题:第一,饶让抵免条款不限制优惠的法律依据,如果有限制,原则上就只有白名单中的法律才能成为饶让优惠来源;第二,同一类型收入(通常是股息)的限制税率有差异,这样较低的限制税率才有可能被看作相对于较高限制税率的优惠;第三,来源地国的法定预提税率高于较低的限制税率,如果来源地国预提税率低于协定限制税率,就不会存在饶让抵免适用的空间。在我国是来源地国的情况下,目前包含有效饶让抵免条款的协定中,有两个同时符合以上特征:《中国—古巴税收协定》(2001 年)和《中国—特立尼达和多巴哥税收协定》(2003 年)。在我国是居民国的情况下,目前还没有出现类似争议的风险。经笔者考察,符合前两个特征的税收协定有《中国—泰国税收协定》(1986 年)、《中国—古巴税收协定》(2001 年)和《中国—特立尼达和多巴哥税收协定》(2003 年)。这 3 个国家对股息适用的预提税率都低于或等于较低的协定限制税率。[1] 然而,这些协定中的饶让抵免条款都没有具体失效日期,在经济发展及其他因素的综合作用下,上述国家完全可能一如从前的我国,提高其国内预提税率。届时,类似争议就有可能出现。因此,讨论税收协定中的饶让抵免条

---

〔1〕 对于非居民公司投资者,泰国的国内股息预提税率为 10%,《中国—泰国税收协定》(1986 年)第 10 条规定的股息限制税率是 15% 或 20%;古巴的国内股息预提税率为 0%,《中国—古巴税收协定》(2001 年)第 10 条规定的股息限制税率是 5% 或 10%;特立尼达和多巴哥的国内股息预提税率为 5% 或 10%(适用 5% 税率的门槛低于协定),《中国—特立尼达和多巴哥税收协定》(2003 年)第 10 条规定的股息限制税率是 5% 或 10%。

款意义重大。[1] 笔者认为,从税收饶让抵免的构成要件和目的出发,《中韩税收协定》中的限制税率之差应当是饶让抵免的对象。

1. 从构成要件看普通税收饶让抵免的对象

构成要件分析是文义解释,而文义解释是法律解释的首要方法。依据《中韩税收协定第二议定书》第 5 条第 1 款的约定,韩国的饶让承诺范围是:缔约国为促进经济发展的法律规定给予减免税或其他税收优惠而未缴纳的税额。从构成要件上来看,想让韩国负有饶让抵免义务,纳税人主张的抵免对象需要同时满足两个条件:一是来源地国的法律规定;二是为促进经济发展的减免税或其他税收优惠。

(1)低限制税率是来源地国的法律规定

在中国是来源地国时,双边税收协定应当解释为来源地国的法律规定。这涉及国际条约在中国法律体系中的地位问题。国际条约有两种方法可以并入一国法律体系:一种是一元论整体纳入法,即将国际条约全部并入一国法律体系;另一种是二元论个别转化法,即通过具体的立法或法令,将需要在国内实施的国际条约有选择地、个别地并入本国法律体系。[2] 而税收协定在中国是直接适用的。

张文显主编的《法理学》将国际条约与协定列入我国的正式法律渊源当中,指明我国缔结或参加的国际条约与协定,依据《缔结条约程序法》和有关法律的规定,属于当代中国法的正式渊源之一。[3] 赵建文通过分析中国的宪法、法律、司法解释、对外声明中的一致的规定或内容,以及缔结和履行国际条约的实际情况,得出中国采纳一元论整体纳入法的结论。即凡依据国际法对中国生效的国际条约,均可以直接适用。[4]

从中国的所得税法当中,也可得知税收协定的直接适用性。1980 年《中外合资经营企业所得税法》第 16 条第 2 款规定:“中华人民共和国政府和外国政府

---

[1] 古巴、特立尼达和多巴哥以及泰国都是同中国签订共建“一带一路”合作文件的国家,因此需要更好地讨论与这些国家相关的饶让抵免条款。参见《已同中国签订共建“一带一路”合作文件的国家一览》,载中国一带一路网 2021 年 5 月 26 日,https://www.yidaiyilu.gov.cn/xwzx/roll/77298.htm。

[2] 参见赵建文:《国际条约在中国法律体系中的地位》,载《法学研究》2010 年第 6 期。

[3] 参见张文显主编:《法理学》,高等教育出版社 2018 年版,第 90 页。

[4] 参见赵建文:《国际条约在中国法律体系中的地位》,载《法学研究》2010 年第 6 期。

之间订有避免双重征税协定的,所得税的抵免应当按照各该协定的规定办理。”《企业所得税法》第58条规定:“中华人民共和国政府同外国政府订立的有关税收的协定与本法有不同规定的,依照协定的规定办理。”这说明,税收协定不需要经过转化程序即可直接成为中国的法律规定。

因此,在解释《中韩税收协定第二议定书》第5条第1款中的饶让抵免条款时,涉及《中韩税收协定》第10条第2款关于差异限制税率的规定,可以理解为来源地国的法律规定。

需要注意的是,在其他税收协定中,如果来源地国采用二元论个别转化法,且税收协定中的差异限制税率条款没有被转化成为国内法,则“来源地国的法律规定”这一条件不满足,居民国没有义务对差异限制税率进行饶让抵免。

(2)低限制税率是为促进经济发展的减免税或其他税收优惠

税收协定中规定股息限制税率,根本目的是促进缔约双方的经济发展,这一点应当是没有疑问的。问题在于,除划分征税权外,股息限制税率是否还有税收优惠性质。陈清秀认为,税收优惠是减轻税收负担的具有社会目的的规范,是基于财政收入以外的政策目的而设立的规范,这种政策目的包括经济、文化、环保等。[1] 从这个意义上讲,股息限制税率具有税收优惠性质。

首先,从OECD《关于对所得和财产征税的协定范本注释》(以下简称《OECD范本注释》)中可以得出该结论。从文本上可以看出,《中韩税收协定》第10条第2款是参考经济合作与发展组织《关于对所得和财产征税的协定范本》(以下简称《OECD范本》)第10条第2款拟定的。2017年版《OECD范本注释》第10条第10段指明,给予持股比例25%以上的投资者更低的限制税率,目的是消除经济性重复征税,以及促进投资。[2] 有学者认为,经济性重复征税的问题在所有股权投资情形中都会出现。并且,只要不取消对股息或投资标的企业所得的征税,重复征税问题就无法得以解决。[3] 所以,更低限制税率最重要的目的在于鼓励和促进持股比例25%以上的投资,这是一种经济方面的政策目

---

〔1〕 参见陈清秀:《税法总论》,台北,元照出版有限公司2012年版,第318页。

〔2〕 See OECD, *Model Tax Convention on Income and on Capital: Condensed Version* 2017, Nov. 21, 2017, Article 10, para. 10.

〔3〕 See P. A. (Peter) Harris, *Article 10: Dividends-Global Tax Treaty Commentaries*, IBFD-Tax Research Platform (Sept. 20, 2021), https://research.ibfd.org/#/doc?url=/document/gttc_article10_s_3.

的，也是一种税收优惠。

其次，对于“税收优惠”的范围，居民国应尊重来源地国的界定，而中国将限制税率界定为税收优惠。在解释税收条约时，其他国家的判例是可参考的材料。《维也纳条约法公约》第 31 条规定，条约应依其用语，按其上下文，并参照条约之目的及宗旨所具有之通常意义善意解释之，他国判例可以成为推知“通常意义”的依据之一；并且，他国判例也是《维也纳条约法公约》第 32 条所认可的解释补充资料。[1] 在“India-Krishak Bharati Cooperative Ltd. v. ACIT 案”中，纳税人主张印度税务机关对源于阿曼的股息进行饶让抵免。印度税务机关则认为，由于阿曼对所有股息都不征税，所以在阿曼对纳税人股息的免税不是一种税收优惠，不应得到饶让抵免。新德里所得税上诉法院认为，阿曼税务机关明确表示本国的免税是一种促进经济发展的税收优惠，印度税务机关应尊重阿曼税务机关的认定。[2] 那么，中国税务机关是否将股息限制税率看作税收优惠？2009 年，中国国家税务总局发布了《关于执行税收协定股息条款有关问题的通知》（国税函〔2009〕81 号），对税收协定中股息条款限制税率的适用作出指导，明确了适用限制税率的条件、程序等。其中第 4 条规定：“以获取优惠的税收地位为主要目的的交易或安排不应构成适用税收协定股息条款优惠规定的理由，纳税人因该交易或安排而不当享受税收协定待遇的，主管税务机关有权进行调整。”可见，中国国家税务总局将股息限制税率看作一种税收优惠，而不仅是缔约国之间征税权的划分。此外，高金平在研究成果中，将股息限制税率置于“协定优惠”一节之下，显然也将股息限制税率看作税收优惠。[3]

综上，从构成要件上分析差异限制税率是否为饶让抵免的对象时，要分析居

---

〔1〕 See J. F. Avery Jones, *Treaty Interpretation-Global Tax Treaty Commentaries*, IBFD-Tax Research Platform (Sept. 20, 2021), https://research.ibfd.org/#/doc?url=/document/gttc_treaty_interpretation_s_1.

〔2〕 See India-Krishak Bharati Cooperative Ltd. v. ACIT, ITA Nos. 6785 & 6786/Del/2015 (Income Tax Appellate Tribunal, New Delhi 2016), Amar Mehta (Aug. 26, 2021), https://webvpn.xmu.edu.cn/https/77726476706e69737468656265737421e2f2529926226b5830018baa9c1b2c27cf/#/doc?url=/linkresolver/static/cl_in_2016_03_09_2 (Income Tax Appellate Tribunal, New Delhi).

〔3〕 参见高金平、邹婷婷：《税收协定与国内税法的衔接之六——股息、利息、特许权使用费的征税原则与税务管理》，载《中国税务》2019 年第 11 期。

民国承诺饶让的范围,在个案中具体判断。在分析和判断过程中,要特别注意来源地国是采用一元论整体纳入法还是二元论个别转化法将税收条约并入法律体系。如果采用二元论个别转化法,要进一步根据差异限制税率是否已经被转化为国内法来判断差异限制税率是否为来源地国的法律规定。此外,还需注意《OECD 范本注释》对相关条款的解释和来源地国税务机关的界定,以判断较低的限制税率是否为税收优惠。

2. 从目的看饶让抵免的对象

除文义解释外,目的解释也是一种重要的解释方法。思考饶让抵免的目的,有助于将饶让抵免的对象解释得更加具有可接受性。

饶让抵免的目的是弥补抵免法的不足。传统的抵免法会使来源地国的税收优惠变得无效,这是抵免法的固有缺点。如果没有饶让抵免,居民国将只对投资者在来源地国实际缴纳的税款进行抵免,纳税人实际上享受不到税收优惠,居民国反而成为得利者。[1] 因此,《OECD 范本注释》明确指出,饶让抵免的最终目的是促进给予投资者税收优惠的发展中国家的经济发展。[2]

饶让抵免是抵免法的延伸。饶让抵免的通常情形是来源地国给予的单方优惠措施,但这并不意味着协定优惠不能成为饶让对象。如果不对持股比例 25% 以上投资的股息追加 5% 的抵免,《中韩税收协定》第 10 条第 2 款第 1 项降低股息限制税率、促进高持股比例投资的条文目的实际上会落空。这是抵免法体现出的不足,此时运用饶让抵免方法来弥补这种不足是饶让抵免的应有之义。只有来源地国的单边优惠才能成为普通饶让抵免对象的想法,错将多数情形看作概念本身。因此,笔者认为,从目的出发,饶让抵免的对象包括税收协定中的限制税率之差。

综上,限制税率之差是饶让抵免的对象。从法律解释的角度来看,2016 年我国国家税务总局的回复使用了限缩解释的方法,将税收协定排除在《中韩税收协定第二议定书》第 5 条第 1 款"缔约国的法律规定"之外,其背后的原理是不同情形不同对待。然而,在我国一元论整体纳入法的背景下,很难对区别对待

---

〔1〕 See OECD, *Model Tax Convention on Income and on Capital*: *Condensed Version* 2017, Nov. 21, 2017, Article 23B, para. 72.

〔2〕 See OECD, *Model Tax Convention on Income and on Capital*: *Condensed Version* 2017, Nov. 21, 2017, Article 23B, paras. 72 – 73.

税收条约和国内法进行合理论证。国家税务总局的回复或许在一定程度上含有政策方面的考虑，但在法律解释上是不妥当的。

（二）对应抵免的适用是否以饶让抵免的适用为前提

对应抵免的适用是否以饶让抵免的适用为前提，这是上述案件的第二个分歧点。如果法官认为限制税率之差不是饶让抵免的对象，该争议焦点就需要进行讨论。首先需要明确的是，具有以下特征的税收协定中可能出现不满足饶让抵免适用条件，却满足对应抵免适用条件的情形：对应抵免税率大于来源地国国内预提税率，同时来源地国国内预提税率大于等于协定限制税率。[1] 考虑到国内预提税率有可能发生变化，凡是对应抵免税率大于协定限制税率的协定，其适用都可能发生类似争议。在我国签署的现行有效的税收协定中，《中国—日本税收协定》（1983 年）、《中国—巴基斯坦税收协定》（1989 年）、《中国—科威特税收协定》（1989 年）和《中国—阿联酋税收协定》（1993 年）都存在类似情形。[2]

在关于《中韩税收协定第二议定书》第 5 条第 1 款的对应抵免条款的争议中，“本款中”一语的理解，以及饶让抵免与对应抵免的关系，都是决定双方胜负的重要因素。就饶让抵免与对应抵免的关系，下文将详细梳理，这里主要探究“本款中”的含义。

在我国签署的兼有饶让抵免和对应抵免的税收协定中，“本款中”一语似乎是《中韩税收协定》所独有的。但在依然生效的条款中，存在 3 个类似的与饶让抵免条款相连接的表述，分别是《中国—加拿大税收协定》（1986 年）第 21 条第 2 款第 5 项、[3]《中国—巴基斯坦税收协定》（1989 年）第 24 条第 3 款[4]和《中

---

[1] 前提是税收协定中同时包含饶让抵免和对应抵免条款。

[2] 巴基斯坦、阿联酋和科威特是同中国签订共建“一带一路”合作文件的国家。参见《已同中国签订共建“一带一路”合作文件的国家一览》，载中国一带一路网 2021 年 5 月 26 日，https://www.yidaiyilu.gov.cn/xwzx/roll/77298.htm。

[3] 《中国—加拿大税收协定》（1986 年）第 21 条第 2 款第 5 项约定：“在执行本款规定时，中国税收数额应视为……”其中，“本款规定”，是指饶让抵免规定。

[4] 《中国—巴基斯坦税收协定》（1989 年）第 24 条第 3 款约定：“在实施本条第 1 款第 3 项或第 2 款第 3 项有关第 10 条、第 11 条、第 12 条和第 13 条分别适用的股息、利息、特许权使用费和技术服务费时，中国税收数额或巴基斯坦税收数额应视为相当于按下列规定支付的数额……”其中，“本条第 1 款第 3 项或第 2 款第 3 项”，是指饶让抵免条款。

国—新西兰税收协定议定书》(1986年)第2条。[1] 因此,对"本款中"的解释思路仍有探究的必要。

"本款中"的语义所体现的逻辑关系非常模糊,在税收协定中却是一种常见的、模板性质的用语,一般用来间接表明不同条款之间的约束关系。例如,《中国—德国税收协定》(1985年)第24条第2款第3项对应抵免条款运用了"第2项中"一语,第2项规定了德国对德国居民源于中国境内收入应承担抵免义务,而中国的抵免义务没有规定在第2项中,因而"第2项中"的意义在于表明对应抵免由德国单方面给予中国。《中国—塞浦路斯税收协定》(1990年)第24条第3款对应抵免条款使用了"第10条第2款、第11条第2款和第12条第2款中"一语,表明对应抵免仅适用于上述条款规定的收入类型。《中国—马来西亚税收协定》(1985年)第23条第4款饶让抵免条款使用了"上述第3款中"一语,第3款规定了马来西亚对其居民源于中国的收入承担抵免义务,包括直接和间接抵免,这就表明马来西亚给予的饶让既包括中国对投资者的优惠,也包括其对投资实体的优惠。与《中国—马来西亚税收协定》相反,《中国—加拿大税收协定》(1986年)第21条第2款饶让抵免条款用"第1款第1项中"一语,表明加拿大的饶让不包括中国对投资实体的优惠。可见,"某款中"所要表达的意义是"在适用某款的时候",[2] 或者"在符合某款适用条件的时候"。[3] 其中,"在适用某款的时候"隐含的前提是某款的适用条件已得到满足。因而,在《中韩税收协定第二议定书》第5条第1款中,"本款中"的意义是"在适用《中韩税收协定第二议定书》第5条第1款的时候"。这意味着,适用对应抵免条款的前提是《中韩税收协定第二议定书》第5条第1款的适用条件已得到满足,而《中韩税收协定第二议定书》第5条第1款本身就包含该对应抵免条款。通过以上分析可知,适用对应抵免的前提是对应抵免条款的适用条件得到满足。这样就会陷入循环论证的境地。要解决这个问题,还是需要从饶让抵免和对应抵免关系的角度入手。

---

[1] 《中国—新西兰税收协定议定书》(1986年)第2条约定:"双方还同意在执行第23条第3款时,中国税收应相应地视为……"其中,"第23条第3款",是指饶让抵免条款。

[2] 《中国—德国税收协定》(1985年)第24条第2款第3项、《中国—马来西亚税收协定》(1985年)第23条第4款和《中国—加拿大税收协定》(1986年)第21条第2款。

[3] 《中国—塞浦路斯税收协定》(1990年)第24条第3款。

四、饶让抵免和对应抵免的关系梳理

梳理清楚饶让抵免和对应抵免的关系,有助于更加深入地理解饶让抵免与对应抵免结合的条款,并成为提出相关立法建议的基础。有学者总结过饶让抵免的不同形式,不外乎普通饶让抵免、对应抵免及二者的“变种”或混合。[1] 饶让抵免和对应抵免作用机制的相似之处在于,居民国负有条约上的义务,将纳税人实际上没有缴纳的税款视作已缴纳税款进行抵免。两者形式上的区别在于,对应抵免常用于几种以毛收入额乘以税率计算应纳税额的消极收入,[2]抵免税率在协定中已经固定,饶让额的大小取决于来源地国实际税率和协定中固定税率的差距。相对来说,对应抵免的征管更便利,这使其广受欢迎。[3] 而饶让抵免的适用范围更广,抵免额不确定,得到多少饶让额取决于来源地国因为税收优惠而放弃了多少税额。

受 2000~2017 年《OECD 范本注释》的影响,学界一般认为,对应抵免是饶让抵免的一种形式。[4] 然而,对应抵免拥有固定抵免税率的特质,这使其适用不受来源国国内法以及协定其他条款的限制,而饶让抵免的适用则与国内法和协定密切相关。因此,也有学者认为二者是不同的机制。[5] 如果对应抵免是饶让抵免的特殊形式,按照体系解释方法,对应抵免天然地受到饶让抵免条款的适用边界限制,如同《民法典》中的“买卖合同”受到合同相关规定的约束,若立法者想要二者独立作用,就需要作出说明。反之,如果二者相互独立,想要其具有约束关系,反而需要特殊说明。

---

〔1〕 参见廖益新主编:《国际税法学》,高等教育出版社 2008 年版,第 239~241 页。

〔2〕 这是因为,在以净收入为应纳税所得额的所得类型中,无法仅通过设定抵免税率对抵免数额进行固定。

〔3〕 参见廖益新主编:《国际税法学》,高等教育出版社 2008 年版,第 240 页。

〔4〕 See L. Na, *Chapter 2: Basic Features in The Tax Sparing Mechanism and Foreign Direct Investment*, IBFD-Tax Research Platform (Sept. 26, 2021), https://research.ibfd.org/#/doc?url=/document/tsm_c02.

〔5〕 See L. Na, *Chapter 2: Basic Features in The Tax Sparing Mechanism and Foreign Direct Investment*, IBFD-Tax Research Platform (Sept. 26, 2021), https://research.ibfd.org/#/doc?url=/document/tsm_c02.

(一)不同语境下的饶让抵免和对应抵免

在不同情形中,二者的作用和意旨不同,学者对其本质的认识也有分歧。较有代表性的观点主要有以下3种:

1. 对应抵免是饶让抵免的特殊形式

对应抵免是饶让抵免的特殊形式,这种看法源于1997年报告和《OECD范本注释》。1997年报告认为,饶让抵免是发达国家对发展中国家的援助,以此为出发点指出了饶让抵免的诸多负面影响。[1]

第一次同时使用"饶让抵免"和"对应抵免"这两个概念的是1959年3月欧洲经济合作组织财政委员会第15工作组的报告。该报告指出了抵免法会使来源地国税收优惠无效的缺陷,同时提出了饶让抵免机制,提议在消除双重征税的条款中包含该机制。彼时,"饶让抵免"和"对应饶让抵免"还被当作同义词使用。[2] 在1997年报告以前,这种混用现象一直在持续。[3] 1997年报告指出,饶让抵免的不足之一是可能被来源地国滥用:来源地国人为地保持较高税率,以获得更多抵免额。对应抵免,即预先设定固定的抵免税率,控制居民国的饶让数量,似是为了解决这个问题。[4] 2000~2017年的《OECD范本注释》第23条第74段采用"饶让抵免"这一概念,第74段之下的第2项描述了对应抵免,第3项描述了普通饶让抵免。[5] 受《OECD范本注释》表述的影响,许多学者将适用条

---

〔1〕 See OECD, *Tax Sparing a Reconsideration*, 1997, R(14) - 16. OECD认为,从各国给予饶让抵免的标准来看,饶让抵免可以被看作外国援助,并且是一种不透明的援助。因为在饶让抵免机制下,居民国的饶让数量取决于来源地国的普通税制、优惠税制以及纳税人的收入,居民国难以准确计算因饶让而损失的税收。

〔2〕 See OEEC FC/WP15(59)1, *Preliminary Report on Methods for Avoidance of Double Taxation of Income*, Working Party No. 15 of the Fiscal Committee (Denmark-Ireland), Mar. 2, 1959, pt. 1, p. 14 - 15.

〔3〕 See V. Arruda Ferreira & A. Trindade Marinho, *Tax Sparing and Matching Credit: From an Unclear Concept to an Uncertain Regime*, Bulletin for International Taxation, Vol. 67:8, p. 397 - 413(2013).

〔4〕 See OECD, *Tax Sparing a Reconsideration*, 1997, R(14) - 28.

〔5〕 第1项所描述的饶让抵免设计是:在饶让抵免条款中规定一个最高抵免税率。See OECD, *Model Tax Convention on Income and on Capital: Condensed Version* 2017, Article 23B, para. 74; V. Arruda Ferreira & A. Trindade Marinho, *Tax Sparing and Matching Credit: From an Unclear Concept to an Uncertain Regime*, Bulletin for International Taxation, Vol. 67:8, p. 397 - 413 (2013).

件是否包含来源地国必须征税看作二者的区别,甚至出现了以此为基础的法国最高院判例。[1]

从上述1997年报告的内容和《OECD范本注释》的编写体系中可见,OECD认为,饶让抵免和对应抵免是包含与被包含的关系,对应抵免是为了避免居民国承担过高饶让成本的特殊饶让抵免方式。然而,考察对应抵免的实践,就会发现这种认识并不准确。对应抵免几乎只用于消极所得,包含对应抵免条款的协定,一般也有对消极所得预提税率的限制。如果对消极所得适用饶让抵免,无论来源地国如何抬高国内税率,最大抵免税率都是限制税率。所以,在有限制税率的消极所得上,居民国无须担心来源地国对饶让抵免的滥用,无须用对应抵免控制饶让成本。相反,对应抵免税率通常等于或高于限制税率,[2]相当于居民国放弃限制税率对应的税权。因此,将对应抵免理解为划分税权似更合理。

2. 属地主义思想下的饶让抵免和对应抵免

巴西将对应抵免看作保障本国属地征税权的工具。舒埃里在文章中提到,20世纪60年代以前,巴西没有与其他国家缔结税收协定,坚决维持25%的预提税率,原因在于根深蒂固的属地主义思想。从20世纪60年代开始,巴西开始签订税收协定,在协定中降低预提税率。但这只是吸引外资的权宜之计,并不代表向属人主义的转变,这一点表现在:巴西坚持索要25%的对应抵免(20世纪70年代的税收协定中尤为明显)。在巴西看来,任何低于25%的协定限制税率都是协定优惠,居民国都应给予25%的抵免。因此,在巴西20世纪的税收协定中,对应抵免税率一般都是25%,高于协定限制税率。[3]

舒埃里认为,饶让抵免的目的是保障国内优惠的有效性,其本质是对税收协定划分的征税权的尊重。税收协定的主要作用是划分征税权,来源国的税收优

---

[1] See V. Arruda Ferreira & A. Trindade Marinho, *Tax Sparing and Matching Credit: From an Unclear Concept to an Uncertain Regime*, Bulletin for International Taxation, Vol. 67:8, p. 397 - 413(2013).

[2] 参见《卢森堡—马来西亚税收协定》(2002年)、《西班牙—土耳其税收协定》(2002年)、《中国—塞浦路斯税收协定》(1990年)、《中国—德国税收协定》(1985年)、《蒙古—意大利税收协定》(2003年)等。

[3] See Luís Eduardo Schoueri, *Tax Sparing: A Reconsideration of the Reconsideration*, *Tax, Law and Development*, Edward Elgar Publishing, 2013, p. 109 - 111.

惠是对其征税权的消极使用,居民国无权干涉。[1]

巴西税收协定的实践很好地体现了饶让抵免和对应抵免的区别:巴西的对应抵免税率通常高于协定的限制税率,对于限制税率和对应抵免税率之间的部分,居民国应当进行饶让;而在饶让抵免机制下,对于超过限制税率的部分,居民国通常没有义务进行饶让。

3. 对应抵免是部分免税

学者沃格尔(Vogel)认为,饶让抵免和对应抵免都是对来源地国税收补贴的尊重,而非居民国直接给予的补贴,其理论基础是尊重来源地国的财政管辖权和税收政策。[2] 此外,沃格尔认为,对应抵免涉及对特定类型收入的部分免税(partial exemption),即居民国以抵免税率为限进行免税。如果抵免税率和居民国的税率一致,居民国对这些收入完全免税。此时,纳税人在居民国的应纳税额将被全部抵免。[3]

但是,对应抵免属于抵免机制,作用于应纳税额,而免税法的作用对象是税基,[4]从逻辑上看,二者的作用机制并不相同。此外,在免税法下,居民国用超额税率征税时,可能会考虑免税收入,如果认为对应抵免是部分免税,就要考虑如何用抵免税率来计算免税收入,这样就提高了居民国税收征管的复杂性。

(二)饶让抵免和对应抵免关系的思考与总结

综上,笔者认为,饶让抵免是在税收协定划分的征税权内对来源地国政策的尊重,对应抵免是缔约国在协定中对税额的划分,即居民国承诺只对超过抵免税率乘以毛收入以上的部分主张税权。虽然饶让抵免和对应抵免的效果相似,但二者实际上是不同的机制。原因在于,对应抵免的数额大小由协定固定,而饶让抵免的数额取决于在税收协定划分的征税权以内,来源地国相对于其普通税法

---

〔1〕 See Luís Eduardo Schoueri, *Tax Sparing: A Reconsideration of the Reconsideration*, *Tax, Law and Development*, Edward Elgar Publishing, 2013, p. 120 – 122.

〔2〕 See Vogel K., *Klaus Vogel on Double Taxation Conventions*, Third Edition, Kluwer Law International, 1997, p. 1256.

〔3〕 See Vogel K., *Klaus Vogel on Double Taxation Conventions*, Third Edition, Kluwer Law International, 1997, p. 1256.

〔4〕 参见[奥]迈克尔·朗:《避免双重征税协定法导论》(第2版),朱炎生译,法律出版社2017年版,第137页。

所放弃的税额。可见,饶让抵免的适用不仅受协定划分的征税权的影响,还受来源地国国内法的影响,对应抵免的适用则无须受到这些约束。所以,从法律适用确定性的角度来看,一份税收协定中最好只包含其一。否则,当两种机制的适用结果相异时,就会令适用者产生难以抉择的割裂之感。

即便在税收协定中要同时包含二者,立法者也要意识到二者是不同机制,原则上独立运作而没有约束关系。不能认为对应抵免受饶让抵免条款适用边界的约束,只在饶让抵免机制下发挥作用。如果立法者欲赋予二者约束关系,就要在条文上作出特别安排,如在对应抵免条款中使用指向饶让抵免条款的"某款中"这一连接词。[1] 否则,在法律解释阶段,税务机关和法院就应该按照惯常情形独立适用对应抵免条款。在"2015 구합 80123"判决中,法官以超脱常人认知的所谓立法目的为由,否定《企业所得税法》时代《中韩税收协定第二议定书》第 5 条第 1 款中对应抵免条款的适用,实则偏离了法律解释方法的基本轨道。

五、中韩股息饶让条款争议对饶让条款设置的启示

在税收协定谈判中,一国选择给予饶让还是索取饶让,主要取决于缔约双方贸易和投资的流向以及各自国内经济政策和税收政策的导向。具体来说有以下几方面考量因素:一是国际资本流向。资本输出大于资本输入的国家倾向给予饶让,资本输出小于资本输入的国家倾向索取饶让。二是鼓励资本输出或输入的政策。鼓励资本输出的国家倾向给予饶让,鼓励资本输入的国家倾向索取饶让。三是宏观税收政策导向。在税收政策上,有的国家重视税收中性,有的重视税收调节,只有认可缔约对方的税收优惠才谈得上给予饶让,而只有本国法律中存在税收优惠,才具备索取饶让的基础。四是国际税收规则。对于只实行来源地税收管辖权,或者只采用免税法的国家来说,饶让抵免没有意义。五是其他因素,如党派斗争等。[2] 所以,是给予饶让还是索取饶让,要根据缔约双方的不同情况进行具体分析。

---

〔1〕 尽管这一连接词所体现的逻辑关系不够明确。

〔2〕 详细论述参见王晓悦:《税收饶让抵免的考察与政策选择》(上),载《涉外税务》2001 年第 11 期。

在上述案件中,良好的法律解释只是在一定程度上缓和矛盾,法律适用不确定性的根源在于条约设置的不严谨。无论是嗣后缔结的解释协定,还是缔约国的行政惯例,对协定解释的约束力都非常有限。[1] 考虑到我国将来可能在税收协定中增加给予饶让的条款,因此,分析总结已有协定文本设置的缺陷,思考在未来的条约签谈中如何科学设置饶让条款是必要的。

(一)限制饶让抵免的优惠基础

在《中韩税收协定第二议定书》第5条第1款的饶让抵免条款当中,饶让优惠的限制条件是"为促进经济发展",其饶让范围非常广。未来我国签谈给予饶让的协定时,设置如此宽泛的饶让优惠限制条件是不适宜的。相反,应当限制作为饶让基础的来源地国优惠的法律依据,即只有来源地国某部法律中某些条款给予的优惠可以获得饶让。当来源地国的税制有重大变化时,应当及时审查饶让抵免条款的有效性,与缔约国进行沟通,尽快达成一致意见,为走出去的企业保驾护航。进入21世纪,为避免滥用协定,资本输出国和资本输入国之间的饶让抵免条款大都对饶让的优惠来源加以限制,[2]这也是1997年报告中最佳实践的建议。[3] 前述案件反映出,限定饶让抵免条款的优惠依据,不仅是防止饶让抵免条款滥用的需要,更是提高法律确定性的需要。一方面,这样的限制可以明确将协定优惠,即协定限制税率之差排除在饶让范围以外,正如我国国家税务总局所愿;另一方面,"一带一路"沿线多为发展中国家,税制稳定性较差,特别是在目前对支柱二方案达成普通共识的过程中,[4]可能会有越来越多的国家取消其部分外资税收优惠,如果不对饶让优惠进行明确限制,我国企业的经济投资评估将会受到不利影响。

---

[1] 参见[奥]迈克尔·朗:《避免双重征税协定法导论》(第2版),朱炎生译,法律出版社2017年版,第20~23页。

[2] See B. Andrade Rodríguez, *A Look at Tax Sparing Clauses in the 21st Century as Tools for the Implementation of Tax Incentives from the Perspective of Developing Countries*, IBFD-Tax Research Platform (Jan. 7, 2021), https://research.ibfd.org/#/doc? url =/document/itaxs_2020_07_int_1.

[3] See OECD, *Tax Sparing a Reconsideration*, 1997, R(14)-28-R(14)-29.

[4] 支柱二方案,即全球反税基侵蚀方案,see OECD, *Tax Challenges Arising from Digitalisation-Report on Pillar Two Blueprint: Inclusive Framework on BEPS*, OECD/G20 Base Erosion and Profit Shifting Project, OECD Publishing, Paris, 2020。

饶让优惠范围的确定性和灵活性犹如在天平之两端，难免顾此失彼，只能以实践为基础进行权衡。目前，在我国“一带一路”对外投资中，空怀一腔热忱的亏损者多，充分评估风险的盈利者少，“一带一路”的建设急需完成从粗放到精细的转变。[1] 此外，我国许多跨境投资者对跨境税收还不甚熟悉。在这种背景下，我国更应该提高法律适用的确定性而非灵活性，以帮助企业更准确地进行对外投资的风险评估。

（二）妥善处理饶让抵免和对应抵免的关系

从适用确定性的角度来看，在双边税收协定中，饶让抵免与对应抵免最好只择其一以减少争议。然而，由于对应抵免的适用成本低、滥用风险小，在实践中不少税收协定二者兼有。今后，我国在签谈两种抵免形式兼有的税收协定时，应当特别注意二者的关系处理。其中，尤其需要注意特定连接词在二者关系处理中的重要性。

《中韩税收协定第二议定书》第 5 条第 1 款中“本款中”这一意义不明的连接词让饶让抵免条款和对应抵免条款的关系不甚清晰，纳税人很难从文义上直接得知“某款中”这种连接词所表达的约束关系。在对应抵免条款中，可以使用意义更明确的连接词。例如，《西班牙—土耳其税收协定》（2002 年）在第 22 条第 1 款第 4 项中，连接对应抵免和饶让抵免条款的表述是“尽管有前项规定，但是”（Notwithstanding the preceding sentence），“前项规定”是指饶让抵免条款，这就明确了对应抵免的适用不受饶让抵免成就条件的约束。此外，还可以在对应抵免条款的开头指明其设立目的。例如，《中韩税收协定第二议定书》第 5 条第 1 款中对应抵免条款的“本款中”可以替代为“为了投资公平”或“为了促进投资”之类的表述。

总之，税收协定条款不应机械地借鉴模板，而应灵活设置，尽可能体现缔约者的目的。

截至目前，中国签署的包含饶让抵免和/或对应抵免条款的协定共 45

[1] 资料来源：时任中华人民共和国驻马来西亚大使黄惠康于 2021 年 4 月 10 日在厦门大学法学院的讲座：《中国的条约法律外交——兼论当前国际法领域涉我风险点》。

个。[1] 同时含有饶让抵免和对应抵免条款的协定有12个,其中目前具有效力的有9个。这9个协定中的对应抵免条款按照是否使用连接词以及连接词指向对象可以分为3类:第一,使用指向饶让抵免的连接词(3个),如前述《中国—加拿大税收协定》(1986年)第21条第2款第5项;[2]第二,使用指向抵免条款的连接词(4个),如《中国—日本税收协定》(1983年)第23条第3款;[3]第三,不使用连接词(2个),如《中国—越南税收协定》(1995年)第23条第3款。[4] 考虑到饶让抵免与对应抵免的独立关系,为避免争议,第二种和第三种做法更可取。

六、结语

当缔约国国内法的变化引起协定适用争议时,司法机关应遵守协定解释规则,不宜作出太过突破协定文义和通常理解的解释。在"为促进经济发展的法律规定给予的税收优惠"这种宽泛的饶让条件下,应当考察国际条约并入来源

[1] 只包含饶让抵免的协定如《中国—新加坡税收协定》(2007年),其中饶让抵免条款为第22条第3款,即"在本条第2款规定的抵免中,缴纳的中国税收应视为包括假如没有按中华人民共和国企业所得税法及其实施条例规定给予免除、减少或退还而可能缴纳的中国税收数额"。只包含对应抵免的协定如《中国—瑞典税收协定》(1986年),其中对应抵免条款为第23条第3款,即"在第2款第1项中,有关第10条,第11条和第12条所指各项所得'缴纳的中国税收'数额应认为等于股息总额的百分之十,利息总额的百分之十和特许权使用费总额的百分之二十"。(该条款已失效)同时包含饶让抵免和对应抵免的如《中韩税收协定第二议定书》(2006年),其中饶让抵免和对应抵免条款为第5条第3款,即"本条第1款第1项和第2款所述在缔约国一方应缴纳的税额,应视为包括本应缴纳的,但按该缔约国为促进经济发展的法律规定给予减免税或其他税收优惠而未缴纳的税额。本款中,在第10条第2款、第11条第2款和第12条第2款的情况下,该项税额应分别视为股息、利息和特许权使用费总额的百分之十"。

[2] 《中国—加拿大税收协定》(1986年)第21条第2款第5项约定:"在执行本款规定时,中国税收数额应视为……"其中,"本款规定",是指饶让抵免规定。

[3] 《中国—日本税收协定》(1983年)第23条第3款约定:"在第二款第一项所述的抵免中,下列中国税收应视为已经支付……"

[4] 《中国—越南税收协定》(1995年)第23条第3款约定:"第一款和第二款中,在越南或者中国缴纳的税额,按照上下文,应视为包括假如没有按照缔约国为促进经济发展的法律给予减税、免税而本应缴纳的税额。在第十条第二款、第十一条第二款和第十二条第二款情况下,该税额应视为股息、利息和特许权使用费总额的10%。"

国法律体系的方法,决定限制税率之差是否为饶让对象。尽管饶让抵免和对应抵免的作用看似相同,但二者本质是不同的机制:饶让抵免是对来源地国税收政策的尊重,对应抵免是缔约国在协定中对税额的划分。因此,二者原则上独立适用。只有对此有清晰的认识,才能在协定的设置和解释中处理好二者之间的关系。在我国目前的对外投资环境下,应当优先保障法律适用的确定性。因此,我国应当尽可能地明确饶让抵免优惠来源的法律依据,同时避免使用将饶让抵免和对应抵免相连接的连接词,防止产生争议。最后,饶让政策应坚持个案分析,[1]饶让抵免条款乃至协定条款的设计也应当一案一议、灵活设计。

---

[1] 参见王晓悦:《税收饶让抵免的考察与政策选择》(下),载《涉外税务》2001年第12期。

税收优先权与出口退税托管账户质押贷款的优先效力之辨
——兼评出口退税账户质押贷款商业模式的风险

元　武*　翁启标**

摘　要：纳税担保作为纳税争议救济的前置程序，将出口退税的应退税款作为纳税担保以保证税收的安全，在理论上具有合法性、在实践中具有可操作性。即便纳税人已经用出口退税向银行申请了出口退税质押贷款，税务机关仍可以将该批次的应退税款作为纳税担保。一方面，在实践中大量存在税务机关暂缓对企业退税的情况，如果能将应退税款作为担保物，企业将大大减轻"清税前置"的资金压力。另一方面，出口退税账户质押贷款是出口企业普遍的融资方式，如果该贷款业务无法对抗税务机关的优先权，将对银行业务产生巨大风险。

关键词：出口退税账户质押；纳税担保；纳税前置；权利救济

一、案情简介[1]

2017年6月22日，原告江门市长林贸易有限公司（以下简称长林公司）与银行签订《最高额出口退税应收账款质押合同》，约定原告将经税务部门核定的出口退税专用账户托管、质押给该银行，同时以出口退税专用账户中的出口退税款和应退未退出口退税款出质，作为主合同项下债权的担保。一旦贷款逾期，银行有权直接划转、扣收出口退税账户中的款项优先用于清偿原告在主合同项下的债务。[2]

---

* 国浩律师（福州）事务所合伙人，北京大学哲学学士。

** 国浩律师（福州）事务所律师，上海对外经贸大学法学硕士。

[1] 案情简介中的事实均为广东省江门市江海区人民法院（2018）粤0704行初第113号行政判决书和广东省江门市中级人民法院（2018）粤07行终第170号行政判决书中确认的事实。

[2] 出口企业办理出口退税账户质押贷款是一种普遍的商业模式。各地外贸行业竞争激烈，代理费被压到成本线，几乎无利可图。在这种情况下，出口企业往往利用银行资金帮助生产企业及时回笼退税资金，即由银行先行垫付退税款并加收一定比例的手续费。如果退税时间短，则银行利息低于赚取的手续费，那么出口企业就可以通过现金流的利息差来赚取差价。

2017 年年底，国家税务总局开启新一轮打虚打骗行动，并通过大数据排查发现原告的出口业务存在疑点。税务机关实施稽查后，发现企业的货物均为真实出口，不构成骗取出口退税，但企业的部分 FOB 出口业务缺少海运提单。2017 年 11 月 30 日，稽查局作出《税务处理决定书》，认定原告的出口货物申报退税未按规定进行单证备案，决定对其已退税款 27,426,922.64 元追回，未退税款 446,862.4 元不予退税，并于 2017 年 12 月 8 日向原告送达《税务处理决定书》。

2018 年 2 月 5 日，原告对前述《税务处理决定书》不服，提起行政复议。2018 年 2 月 7 日，经审查，复议机关认为被复议行为系征税行为，要求原告提供纳税担保。

2018 年 2 月 11 日，原告向稽查局提交《纳税担保申请》，认为稽查局自 2017 年 1 月 18 日暂扣该公司 29,260,286.84 元其他应退税款，至 2018 年 2 月 11 日仍有 27,328,838.03 元应退税款被暂扣，其申请以该 27,328,838.03 元作为此次复议申请的纳税担保。

2018 年 3 月 9 日，银行出具《关于"长林未退税批次"的情况说明》，载明无法对来账的退税批次号进行核对。这意味着，涉案的应退税款所对应的退税批次，与办理质押贷款的退税批次可能重复。

稽查局向原告出具《关于江门市长林贸易有限公司提交的〈纳税担保申请〉的回复》，认定原告提供的已申报未退税的税款在银行有办理质押的记录，且银行至今无法对该公司提供的退税批次号进行核对，并以此为由，根据《纳税担保试行办法》第 25 条[1]及《税务行政复议规则》第 33 条第 3 款[2]的规定，决定

---

[1] 《纳税担保试行办法》第 25 条规定："纳税质押，是指经税务机关同意，纳税人或纳税担保人将其动产或权利凭证移交税务机关占有，将该动产或权利凭证作为税款及滞纳金的担保。纳税人逾期未缴清税款及滞纳金的，税务机关有权依法处置该动产或权利凭证以抵缴税款及滞纳金。纳税质押分为动产质押和权利质押。动产质押包括现金以及其他除不动产以外的财产提供的质押。汇票、支票、本票、债券、存款单等权利凭证可以质押。对于实际价值波动很大的动产或权利凭证，经设区的市、自治州以上税务机关确认，税务机关可以不接受其作为纳税质押。"

[2] 《税务行政复议规则》第 33 条第 3 款规定："申请人提供担保的方式包括保证、抵押和质押。作出具体行政行为的税务机关应当对保证人的资格、资信进行审查，对不具备法律规定资格或者没有能力保证的，有权拒绝。作出具体行政行为的税务机关应当对抵押人、出质人提供的抵押担保、质押担保进行审查，对不符合法律规定的抵押担保、质押担保，不予确认。"

不同意将原告已申报未退税款作为所涉税款的担保。

原告不服,遂提起行政诉讼,诉请撤销稽查局作出的不同意接受担保的行政决定。

在诉讼过程中,稽查局于2018年6月25日作出《关于江门市长林贸易有限公司〈陈述与申辩书〉的回复》,同意了原告的申请。对于原告提供的44个已申报退税批次中的退税款,在被主管税务机关审核通过确定存在应退税款后,由主管税务机关将前述应退税款直接抵扣前述《税务处理决定书》的欠缴税款。

主管税务机关于2018年6月28日作出《税务事项通知书》,告知原告依据《税收征收管理法实施细则》第79条[1]的规定,将长林贸易有限公司已审核通过的应退税款冲抵欠缴税款。

二、案件争议焦点及各方观点

该案的争议焦点有两个:一是应退未退税款是否可以作为纳税担保?二是出口退税银行账户质押贷款是否构成质押担保?各方观点如下:

(一)企业观点

第一,长林公司办理的退税质押贷款不属于担保。税务机关征收税款,税收优先于无担保债权,税务机关对该批次应退税款具有控制权。根据《税收征收管理法》第45条第1款的规定,"税务机关征收税款,税收优先于无担保债权"。由于应退税款在未退至退税专用账户的情况下,质押尚未形成,所以出口退税质押不属于民法意义上的"担保",可以被税务机关征收。又由于税务机关对出口退税的审批具有决定权,未经税务机关允许,任何人无法支配应退税款。因此,税务机关在实质上可以控制应退税款。

第二,税务机关已经实际占有长林公司的该批次应退税款,并具有可执行的权力。根据《物权法》(已失效)第223条的规定,"债务人或者第三人有权处分的下列权利可以出质:……(六)应收账款;(七)法律、行政法规规定可以出质的其他财产权利"。根据该条规定,其他可质押权利必须要有法律、行政法规的明确规定,但目前还没有法律、行政法规赋予应退税款明确的质押权利。又根据中

[1]《税收征收管理法实施细则》第79条规定:"当纳税人既有应退税款又有欠缴税款的,税务机关可以将应退税款和利息先抵扣欠缴税款;抵扣后有余额的,退还纳税人。"

国人民银行制定的《应收账款质押登记办法》第2条[1]的规定，应收账款不包括应退税款。因此，对应退税款不能设定民法意义上的质押。根据《税收征收管理法实施细则》第79条的规定，“当纳税人既有应退税款又有欠缴税款的，税务机关可以将应退税款和利息先抵扣欠缴税款；抵扣后有余额的，退还纳税人”。当长林公司的未缴税款确定为欠缴税款，税务机关可以依据上述规定对长林公司的该批次应退税款进行抵扣。

第三，相关规范性文件规定税务机关可以对应退税款进行“暂扣”，这充分支持了将应退税款作为纳税担保的合理性。当时施行的《全国税务机关出口退(免)税管理工作规范(1.1版)》第36条规定：“……(二)出口企业应暂扣税款大于其已审批未退税款金额的，调查评估岗在审核系统出具通知，经复审岗复审、核准岗核准后，暂扣该企业以后发生相当于应暂扣税款的应退税款。”因此，税务机关对企业的其他应退税款可以依职权实施暂扣。举重以明轻，企业主动要求将应退税款作为纳税担保则更具备合理性。

(二)税务机关观点

第一，长林公司以已申报但未审核通过的退税款提供纳税担保不符合纳税担保条件。长林公司提供作为纳税担保的质押物是出口退税税款。经向长林公司退税主管税务机关了解，其提交的要求作为纳税担保的退税批次中，部分已退税至长林公司出口退税账户，部分属于其已向出口退税部门申报但未审核通过的税款，对于未审核通过的税款最终是否可以予以退税仍未确定，不符合纳税担保对质押物确定性的要求。《税收征收管理法实施细则》第59条第1款规定：“税收征管法第三十八条、第四十条所称其他财产，包括纳税人的房地产、现金、有价证券等不动产和动产。”《纳税担保试行办法》(国家税务总局令第11号)第25条进一步明确：“纳税质押，是指经税务机关同意，纳税人或纳税担保人将其

[1] 《应收账款质押登记办法》第2条规定：“本办法所称应收账款是指权利人因提供一定的货物、服务或设施而获得的要求义务人付款的权利以及依法享有的其他付款请求权，包括现有的和未来的金钱债权，但不包括因票据或其他有价证券而产生的付款请求权，以及法律、行政法规禁止转让的付款请求权。本办法所称的应收账款包括下列权利：(一)销售、出租产生的债权，包括销售货物，供应水、电、气、暖，知识产权的许可使用，出租动产或不动产等；(二)提供医疗、教育、旅游等服务或劳务产生的债权；(三)能源、交通运输、水利、环境保护、市政工程等基础设施和公用事业项目收益权；(四)提供贷款或其他信用活动产生的债权；(五)其他以合同为基础的具有金钱给付内容的债权。”

动产或权利凭证移交税务机关占有,将该动产或权利凭证作为税款及滞纳金的担保。纳税人逾期未缴清税款及滞纳金的,税务机关有权依法处置该动产或权利凭证以抵缴税款及滞纳金。纳税质押分为动产质押和权利质押。动产质押包括现金以及其他除不动产以外的财产提供的质押。汇票、支票、本票、债券、存款单等权利凭证可以质押。对于实际价值波动很大的动产或权利凭证,经设区的市、自治州以上税务机关确认,税务机关可以不接受其作为纳税质押。”根据上述规定,长林公司提出的担保物不符合上述要求,稽查局作出不予接受长林公司以已申报但未审核通过的退税款作为纳税担保于法有据。

第二,长林公司申请作为担保的出口退税账户在银行有办理质押记录,不符合纳税担保条件。在收到长林公司《纳税担保申请》后,稽查局的工作人员到长林公司退税账户的开户行进行核查,得悉长林公司退税账户在银行有质押记录,截至 2018 年 3 月 7 日,尚有退税质押贷款余额。最高人民法院《关于公布〈最高人民法院关于审理出口退税托管账户质押贷款案件有关问题的规定〉的公告》(已失效)第 3 条规定:“出口退税专用账户质押贷款银行,对质押账户内的退税款享有优先受偿权。”第 4 条进一步规定:“人民法院审理和执行案件时,不得对已设质的出口退税专用账户内的款项采取财产保全措施或者执行措施。”据此,稽查局经审查认为不符合纳税担保条件,合法有理。

(三)银行观点

虽然银行在该案中没有参与诉讼,但银行认为,出口退税账户质押贷款是最高人民法院认可的融资方式,具有担保性质。根据规定,税务机关的税收优先权仅限于无担保财产。如质押设定在先,征税行为在后,税务机关无权直接将已审核通过的退税款直接划扣。如果人民法院和税务机关认可了直接划扣的行为,将对全国范围内的金融秩序产生巨大影响,增加银行贷款的风险。因此,希望税务机关能将退税款直接退入质押账户内,而不是直接抵扣欠缴税款。

(四)一审法院观点

一审法院认为,原告主张的应退税款不能作为纳税担保。理由如下:

第一,在主管税务机关出口退税审核系统查询得知,已申报未退税金额低于应缴纳的税款,而已申报但未审核通过的出口退税款最终是否应予以退税、何时退税、退税金额多少,仍需要由相关出口退税主管税务机关经过税务审查程序等核定,不具有确定性。

第二,原告的应退税款已在银行办理了质押贷款,不具有可执行性。

第三，即便具有确定性和可执行性，应退税款抵扣欠缴税款中的“抵扣”与民法上的“担保”概念不同，因此，诉讼过程中税务机关主动将应退税款抵扣纳税担保的行为，没有改变原先否定纳税担保申请的行政行为。

一审判决驳回原告诉讼请求，不认可已经办理银行贷款的应退税款可以作为纳税担保。

（五）二审法院观点

二审法院认为，应退税款分为两个部分：一部分是审批通过并退至原告专用账户的款项；另一部分是已申报但暂时未获批准的款项。第一部分款项已办理银行账户质押贷款，银行享有优先受偿权，不具有可执行性。第二部分款项尚未审批通过，具有不确定性。

尽管一审法院驳回原告的诉讼请求，二审法院维持了一审判决。但我们仍然可以从法院上述观点看出一些有指导意义的内容：一审法院实际上回避了“应退税款是否可以作为纳税担保”这个问题，而二审法院却认可了“如果税款经审批通过且尚未退至质押账户，可以作为纳税担保”这一观点。

值得一提的是，在一审开庭审理后，税务机关认可了企业的观点，主动行使了税收优先权，将应退未退税款直接冲抵欠缴税款，完成了企业的清税前置义务，让案件顺利进入实体审理阶段。

三、法理评析

（一）应退税款作为纳税担保的论证逻辑

该案涉及的应退税款作为纳税担保存在两个障碍：一是质押贷款与税收优先权之间的矛盾；二是已审核未退税款是否属于企业的财产或财产权利。

我们首先论证未办理质押的情况下，企业是否可以将应退税款作为纳税担保。

纳税担保制度的目的在于保障国家税款的征收。如果企业最终的救济失败，纳税担保将转化为征税行为。因此，作为纳税担保的财产必须具有可执行性、确定性和足额性，以此保证后续可能的征税行为顺利进行。反之，只要能够保证后续的征税行为顺利完成，就应当视为符合纳税担保的要求。

对于应退税款确定性的判断主要在于退税款对应的出口业务是否符合退税规定。只要税务机关审核通过，即具有确定性，而足额性的判断更加简单。不同于非货币资产(如不动产)具有的易变性,应退税款实际上是货币现金,只要金额上超过欠缴税款,就具有足额性。在该案中,各方也对应退税款的确定性和足额性进行了辩论,但由于该问题更多属于事实上的内容,且争议不大,本文不再赘述。以下重点讨论应退税款的可执行性问题。

根据《税收征收管理法实施细则》第 79 条的规定,"当纳税人既有应退税款又有欠缴税款的,税务机关可以将应退税款和利息先抵扣欠缴税款;抵扣后有余额的,退还纳税人"。该条规定赋予了税务机关对应退税款的执行权力。当纳税人的未缴税款被认定为欠缴税款时,税务机关就可以依据上述规定对纳税人的应退税款进行抵扣。该"抵扣"行为属于税务机关依职权行使的行政行为,本身即具有确定力、拘束力和强制力。

出口退税属于应退税款。根据国家税务总局《关于应退税款抵扣欠缴税款有关问题的通知》(国税发〔2002〕150 号)第 1 条的规定,"一、可以抵扣的应退税款为 2001 年 5 月 1 日后征收并已经确认应退的下列各项税金:……(二)依法预缴税款形成的汇算和结算应退税款……"。而出口退税本质上是企业依据国家税收政策,将在国内预缴的增值税款予以返还的应退税款。因此,出口退税的应退税款属于可以抵扣欠缴税款的范畴。

出口退税款在审核通过后,就成为企业的可期待财产权利。但在未退至企业账户时,税务机关对其仍具有控制权。如果企业同时存在欠缴税款,税务机关是可以将其直接冲抵欠缴税款的,且符合纳税担保的可执行性。出口退税款经税务机关审批通过后,就应当属于退税企业的合法权利,退税企业将办理出口退税所需的凭证移交税务机关占有,不违反纳税担保的相关规定。因此,已审核通过但未退的出口退税款可以作为纳税担保。

(二)出口退税账户质押贷款的法律性质

1. 出口退税账户质押贷款的实践操作模式

在实践中大量存在金融机构为外贸企业办理出口退税托管账户质押贷款的业务,该类贷款已经成为一种较成熟的金融产品,其主要操作模式为:企业与银行签订《贷款合同》并提交申报退税的材料,当地税务机关则出具一份《出口退税账户托管贷款业务确认单》或者其他类似文件,并承诺将该企业的退税款退至指定专用账户,企业授权银行对该专用账户进行托管。此外,全国各地还存在不同做法,如企业、银行和税务机关签订三方协议,或者当税务机关不愿向银行出具确认文件,只要企业能够证明其未来确实可以得到该笔税款,部分银行也愿意发放贷款。由于出口企业的退税账号和退税金额得到了税务机关的确认和登记,在银行贷款全部还清之前,未经银行同意,企业不得随意变更出口退税专户。银行通过对专户的托管,能够占有并控制出口企业的退税权利。

但这种所谓的“质押”模式的最大问题在于,如果税务机关认定该批出口退税款不符合退税条件,那么银行的这种“质押”形式无法对抗税务机关,税务机关仍然可以对出口企业不予退税。这也恰恰说明了出口退税托管账户质押贷款并非担保债权,而更宜理解为一种特殊的融资保证形式。

2. 出口退税账户质押贷款的法律规定

2001 年 8 月 24 日,中国人民银行、对外贸易经济合作部、国家税务总局联合发布了《关于办理出口退税账户托管贷款业务的通知》(银发〔2001〕276 号)(以下简称《通知》)。《通知》规定:“出口退税账户托管贷款,是指商业银行为解决出口企业出口退税款未能及时到账而出现短期资金困难,在对企业出口退税账户进行托管的前提下,向出口企业提供的以出口退税应收款作为还款保证的短期流动资金贷款。”它明确了企业在出口退税的过程中可以将出口退税款作为还款保障办理银行贷款。《通知》第 5 条规定:“各级税务部门要在不得提供任何形式担保的前提下,认真配合商业银行做好该项贷款工作。要确保贷款企业出口退税专用账户的唯一性,保证退税款退入该专户,不得转移;在出口退税账户托管贷款全部偿还之前,未经贷款银行同意,不得为出口企业办理出口退税专用账户转移手续(国家有关法律有特殊规定的除外)。各级税务部门应为商业银行查询出口退税企业资信提供方便。”可见,税务机关对出口退税账户质押同样负有一定程度的协助义务。但《通知》对税务机关的义务仅限于将退税款退入指定专户,而不能对全额、及时退税作任何形式的担保或承诺。

2004 年 11 月 22 日,最高人民法院发布《关于审理出口退税托管账户质押贷款案件有关问题的规定》(已失效,以下简称《规定》)。《规定》第 2 条规定:“以出口退税专用账户质押方式贷款的,应当签订书面质押贷款合同。质押贷款合同自贷款银行实际托管借款人出口退税专用账户时生效。”该条在确定了出口退税账户质押贷款合同自托管时生效的同时,也明确将出口退税定义为可质押的权利之一。《规定》第 3 条还进一步明确:“出口退税专用账户质押贷款银行,对质押账户内的退税款享有优先受偿权。”这一规定虽然确定了银行对退税款享有优先受偿权,但是在“退税款”前作了一个限定条件,即“质押账户内的退税款”。如果退税款没有退入质押账户或者没有退税,那么银行对出口退税款就不享有优先受偿权。

最高人民法院《关于适用〈中华人民共和国担保法〉若干问题的解释》第85条规定,“债务人或者第三人将其金钱以特户、封金、保证金等形式特定化后,移交债权人占有作为债权的担保,债务人不履行债务时,债权人可以以该金钱优先受偿”。[1]《民法典》第425条第1款规定:“为担保债务的履行,债务人或者第三人将其动产出质给债权人占有的,债务人不履行到期债务或者发生当事人约定的实现质权的情形,债权人有权就该动产优先受偿。”据此,笔者认为,退税款在退税前后的性质应有所不同:当已申请退税但尚未退税时,质押权没有形成,账户托管仅是对未来的可预期利益的保障;当退税款实际进入专用托管账户后,该笔退税款才形成了动产质押。

值得注意的是,由于《物权法》(已失效)中对可质押权利的列举未包括应退税款,2008年12月,最高人民法院以“与物权法有关规定冲突”为由废止了《规定》的第2条。[2] 跟进的《民法典》第440条并无实质变动,只对文字进行了微调。该条规定的废止,意味着最高人民法院否定了出口退税托管账户质押贷款的质押性质,出口退税账户质押不属于《物权法》(已失效)规定的质押形式。而其他条款的保留意味着继续承认该种特殊的融资方式。

3. 账户质押贷款未形成质权

根据《民法典》第440条的规定,“债务人或者第三人有权处分的下列权利可以出质:(一)汇票、支票、本票;(二)债券、存款单;(三)仓单、提单;(四)可以转让的基金份额、股权;(五)可以转让的注册商标专用权、专利权、著作权等知识产权中的财产权;(六)现有的以及将有的应收账款;(七)法律、行政法规规定可以出质的其他财产权利”。显然,应退出口退税款不属于第1项至第5项的权利,而第7项其他财产权利则强调要有法律、行政法规的明确规定才能出质。目前,关于出口退税质押贷款的相关规定仅有《通知》和《规定》两个文件,其中《通知》属于部门规章,而《规定》属于司法解释,它们都不属于上述第7项中的法律、行政法规,因此出口退税款不属于上述第7项规定的“法律、行政法规规定的可以出质的其他财产权利”。

---

[1] 最高人民法院《关于适用〈中华人民共和国担保法〉若干问题的解释》已于2021年1月1日废止,但其中的立法本意仍值得参考。

[2] 参见最高人民法院《关于废止2007年底以前发布的有关司法解释(第七批)的决定》。

有观点认为,出口退税款属于应收账款的范畴,可以形成质权。2022 年 2 月 1 日,《动产和权利担保统一登记办法》(中国人民银行令〔2021〕第 7 号)施行,原《应收账款质押登记办法》(中国人民银行令〔2017〕第 3 号)同时废止。其第 3 条第 2 款规定,“本办法所称的应收账款包括下列权利:(一)销售、出租产生的债权,包括销售货物,供应水、电、气、暖,知识产权的许可使用,出租动产或不动产等;(二)提供医疗、教育、旅游等服务或劳务产生的债权;(三)能源、交通运输、水利、环境保护、市政工程等基础设施和公用事业项目收益权;(四)提供贷款或其他信用活动产生的债权;(五)其他以合同为基础的具有金钱给付内容的债权”。显然,出口退税款不符合该款第 1 项至第 4 项的规定。同时,出口退税款是依法确定的金钱给付债权,不以合同为基础。因此,出口退税款同样不符合该款第 5 项的规定,不属于可办理质押登记的应收账款的范畴。值得注意的是,《民法典》第 445 条第 1 款规定:“以应收账款出质的,质权自办理出质登记时设立。”可见,应收账款的质押需要到信贷征信机构办理出质登记才产生效力。然而根据《通知》的相关规定,出口退税账户质押贷款只需要对退税的专用账户进行托管,无须办理出质登记。

4. 出口退税账户质押不属于民事担保性质

在司法实践中,也有部分法院判决认为应退税款账户质押贷款不属于民事担保性质。例如,宣城市中级人民法院 2014 年 7 月 10 日作出的(2014)宣中民二初字第 00040 号判决中,人民法院认为,“郎溪县国税局该承诺旨在协助郎溪远大铜业公司与郎溪农村合作银行之间将应退税款账户特定化、从而能够成立合法有效的应退税款账户质押贷款关系,并不具有民事担保性质。至于郎溪县国税局在承诺前后,是否应退税、何时退税、退税金额多少,应依法经税务行政程序核定。郎溪农村商业银行要求郎溪县国税局在本案中以承担民事责任的形式退税归还贷款,不能成立,不予支持”。[1]

笔者同意法院的上述观点。由于这类贷款的特殊性质,加之法律的明文规定,出口退税款可以采取托管账户的特定化方式实现优先受偿权。但这种优先受偿权可能因税务机关的前置审批程序而阻断,出口退税的发放与否最终还是要由税务机关来决定。因此,出口退税款托管账户质押不能等同于民法意义上

〔1〕 参见最高人民法院中国应用法学研究所编:《人民法院案例选(月版)》(2009 年第 4 辑总第 4 辑),中国法制出版社 2016 年版,第 163 页。

的担保。

综上所述,《民法典》规定的质押权利是民事范畴内的,属于民事债权。而出口退税款需要税务机关履行审查、监督和返还等手续,[1]无法即时得以实现,甚至可能被税务机关用于执行欠缴税款,所以只能视为将来之或然债权。因此,出口退税款难以归于应收账款或其他可质押权利。

(三)税收优先权与出口退税账户质押贷款的优先效力之辨

上文已论述,在退税款未到达托管账户前,出口退税托管账户质押不属于民法意义上的"担保",即不属于"担保债权"。即使纳税人已经将出口退税款作为还款来源在银行办理了托管账户质押贷款,由于不属于"担保债权",银行不能以该批次退税款已被质押为由对抗税务机关。

国家税务总局《关于应退税款抵扣欠缴税款有关问题的公告》(国家税务总局公告 2013 年第 54 号)规定:"以退抵欠是税务机关计算确定纳税人应纳税义务的一项税款结算制度,不涉及从存款中扣缴税款和扣押、查封、拍卖、变卖强制行为。以退抵欠确定后有余额的退还纳税人;不足部分,责令纳税人继续缴纳。以退抵欠之后纳税人仍有欠税,经责令缴纳仍不缴纳的,税务机关采取强制执行措施,为行政强制执行。以退抵欠不属于行政强制执行。"该公告明确指出,应退税款直接抵扣欠缴税款不同于行政强制执行,该部分税款直接从税务机关的内部系统中进行操作冲抵,无须通知银行扣缴税款。正是因为直接抵扣欠缴税款无须通过银行扣缴,即使办理了出口退税托管账户质押贷款也不影响税务机关对应退税款的征收效力。这说明,当纳税人符合可以抵扣欠缴税款的条件,税务机关同样可以对该批已办理贷款的出口退税款进行优先征收。

综上所述,在该案中,由于出口退税款未到达银行账户中,即使该批次的出口退税款已经向银行办理了出口退税账户质押贷款,仍旧不影响税务机关对该笔应退税款的支配力和执行力,税务机关对出口退税款具有可执行性。因此,企业将应退的出口退税款作为纳税担保,可以保障欠缴税款的征收,且符合《税收征收管理法》第 88 条的立法目的。

---

[1] 参见张力毅:《出口退税账户质押的法律规制与银行风险防范——基于司法实践的考察》,载《上海金融》2014 年第 4 期。

四、延伸思考

出口企业以已经办理了质押贷款的应退税款作为纳税担保,在一定程度上加大了银行的收贷风险,却是纳税人为了实现自己的救济权利不得不出的下策。《税收征收管理法》第 88 条的立法本意是通过纳税前置保障国家税收的稳定,但在实践中税务机关却利用该条款限制企业救济权利的实现,不仅不利于纳税人的权利保障,也可能造成国家税收权益的损失。纳税人无力缴纳税款或无法提供有效担保,可能稀释纳税人的履行能力,甚至触发他们的偷、逃税动机。这不得不让人反思该法修改的必要性。而在修法之前,应当努力拓宽纳税人履行缴税前置程序的可能途径。

无论是从理论还是司法实践分析,都证明了出口退税的应退税款具有可执行性,可以作为纳税担保。税务机关没必要过度坚持以该批次应退税款已在银行办理出口退税账户质押贷款为由拒绝纳税担保。

对于银行来说,出口退税账户质押贷款是一项较稳定的业务。企业将未来可能退还的出口退税款作为还款保障向银行贷款,一旦退税款进入托管账户,账户内的资金就形成了保证金形式的动产质押,此时银行对账户内的资金享有优先受偿权。在实践中,该类贷款绝大部分也通过退税款退入托管账户完成了偿还。

但是,当税务机关以各种原因将企业的应退税款直接抵扣欠缴税款时,退税款并没有进入托管账户。对于银行来说,由于不符合优先受偿权的法定情形,会使贷款的偿还失去保障。当企业发生欠税情形时,税务机关就有权将应退税款抵扣欠缴税款,此时银行将承担企业无法还贷的风险。也就是说,企业只要欠税了,这笔贷款很可能就成为坏账。即使办理了出口退税,在税款的追征期内,出口企业和银行仍可能长期处于交易不稳定的状态。

对此,笔者提出如下建议:办理出口退税账户质押贷款存在的主要风险在于出口业务的真实性无法判断以及税务机关的事后追查无法预测。对银行来说,应重视出口退税账户质押贷款这一业务的风险管理,积极对企业的纳税信用等级进行调查,避免企业恶意欠税导致贷款无法清偿;除严格把握风险控制外,银行还可以考虑要求出口企业提供反担保,将尚未出口的货物进行浮动质押;还可以考虑引进出口退税商业保险产品。对于业务真实出口,仅因程序不合规导致无法退税,不涉嫌骗取出口退税等刑事犯罪,保险公司可以赔付一定比例的保险金。

刍议公法债权与私法债权竞合的优先顺位

王晓春*

摘　要：为维护公益目的之公法债权与平等民事主体之间的私法债权，一旦产生竞合，就需要确定优先受偿顺位。因强大的公权力避让弱小的私权利，影响较小，私权利避让则牺牲较大，还因为公法债权是无偿性或惩戒性的，而私法债权一般是支付了对价的，因此原则上，私法债权优先、公法债权谦抑避让。因私法债权履行时有代扣代缴的法定义务，或私法债权履行后还要再履行公法债权，为避免周折反复，作为例外，公法债权优先、私法债权劣后。具体到法律实务中，公、私法债权的优先受偿顺位，法律有规定的依规定；法律未规定的，依习惯或约定；既无规定又无习惯的，依法理。优先受偿顺位依次是：留置担保的私法债权、特别法规定的私法债权、形同留置的公法债权、设立担保在先的私法债权、公法债权、普通私法债权、惩戒性公法债权。

关键词：公法；私法；债权；竞合；优先顺位

公法与私法的划分，最早由古罗马法学家提出。按照乌尔比安的解释，公法是以保护国家（公共）利益为目的的法律，私法是以保护私人利益为目的的法律。所以，公法债权就有了其概念产生的自洽性：只要给付行为首要是为了实现公益目的，则这种债权就是公法上的债权。[1] 与此相对，私法债权是平等民事主体之间请求为或不为一定行为的权利，即便债权人通过申请公权力强制执行。简言之，私法债权一般保护特定个体的私益，公法债权维护的是公益。竞合是一个法律上的概念，常见于想象竞合、法条竞合、请求权竞合等法律术语中，一般被理解为多种法律关系相互交叉、冲突排斥的状态。[2] 法律上的竞合，也称法律责任的竞合，是指某种法律事实的出现，导致两种或两种以上的法律责任产生，而这些责任之间相互冲突的现象。公法债权与私法债权时常发生竞合，是优先

---

* 上海金茂凯德（芜湖）律师事务所，工学学士，律师，税务师。

〔1〕 参见吴珏：《论公法债权》，载《苏州大学学报（哲学社会科学版）》2008 年第 5 期。

〔2〕 参见江伟主编：《民事诉讼法》（第 3 版），高等教育出版社 2007 年版，第 457 页。

受偿，抑或是平等比例受偿？如果优先受偿，优先顺位如何确定？本文尝试从实务案例管窥顺位次序，冀有裨益。

一、原则上私法债权优先、公法债权避让

私法债权一般是指民法上的合同之债（包括担保、赠与）、侵权之债、不当得利之债、无因管理之债等。在法律规定之债以外，还有法律行为或事实行为之债。公法债权有税收、规费、没收（包括行政没收）、罚金、罚款、行政协议之债等。公法债权依据公权法授，大多有法律规定或授权，例外的是行政协议。行政协议是行政机关为了实现公共利益，行使公权力而与私主体签订的协议，并非一般意义上平等主体之间签订的民事协议，具有明显公共管理色彩。[1]

公法债权的典型是税收，与之时常发生竞合的私法债权是担保之债。对此，原《担保法》规定的5种法定担保方式是保证、抵押、质押、留置、定金，原《物权法》规定的担保物权为抵押、质押、留置。原《担保法》和原《物权法》废止后，《民法典》沿用了原《物权法》的规定，但又对非典型担保如让与担保、保留所有权、保理、融资租赁等担保形式开了“口子”。

《税收征收管理法》第45条规定了税收优先权，即除非法律另有规定，税收优先于无担保债权、优先于税款发生在担保设定或留置之前的担保债权、优先于行政罚款和没收违法所得，但劣后税款发生在后设定的担保债权。[2] 此外，《税收征收管理法》第50条授权税务机关，可以依照原《合同法》第73条、第74条（这两条规定已被现行《民法典》第535条、第538条所取代）的规定行使代位权、撤销权。这意味着公法主体实现公法债权时不仅可使用查封、扣押、拍卖等公法手段，还可使用私法手段实现债权。[3]

《海关法》第37条第1款规定，未经海关许可，不得对海关监管货物设定担

---

〔1〕 最高人民法院行政裁定书，(2018)最高法行申3123号。

〔2〕 《税收征收管理法》第45条规定：“税务机关征收税款，税收优先于无担保债权，法律另有规定的除外；纳税人欠缴的税款发生在纳税人以其财产设定抵押、质押或者纳税人的财产被留置之前的，税收应当先于抵押权、质权、留置权执行。纳税人欠缴税款，同时又被行政机关决定处以罚款、没收违法所得的，税收优先于罚款、没收违法所得。税务机关应当对纳税人欠缴税款的情况定期予以公告。”

〔3〕 参见吴珏：《论公法债权》，载《苏州大学学报（哲学社会科学版）》2008年第5期。

保或处置,第 3 款则隐含关税优先权。[1] 在企业破产实务中,海关主张监管货物的税款优先权,经常得到法院支持。[2]

(一)实务案例

1."提单持有人主张拍卖余款诉讼案"[3]

某公司以信用证方式进口国家限制进口(需许可证)的钢材 5000 余吨,但钢材抵港后该公司未向海关申报进口。因超期无人申报,进口地海关依法将钢材提取拍卖,所得价款在依法扣除进口税款和运输、装卸、储存等费用后由海关留存。开证银行不见进口商付款赎单,打折转让提单(货物所有权),接受提单的某外国银行向该海关申请发还余款,并出示了我国主管部门发给其他公司的进口许可证件。海关认为,该银行不具有《海关法》规定的"收货人"资格,[4] 且不能出示有效许可证件,决定不予发还。2000 年 8 月 21 日,该银行向法院提起行政诉讼。[5] 2002 年 3 月,广东省高级人民法院作出终审判决。

一审法院判决,海关作出不予发还决定违法,拍卖价款应发还原告。海关不服提起上诉,二审判决撤销一审关于海关发还货款的判决,并责令海关对原告发还案涉货物余款的申请重新作出具体行政行为。后海关根据二审判决重新作出行政行为时,坚持认为该外国银行不是当时《海关法》以及《海关对报关单位和报关员管理规定》(已失效)中所规定的"进口货物的收货人",将案涉余款发还进口货物收货人以外的第三人没有法律依据,再次决定不予发还有关款项。银

---

[1] 《海关法》第 37 条规定:"海关监管货物,未经海关许可,不得开拆、提取、交付、发运、调换、改装、抵押、质押、留置、转让、更换标记、移作他用或者进行其他处置。海关加施的封志,任何人不得擅自开启或者损毁。人民法院判决、裁定或者有关行政执法部门决定处理海关监管货物的,应当责令当事人办结海关手续。"

[2] 参见广东省珠海市香洲区人民法院民事判决书,(2010)香民一初字 418 号,珠海市中级人民法院二审维持原判;广东省江门市新会区人民法院民事判决书,(2012)江新法民一初字 668 号;广东省江门市中级人民法院民事判决书,(2013)江中法民一终字 462 号。

[3] 参见广东省汕头市中级人民法院行政判决书,(2000)汕中法行初字 2 号;广东省高级人民法院行政判决书,(2001)粤高法行终字 267 号。

[4] 此处依据的是 1987 年《海关法》,涉及收货人权利义务的第 18 条、第 19 条、第 21 条、第 24 条,银行非《海关法》所指的收货人。《海关法》2000 年修改,对应在第 24 条、第 27 条、第 28 条、第 29 条、第 30 条,涉及的收货人规定前后一样。《海关法》于 1987 年经第六届人大常委会审议通过,1987 年 7 月 1 日施行,2000 年、2013 年、2016 年、2017 年、2021 年共 6 次修正。

[5] 参见广东省汕头市中级人民法院行政判决书,(2000)汕中法行初字 2 号;广东省高级人民法院行政判决书,(2001)粤高法行终字 267 号。

行对该项行政决定不服,再次向法院提起诉讼。

法院再次判决海关败诉。法院认为,根据《海商法》《对外贸易法》以及国际惯例的通常理解,收货人应当包括提单持有人,海关以海关总署行政规章作为执法依据,以其中对“进口货物收货人”的定义来解释《海关法》中的“收货人”,对作为涉外当事人的原告没有约束力,属于适用法律错误。被告作出不予发还拍卖余款的决定构成不履行法定职责,在没有收货人依法向海关申报进口的情况下,海关对超期货物的变卖处理,属于强制收货人办理进口纳税手续、履行法定义务的措施。

2.“提单让与担保权与海关处置公权纠纷案”[1]

1998年12月15日,某银行与H公司就进口棕榈油对外开立信用证达成协议:H公司交纳一笔保证金后,某银行为其开具信用证;货到后H公司将货权交给银行,H公司在全额交纳关税、有关费用及全部信用证款后才能取得货权;若H公司不能足额付款,银行有权处理货物。3天后双方又补充约定:若因H公司未足额向银行付款导致银行对外垫付款项,银行有权扣押有关单据并自行处置信用证项下货物。随后,银行依约开立了信用证。1999年1月7日,银行收到议付行寄来的全套信用证议付单据,其中3份货物正本提单上注明收货人为“凭银行指示”。1999年1月27日,货物抵港。1999年2月5日,因报关需要正本提单,而H公司未及时为赎单备款,为使货物尽快通关,银行派人持未背书转让的一份提单与H公司共同到当地海关说明情况后,海关受理报关业务。后因H公司未能付款,银行对外垫付了款项。1999年6月,银行得知因H公司欠缴关税致货物不能通关,遂向海关提出书面申请,说明双方合同的约定及银行对货物享有的权利,表示愿替H公司承担关税,请求提货,但未获答复。

银行遂通过民事程序起诉H公司,要求偿还垫付的信用证款项及利息,并申请法院采取财产保全措施,查封仍在海关控制之下的货物以实现优先受偿权。因海关拒绝协助,银行由此得知,海关因H公司此前一笔业务涉嫌走私而将案

---

[1] 参见山东省高级人民法院民事判决书,(2000)鲁经终字第481号;威海市中级人民法院行政赔偿判决书,(2001)威行初字2号;山东省高级人民法院行政裁定书,(2002)鲁行终字36号;威海市中级人民法院行政判决书,(2002)威行初字7号;山东省高级人民法院行政判决书,(2003)鲁行终字64号;山东省高级人民法院行政裁定书,(2005)鲁行再终字1号。

涉货物查扣,变卖得款680万元,扣除关税、港杂费等后的余款560万元已经收缴国库。法院最终判决银行胜诉,由H公司偿付银行垫付的信用证款及利息,同时,银行对货物享有让与担保权,有权向海关申请优先受偿。

银行遂依据该生效判决,以与行政行为有法律上的利害关系人的身份起诉海关,主张海关处理货物侵犯了银行的财产权,并进一步提出因H公司倒闭,银行无法实现债权,要求海关赔偿损失。该行政诉讼经二审终审,法院支持了银行诉求,判决海关将余款500多万元赔偿银行。海关不服,进行申诉。2005年5月,山东省高级人民法院启动再审程序,最终撤销了一审、二审判决。

3.“某公司留置案”

针对沿海地区来料加工、进料加工复出口较多,《海关法》第37条赋予海关对加工企业及保税料件履行监管的职责。但这项职责的履行困境在于:当运输企业、仓储企业等非海关监管对象留置保税料件、主张合法债权时,海关一方面难以对非监管企业执法办案,另一方面唯恐失职失察,又不能对保税料件转卖、税款流失的情形置之不理。

广东某公司办理了加工手册,[1]进口来料加工。不料承运公司欠付仓库储存费,导致进口料件被仓库保管方留置。进口公司主动向海关报告,要求海关按照《海关法》第37条查处相关方,致海关处于尴尬境地。海关只能督促监管企业妥善处理债权债务,确保不违反海关保税进口的规定。对非监管企业,海关只能宣传海关法及相关规定,晓之以理,确保处置时优先补交税款。

(二)法理评析

海关直接征收的关税、船舶吨税,代征的增值税、消费税,是公法债权。进口货物的提单物权(权利质权)、让与担保权是私法债权。公权力在行政监管、征税时,需顾及民事法律规范和国际贸易惯例上的私法债权,不能拘泥于法条字面规定。在文义解释存在歧义的情况下,可循序探究体系解释、立法目的、比较解释及法律实施的客观效果,保护当事人的合法权益和合理预期,维护社会的公平正义。

根据最高人民法院《关于适用〈中华人民共和国担保法〉若干问题的解释》(已失效)第55条的规定,已经设定抵押的财产被采取查封、扣押等财产保全或

---

[1] 这里的加工手册,系指企业进料或来料加工,将进口、损耗和复出口的货物数量、规格、明细登记在册,用以向海关、税务部门办理核销手续的登记簿。

者执行措施的,不影响抵押权的效力。[1] 也就是说,无论是司法权还是行政权,在处理设立了抵押权的财产时,应当优先保障设定的抵押权利的实现。参照该规定,让与担保作为一种抵押权,在与国家行政权发生冲突时,亦应优先受偿。[2]

民事法律关系中担保物权设定的目的是实现财产权益。而海关实施监管职权,对走私违法行为人作出处罚决定,其主要目的是惩罚违法行为人、警示相关人,而不是单纯为了实现财产权益。因为被处罚人没有履行能力而不能执行处罚决定时,并不必然影响行政处罚惩罚性目的的实现。而如果剥夺了担保权人的优先受偿权,担保权人的担保权利可能就因此无法实现。所以,从两种权利(权力)设立的目的和目的的实现来看,应当保护优先受偿人的担保物权。[3]

海关追缴走私赃物,面对善意购买者,同样面临公权力与私权利的冲突、公法债权与私法债权的竞合。之所以主张税法规定的税收优先权与私法上的债权竞合时原则上劣位受偿,实则有诸多考虑。首先,从税收的性质上看,从德国1919年《帝国租税通则》开始,在实体法上,各国立法和学说渐渐接受"税收债务关系说"的观点,"权力关系说"被逐步摒弃。[4] 以德国法学家阿尔巴特·亨塞尔为代表,提出把税收法律关系定性为国家对纳税人请求履行税收债务的关系,

〔1〕 参见山东省高级人民法院行政判决书,(2003)鲁行终字64号。裁判之时,《物权法》(已失效)尚未颁布。《民法典》第410条规定:"债务人不履行到期债务或者发生当事人约定的实现抵押权的情形,抵押权人可以与抵押人协议以抵押财产折价或者以拍卖、变卖该抵押财产所得的价款优先受偿。协议损害其他债权人利益的,其他债权人可以请求人民法院撤销该协议。抵押权人与抵押人未就抵押权实现方式达成协议的,抵押权人可以请求人民法院拍卖、变卖抵押财产。抵押财产折价或者变卖的,应当参照市场价格。"最高人民法院《关于适用〈中华人民共和国民法典〉有关担保制度的解释》(法释〔2020〕28号)第37条规定:"当事人以所有权、使用权不明或者有争议的财产抵押,经审查构成无权处分的,人民法院应当依照民法典第三百一十一条的规定处理。当事人以依法被查封或者扣押的财产抵押,抵押权人请求行使抵押权,经审查查封或者扣押措施已经解除的,人民法院应予支持。抵押人以抵押权设立时财产被查封或者扣押为由主张抵押合同无效的,人民法院不予支持。以依法被监管的财产抵押的,适用前款规定。"

〔2〕 参见山东省高级人民法院行政判决书,(2003)鲁行终字64号,当时《物权法》(已失效)尚未颁布。

〔3〕 参见山东省高级人民法院行政判决书,(2003)鲁行终字64号。

〔4〕 参见熊伟:《我国税收追征期制度辨析》,载《华东政法大学学报》2007年第4期。

是一种公法上的债权债务关系。〔1〕 国家和纳税人之间在法律上存在债权人和债务人之间的对应关系,税收除是因公法原因产生外,其实质和私法债权无异。其次,税收债权是无偿的,而私法债权一般是有偿的、有对价的,债权人往往先为给付义务,或者是对债权人所受损失的补(赔)偿。当所有债权都不能获完全清偿时,有偿性债权或补(赔)偿性债权优先获得救济,符合公平之要义。〔2〕

德国法哲学家卡尔·拉伦茨总结了数个法益冲突时的衡量原则:"(1)首先取决于——以基本法的'价值秩序'——依此涉及的一种法益较其他种法益是否有明显的价值优越性。相较于其他法益尤其是财产性法益,人的生命或人性尊严应有更高的位阶;(2)当涉及位阶相同或涉及权利无法作抽象比较时,一方面取决于应受保护法益被影响程度,另一方面取决于假使某种法益须让步时,其受害程度如何;(3)最后尚需适用比例原则、最轻微手段或可能微小限制原则。"〔3〕

据此,海关就涉案棕榈油变价抵缴之后仍无法实现的其他税款之征收权与让与担保债权相较,前者是强大的公权力,后者是弱小的私权;前者避让受影响较小,而后者牺牲则损害较大。因此,海关对其他税款的征收权不应侵害企业的担保债权。如此,也符合比例原则,更何况我国还未建立完善充分的法益补偿制度。〔4〕 在该案中,山东省高级人民法院再审最终撤销了一审、二审判决,理由是"该案的诉讼标的已为此前生效的高院民事判决所羁束"。从表面上看,裁判似乎是防止重复获利。但实际上,执行时如果发生重复获利,被执行人自然会提起执行异议。而行政相对人如果能依据省高级人民法院生效的民事判决执行到位,又何必向海关提起行政诉讼及行政赔偿?案发时,正值20世纪90年代末,受"湛江走私案""厦门远华案"等的影响,《海关法》及《海关行政处罚实施条例》侧重严格监管、严打走私。笔者分析,山东省高级人民法院启动再审,撤销一审、二审判决,可能是对当时国家层面海关监管制度和政策的综合权衡考量的

〔1〕 参见徐艳茹:《公法债权与私法债权的冲突及受偿顺位》,载《天水行政学院学报》2010年第4期。转引自刘剑文、熊伟:《税法基础理论》,北京大学出版社2004年版,第17~19页和第63~65页。

〔2〕 参见徐艳茹:《公法债权与私法债权的冲突及受偿顺位》,载《天水行政学院学报》2010年第4期。

〔3〕 [德]卡尔·拉伦茨:《法学方法论》,陈爱娥译,商务印书馆2003年版,第285页。

〔4〕 参见晏山嵘:《海关行政处罚实务指导》,中国法制出版社2011年版,第470页。

结果。随着国家法治文明进步,从原《物权法》到《民法典》,法院的裁判依据更加明确具体,私法债权亦能够得到更全面的尊重保护。

值得注意的是,《公司法》第 214 条[1]、《个人独资企业法》第 43 条[2]、《反不正当竞争法》第 27 条[3]、《证券法》第 220 条[4]都有同样明确的规定:违法行为人应当承担民事赔偿责任和缴纳罚款、罚金、没收财产等行政、刑事责任,财产不足以支付的,应当先承担民事赔偿责任。[5]

综上所述,公、私债权竞合,原则上私法债权优先,公法债权谦抑避让。

二、例外时公法债权优先、私法债权劣后

(一)实务案例

1. “用人单位在执行中代扣代缴个人所得税案”[6]

广东省深圳市中级人民法院 2014 年 12 月 1 日就高某与 S 公司劳动争议纠纷作出民事判决,判令 S 公司应向高某支付未签订劳动合同 2 倍工资差额、解除劳动合同经济补偿金、加班工资等,合计 30,209.83 元。判决生效后,S 公司便向深圳地税部门询问,被告知支付所得单位有义务代扣代缴个人所得税,法院判决金额亦不在免税之列。S 公司遂根据上述判决所确定的金额总额,向深圳市福田区地方税务局解缴了所扣高某的个人所得税 4668.71 元,并向高某汇付了剩余款。高某以 S 公司未履行生效判决为由,向深圳市福田区人民法院申请强制执行。福田区人民法院于 2015 年 1 月 13 日从 S 公司账户扣划银行存款 30,849.02 元。

---

[1] 《公司法》第 214 条规定:“公司违反本法规定,应当承担民事赔偿责任和缴纳罚款、罚金的,其财产不足以支付时,先承担民事赔偿责任。”

[2] 《个人独资企业法》第 43 条规定:“投资人违反本法规定,应当承担民事赔偿责任和缴纳罚款、罚金,其财产不足以支付的,或者被判处没收财产的,应当先承担民事赔偿责任。”

[3] 《反不正当竞争法》第 27 条规定:“经营者违反本法规定,应当承担民事责任、行政责任和刑事责任,其财产不足以支付的,优先用于承担民事责任。”

[4] 《证券法》第 220 条规定:“违反本法规定,应当承担民事赔偿责任和缴纳罚款、罚金、违法所得,违法行为人的财产不足以支付的,优先用于承担民事赔偿责任。”

[5] 参见徐艳茹:《公法债权与私法债权的冲突及受偿顺位》,载《天水行政学院学报》2010 年第 4 期。

[6] 参见欧宏伟:《用人单位在执行中可代扣代缴个人所得税》,载《人民司法(案例)》2016 第 26 期。

S公司不服,认为其已全部履行完生效判决,向福田区人民法院提出异议,请求退还扣划款。福田区人民法院认为,生效法律文书是执行款项计算的依据,该院依据生效法律文书扣划被执行人款项并无不当。即使加班工资所得应当纳税,亦应由申请执行人自行向税务机关申报,由税务机关依据具体情形予以核定。被执行人擅自为已经离职且为此进行劳动争议诉讼的员工进行所谓的代扣代缴,系拒绝全面履行生效法律文书的不当行为。据此,福田区人民法院裁定:重新核定(2015)深福法执字第35号案应执行金额;驳回S公司的其他执行异议请求。[1]

S公司对福田区人民法院的异议裁定不服,向深圳市中级人民法院申请复议。深圳市中级人民法院向深圳市福田区地方税务局函询相关问题并获得回复。深圳市中级人民法院认为,S公司作为劳动报酬的支付义务方,代扣代缴劳动者的个人所得税是其应履行的法律义务。S公司代扣代缴的税款,原本便是高某应当向国家缴纳的税款。故S公司代扣代缴的税款,应当视为该公司履行生效判决所确定的给付款项的组成部分。代扣代缴的税款在执行金额中予以扣除与法院按照生效法律文书确定的内容强制执行,二者本质上既不冲突,也不矛盾。福田区人民法院于2015年1月13日按照生效判决确定的总额及相应执行费,从S公司账户扣划30,849.02元,而S公司已于2014年12月24日向申请执行人高某账户内汇入25,526.12元,故福田区人民法院扣划的款项显然超出S公司应当履行的义务范围。福田区人民法院的异议裁定,一方面要求负责执行的合议庭重新核算案件执行标的额,另一方面又在裁定主文中径行驳回S公司要求返还扣划金额的异议请求,该异议处理结果不妥当。据此,深圳市中级人民法院裁定:撤销(2015)深福法执异字第44号执行裁定;福田区人民法院按本裁定确认的计算方法重新核算执行标的额,超出执行标的额的部分退还S公司。[2]

2. “H公司支付佣金代扣代缴税款并索要发票案”[3]

2012年3月21日,原告方某某以H塑业公司违反《经销合同》、未按约定支

[1] 参见广东省深圳市福田区人民法院执行裁定书,(2015)深福法执异字44号。

[2] 参见广东省深圳市中级人民法院执行裁定书,(2015)深中法执复字89号。

[3] 参见浙江省杭州市余杭区人民法院民事判决书,(2016)浙0110民初3518号;浙江省杭州市中级人民法院民事判决书,(2016)浙01民终6816号;浙江省杭州市余杭区人民法院民事判决书,(2017)浙0110民初4885号;浙江省杭州市中级人民法院民事判决书,(2017)浙0110民初8737号。

付佣金为由，向浙江省杭州市余杭区人民法院起诉，请求判令被告给付佣金100,541.81元。被告H塑业公司辩称，案涉佣金金额未经双方对账，原告也未按约定"按额纳税"，双方结算支付佣金的条件尚未成就，原告要求没有合同依据和法律依据，请求驳回原告诉请。

一审法院经审理认为：双方形成委托合同关系，理应由H塑业公司向原告履行支付报酬义务。根据双方签署的《经销合同》及《合同补充协议》，确认佣金合计440,541.81元，扣除已经支付的340,000.00元，H塑业公司尚需向原告支付佣金款100,541.81元。关于按额纳税的问题，H塑业公司主张依据《经销合同》的约定，原告应按额纳税，双方结算佣金应扣减税收，但对于原告需纳的税额，双方合同中并无他涉，H塑业公司也未提供证据证明双方在后续履行过程中就该事项达成补充协议，且诉讼中亦确认H塑业公司未对原告履行代缴代付义务，故对H塑业公司主张在该案应付佣金款项扣减税款的抗辩意见，法院不予采纳。一审法院于2016年9月10日作出判决：被告H塑业公司于判决生效之日起10日内支付原告包某某佣金100,541.81元。[1] H塑业公司不服，向杭州市中级人民法院提起上诉。二审法院经审理，于2017年1月24日作出终审判决：驳回上诉，维持原判。[2] 判决生效后，包某某向一审法院申请强制执行，法院于2017年4月13日出具执行结案通知书，告知已全部执行完毕。[3]

H塑业公司于2017年4月5日向一审法院起诉，主张其向包某某给付佣金440,541.81元，包某某需开具相应金额的增值税发票，遂请求判令被告包某某向原告开具金额为440,541.81元的增值税普通发票。包某某也提起另诉，主张另外的应付款项及利息。

杭州市余杭区人民法院以同样的人员组成合议庭，于2018年1月27日分别作出判决：原诉被告包某某于本判决生效之日起10日内向原告开具并交付价税金额为440,541.81元的增值税普通发票；[4] 另诉原告包某某对被告享有数额为80,100.57元的债权，因某银行申请H塑业公司破产清算，根据杭州市中级

---

[1] 参见浙江省杭州市余杭区人民法院民事判决书，(2016)浙0110民初3518号。

[2] 参见浙江省杭州市中级人民法院民事判决书，(2016)浙01民终6816号。

[3] 参见浙江省杭州市余杭区人民法院执行裁定书，(2017)浙0110执1928号。

[4] 参见浙江省杭州市余杭区人民法院民事判决书，(2017)浙0110民初4885号；浙江省杭州市中级人民法院民事判决书，(2017)浙0110民初8737号。

人民法院2017年11月23日作出的民事裁定,包某某的该项债权在被告的破产程序中申报处理。[1]

2018年6月21日,杭州市余杭区人民法院根据其2018年3月21日裁定的H塑业公司破产清算申请,[2]裁定包某某的破产债权全部未能执行,终结执行。[3]

3.“强制执行中被执行人代扣代缴税款案”

甲公司与乙某发生劳动报酬纠纷,一审经区人民法院判决确认甲公司应支付乙提成工资132,000元。甲公司不服提起上诉,中级人民法院经审理判决驳回上诉请求,维持原判。该判决生效后,甲公司未在规定期限内履行,乙向法院申请强制执行。在强制执行前,甲公司根据生效判决书所确定其应支付的132,000元,对乙某获得该劳动报酬应缴纳的个人所得税予以代扣并解缴到税务机关。[4]

(二)法理评析

《个人所得税法》规定,所得人为个人所得税的纳税义务人,支付主体作为扣缴义务人。即缴纳个人所得税是所得人和扣缴义务人的法定义务,属于公法债权。而扣缴义务人应当支付所得人的款项是平等民事主体之间的私法债权,即便所得人申请法院公权力强制执行,也不改变其私法债权的性质。如果扣缴义务人没有履行扣缴义务,所得人仍不能免除纳税义务,扣缴人则要就其消极扣缴行为承担违法责任,即《税收征收管理法》第69条规定的“对扣缴义务人处应扣未扣、应收未收税款百分之五十以上三倍以下的罚款”。

支付单位代扣代缴的税款,原本便是申请执行人应当向国家缴纳的税款。但是,基于我国对于个人所得税的征缴采取的由支付所得的支付人代为扣缴的间接征管模式,支付单位作为被执行人,根据生效判决的金额代扣代缴相应数额的个人所得税,实质上是所得人根据生效判决所确定的受偿款项的组成部分。换言之,支付单位根据生效判决所确定的给付金额代扣代缴个人所得税,与该单

[1] 参见浙江省杭州市中级人民法院民事裁定书,(2017)浙01破申24号。

[2] 参见浙江省杭州市余杭区人民法院民事裁定书,(2018)浙0110破申11号。

[3] 参见浙江省杭州市余杭区人民法院执行裁定书,(2018)浙0110执2283号。

[4] 参见浙江省杭州市余杭区人民法院执行裁定书,(2018)浙0110执2283号,报道未显示双方此后是否发生争议或息讼服判。

位应当严格按照生效法律文书所确定的金额履行给付,二者本质上并不冲突,也不矛盾。[1]

所以,虽然原则上私法债权优先,公法债权谦抑避让。但如果该私法债权先履行之后,仍然还要履行其应尽的公法债权义务,为避免周折反复,作为例外,公法债权优先、私法债权劣后履行。

在H公司支付佣金代扣代缴税款并索要发票案件中,法院支持了H公司的诉请,判决包某某应当开具发票。其请求权基础是原《合同法》第136条(现《民法典》第599条)规定的"向买受人交付提取标的物单证以外的有关单证和资料",最高人民法院《关于审理买卖合同纠纷案件适用法律问题的解释》(法释〔2012〕8号)亦明确前述单证和资料含增值税发票。[2] 问题是,如对方拒不开具发票的行为,可能属于原《合同法》第110条(现《民法典》第580条)第1款第2项规定的不适于强制履行的情形,客观上可能无法执行。[3] 而在给付发票之

---

〔1〕 参见欧宏伟:《用人单位在执行中可代扣代缴个人所得税》,载《人民司法(案例)》2016第26期。

〔2〕 最高人民法院《关于审理买卖合同纠纷案件适用法律问题的解释》(法释〔2012〕8号)2012年3月31日由最高人民法院审判委员会第1545次会议通过,根据2020年12月23日最高人民法院审判委员会第1823次会议通过的最高人民法院《关于修改〈最高人民法院关于在民事审判工作中适用《中华人民共和国工会法》若干问题的解释〉等二十七件民事类司法解释的决定》(法释〔2020〕17号)修正。在2012年的文件中,第7条【有关单证和资料的范围】规定:"合同法第一百三十六条规定的'提取标的物单证以外的有关单证和资料',主要应当包括保险单、保修单、普通发票、增值税专用发票、产品合格证、质量保证书、质量鉴定书、品质检验证书、产品进出口检疫书、原产地证明书、使用说明书、装箱单等。"第8条【发票的证明力】第1款规定:"出卖人仅以增值税专用发票及税款抵扣资料证明其已履行交付标的物义务,买受人不认可的,出卖人应当提供其他证据证明交付标的物的事实。"修改后,相应的内容规定在第4条和第5条。第4条规定:"民法典第五百九十九条规定的'提取标的物单证以外的有关单证和资料',主要应当包括保险单、保修单、普通发票、增值税专用发票、产品合格证、质量保证书、质量鉴定书、品质检验证书、产品进出口检疫书、原产地证明书、使用说明书、装箱单等。"第5条规定:"出卖人仅以增值税专用发票及税款抵扣资料证明其已履行交付标的物义务,买受人不认可的,出卖人应当提供其他证据证明交付标的物的事实。合同约定或者当事人之间习惯以普通发票作为付款凭证,买受人以普通发票证明已经履行付款义务的,人民法院应予支持,但有相反证据足以推翻的除外。"

〔3〕 原《合同法》第110条规定:"当事人一方不履行非金钱债务或者履行非金钱债务不符合约定的,对方可以要求履行,但有下列情形之一的除外……(二)债务的标的不适于强制履行或者履行费用过高……"

外补充一个给付发票对应的进项税额款侵权损失的选项,似乎更有利于申请法院后续强制执行。如法院执行局没有直接扣划,则可以主张抵销。

三、公法债权与私法债权竞合的优先顺位再整理

在确定优先顺位前,需要先对比较的债权进行分类。

债权按照给付对象不同,可分为公法给付债权和私法给付债权(或称公法债权和私法债权),即对公权力主体的给付和对平等民商事私主体的给付。其中,对私主体给付的赔偿款、违约金虽有救济惩戒性,本质上仍然属于私法给付债权;而公主体基于行使公权力实施的罚款、罚金等,是一种具有惩罚性的公法给付债权。

另外,按照法律规定差异,债权还可分普通债权和特别债权。普通债权,是指平等民事主体之间成立的一般性债权债务,包括公权力主体与自然人、法人和其他非法人组织之间的、不涉及公权力行使的债权债务。与普通债权相对的是特别债权,即基于法律特别规定之债,在法条中经常被表述为“法律另有规定除外”。这种法律但书规定,相对法条所处的规范体系,可能属于溢出该法正常秩序之外的特别规定。如《民法典》第 224 条规定,动产物权的设立和转让,自交付时发生效力,但是法律另有规定的除外。这里的“另有规定”,对应《民法典》本身,其第 641 条另外规定了保留所有权(自物权)买卖。也可能属于本法之外的另外规定,如《民法典》第 441 条规定,以汇票、本票、支票、债券、存款单、仓单、提单出质的,质权自权利凭证交付质权人时设立;没有权利凭证的,质权自办理出质登记时设立。法律另有规定的,依照其规定。而《票据法》规定,汇票质押须背书有“质押”,就属于《民法典》之外的“另有规定”。本文所指特别债权,除指涉及法律文本自身的另有规定外,还涵盖在特别领域、特定范畴。例如,《海商法》在海事海商等特定领域、范围规定的债权,《企业破产法》在破产领域划分的破产债权,亦属特别债权。

(一)行使留置权的私法债权最优先

留置权是法律基于正义理念在平衡双方得失后给予债权人的一种特殊保

护。留置权根据法律规定成立,无须当事人合意。[1] 由于对税收债权的优先权存在于滞纳处分领域,且滞纳处分费是优先的,因而在学说和立法上,留置权所担保的债权不仅优先于税收债权,而且也优先于质权、抵押权、先取特权所担保的债权。[2] 通俗地讲,如果不最先解决留置债务,抵押、质押担保根本无从谈起。至于抵押、质押担保的私法债权,是设立在税收公法债权之前,还是设立在之后,相对留置都一样,没有区别。

《民法典》第 447 条对留置权的定义,完全沿用了原《物权法》第 230 条对留置权的规定。[3] 原《担保法》第 84 条将留置范围主要突出在保管、运输、加工承揽发生的债权。[4] 原《物权法》第 231 条和《民法典》第 448 条完全一样,强调留置的动产应当与债权属于同一法律关系,但企业间除外。对此的理解或许是,这些保管人、运输人、加工承揽人是对保管物、修理物、运输物、承揽加工物等附加物化劳动的弱势群体,属于更值得、更需要保护的主体,理应受到最优先保护。可见,《民法典》不再强调留置范围,商事主体不必局限于同一法律关系就可以行使留置权以保护自身私法给付债权。

(二)特别法规定的私法债权优先于公法债权

如《海商法》第 22 条规定的船舶优先权顺序依次为:(1)在船上工作的在编人员根据劳动法律、行政法规或者劳动合同所产生的工资、其他劳动报酬、船员遣返费用和社会保险费用的给付请求;(2)在船舶营运中发生的人身伤亡的赔偿请求;(3)船舶吨税、港口规费的缴付请求;(4)海难救助的救助款项的给付请求;(5)船舶在营运中因侵权行为产生的财产赔偿请求;等等。上述各项海事请求,依照顺序受偿。因此,海关的船舶吨税一般劣后于前两项,而优先于第 4 项、

---

〔1〕 参见李国光等:《最高人民法院〈关于适用《中华人民共和国担保法》若干问题的解释〉理解与适用》,吉林人民出版社 2000 年版,第 25 页。

〔2〕 日本的《国税征收法》第 15 条、第 16 条。参见张守文:《论税收的一般优先权》,载《中外法学》1997 年第 5 期。转引自[日]金子宏:《日本税法原理》,刘多田等译,中国财政经济出版社 1989 年版,第 356 页。

〔3〕 《民法典》第 447 条第 1 款规定:"债务人不履行到期债务,债权人可以留置已经合法占有的债务人的动产,并有权就该动产优先受偿。"

〔4〕 原《担保法》第 84 条规定:"因保管合同、运输合同、加工承揽合同发生的债权,债务人不履行债务的,债权人有留置权。法律规定可以留置的其他合同,适用前款规定。当事人可以在合同中约定不得留置的物。"

第5项受偿。但是,若第4项请求后于前3项请求发生,则应优先于前3项请求受偿。可见,海关征收的船舶吨税的优先受偿顺位并非绝对固定。[1]

简言之,《海商法》作为海事海商领域的特别法,根据其船舶优先权的特别规定,第1项、第2项私法给付债权优先于第3项的公法给付债权,而第4项的私法给付债权视情况不同,亦存在最优先的可能。

《企业破产法》作为破产领域的特别法,同样规定了私法债权优先于公法债权,详见后述,这里暂不赘述。

(三)受限货物的公法债权优先于有担保的私法债权

学者王泽鉴先生主张,关于进口货物本身,关税优先于一切税捐。[2] 虽然该主张目前并没有明确的法律依据,但为了防止债务人与债权人的共同欺诈行为或债务人的恶意偷、逃税行为,实现国家财政功能,确立这一原则是十分必要的,否则,违法贷款及偷、逃税的情形将无从遏制。根据担保法原理可知,留置权应优先于质押权及抵押权。海关行政执法的领域,这一原理同样可以用来解释为什么应税货物自身的关税等公法给付性债权优先于设立有财产担保的债权。因为海关在应税货物还未缴清自身税款之前,海关有权不予放行,在效果上等同留置。[3]

前述棕榈油案件中,正是海关扣货不放,银行才愿意垫付关税等公法给付性债权,尽管其为具有让与担保性质的私法债权。税务部门的查封、扣押在效果上也形同留置,相对人即便有担保债权在手,也同样会权衡利弊得失,先向税务部门让步妥协,或交保,或缴税。

(四)设立在先、有担保的私法债权优先于公法债权

《税收征收管理法》作为税收征管的基本法律文件,在第45条明确规定税收优先于无担保债权,而设立在先、有担保的私法债权则优先于公法债权受偿。这也契合了原则上私法债权优先的判断。其原理前面已作评析,不再赘述。

前述棕榈油案件,银行具有让与担保的私法债权,又愿意垫付关税等公法给

---

[1] 参见张守文:《论税收的一般优先权》,载《中外法学》1997年第5期。

[2] 参见王泽鉴:《税捐、工资与抵押权》,载王泽鉴:《民法学说与判例研究》第4册,中国政法大学出版社2005年版,第298~299页。

[3] 参见晏山嵘:《海关行政执法案例指导》,中国法制出版社2013年版,第146页。

付性债权,海关仍以H公司之前的违法行为罚没货物,损害设立在先、有担保的私法给付债权做法,值得商榷。

(五)公法债权优先于普通私法债权

除《税收征收管理法》第45条规定的税收优先于无担保债权、优先于税款发生在担保设定或留置之前的担保债权外,公法债权优先于普通私法债权在《企业破产法》中亦有体现。

《企业破产法》第113条规定,破产财产在优先清偿破产费用和共益债务后,依照下列顺序清偿:(1)破产人所欠职工的工资和医疗、伤残补助、抚恤费用,所欠的应当划入职工个人账户的基本养老保险、基本医疗保险费用,以及法律、行政法规规定应当支付给职工的补偿金;(2)破产人欠缴的除前项规定外的社会保险费用和破产人所欠税款;(3)普通破产债权。破产财产不足以清偿同一顺序的清偿要求的,按照比例分配。[1] 其中,第2项的公法给付债权,优先于第3项的普通私法给付债权。如把《企业破产法》理解为破产领域的特别法,第1项属于特别法规定的私法给付债权,优先于第2项的公法给付债权。

当前企业破产不多,主要受限于没有私人破产保护,股东对企业的连带担保责任始终无法脱钩。在《深圳经济特区个人破产条例》"试水"基础上,将来个人破产立法成行,可能伴随企业"破产潮",这会给公、私法债权研究带来新的课题。

(六)普通私法债权优先于惩罚性金钱类公法债权

《行政处罚法》第8条规定,公民、法人或者其他组织因违法行为受到行政处罚,其违法行为对他人造成损害的,应当依法承担民事责任。《行政处罚法》作为《食品安全法》《环境保护法》《药品法》《税收征收管理法》等单行行政法在处罚上的程序法、总则法,该第8条明确将行政处罚与民事责任相分置,行政处罚不免除民事债务。

在商法领域,前面提到的《公司法》第214条、《个人独资企业法》第43条、《反不正当竞争法》第27条、《证券法》第220条同样都有明确规定,普通民商事

---

〔1〕 参见闫尔宝:《私权在行政执法中的地位——以一则行政案件为分析工具》,载《行政法学研究》2005年第2期。

债权优先于惩罚性金钱债权。[1] 值得一提的是,在部门法的划分上,上述法律文件也经常被理解为经济法或经济行政法。

《治安管理处罚法》作为治安领域的特别法,其第 11 条第 2 款规定,违反治安管理所得的财物,追缴退还被侵害人;没有被侵害人的,登记造册,公开拍卖或按国家有关规定处理,所得款项上缴国库。这体现了公安部门在治安处罚领域对民事主体退赔优先的原则。

《刑法》第 36 条第 2 款规定,承担民事赔偿责任的犯罪分子,同时被判处罚金,其财产不足以全部支付的,或被判处没收财产的,应当先承担对被害人的民事赔偿责任;第 60 条规定,没收财产以前犯罪分子所负的正当债务,需要以没收的财产偿还的,经债权人请求,应当偿还。[2] 这体现了在刑事领域,民事私法普通债权优先于罚金这类惩罚性公法给付债权的原则。

综上,对于公法债权与私法债权竞合的优先顺位可以整理为:原则上私法债权优先、公法债权谦抑避让,例外时公法债权优先、私法债权劣后履行。具体到法律实务中,公、私法债权优先受偿的顺位,法律有规定的依规定;法律未规定的,依习惯或约定;既无规定又无习惯的,只能依法理。

---

〔1〕 参见徐艳茹:《公法债权与私法债权的冲突及受偿顺位》,载《天水行政学院学报》2010 年第 4 期。具体法条序列号经核对调整有变化。

〔2〕 参见闫尔宝:《私权在行政执法中的地位——以一则行政案件为分析工具》,载《行政法学研究》2005 年第 2 期。

石化企业以变票方式逃避及抵扣消费税的定性问题研究

黄俊涛*

摘　要:增值税专用发票不仅有抵扣增值税进项税额的功能,也是抵扣消费税的法定凭证。《刑法》第205条关于虚开增值税专用发票的规定过于简单,没有明确该罪中“抵扣税款”的税种属性,实务及理论界对此问题的探讨也很少。该问题缘起于近年石化行业变票交易偷、逃消费税的系列案件,而各地司法机关的处理结果却大相径庭。部分司法机关认为,石化企业用变更品名的增值税专用发票抵扣消费税税款,造成消费税税款损失应以虚开增值税专用发票罪论处。笔者认为,基于增值税的发展沿革、增值税专用发票功能、虚开增值税专用发票罪立法目的及刑法基本原则等因素,不应对《刑法》第205条作扩大解释。该条所指“抵扣税款”仅针对增值税税款,而对于石化企业变票交易偷逃以及抵扣消费税的行为应以逃税罪评价。

关键词:变票交易;消费税;增值税;增值税专用发票罪;逃税罪

一、问题的由来

2008年年底,国家实施燃料油税费改革。财政部、国家税务总局联合发布《关于提高成品油消费税税率的通知》(财税〔2008〕167号),规定除汽油、柴油、航空煤油、溶剂油外,对以原油或其他原料加工生产的用于化工原料的各种轻质油均按石脑油征收消费税,对各类重油、渣油均按燃料油征收消费税。另外,根据财政部、国家税务总局《关于调整部分成品油消费税政策的通知》(财税〔2008〕19号)第3条的规定,以外购或者委托加工收回的已税石脑油、润滑油、燃料油为原料生产的应税消费品,准予从消费税应纳税额中扣除原料已缴纳的消费税税款。国家税务总局《关于进一步加强消费税纳税申报及税款抵扣管理

* 北京德恒(深圳)律师事务所律师,法学硕士。

的通知》(国税函〔2006〕769 号)也规定,从商贸企业购进应税消费品、连续生产应税消费品,可以抵扣外购应税消费品已缴纳消费税税款。

随着税费改革的不断深入,税务机关在征管过程中,发现部分石油炼化企业通过商贸企业参与变票、过票,将购进非应税消费品的发票变名为购进应纳消费税的油品(成品油),并以应纳消费税油品对外销售。如此一来,石油炼化企业不但逃避了生产环节应当缴纳的消费税,其取得及向外开具的成品油增值税专用发票也可以用于抵扣本环节的消费税税款。变票交易不仅扰乱了消费税征管秩序和发票管理相关规定,也造成了国家税款的双重流失。

近年来,国家税务总局加大了对成品油行业的税收检查力度。2017 年 4 月,国家税务总局稽查局部署安排全国 25 个省(区、市)稽查局对部分地炼企业及成品油商贸企业开展消费税专项检查,重点打击石油炼化企业通过商贸流通企业变换发票品名借以偷、逃消费税的行为。经过这轮税务检查,该类案件大多被移送公安机关以虚开增值税专用发票罪立案侦查,由此导致石化行业变票虚开案件在全国范围内大量出现。

该类案件在司法阶段的争议焦点主要集中在以下两个方面:(1)石化企业变票交易中是否存在真实交易,即中间环节是否均属虚设,是否构成虚开增值税专用发票罪;(2)利用增值税专用发票偷、逃及抵扣消费税税款的变票交易应认定为虚开增值税专用发票罪还是其他犯罪。

二、石化企业变票交易模式及法律定性上的不同态度

(一)石化企业变票交易模式与法律成因

根据《消费税暂行条例》第 1 条的规定,我国成品油消费税只在生产、委托加工、进口等起始环节征收,征收环节单一。地方石化炼厂为了能够避开消费税征收环节,通常会在经营地以外的地方设立“空壳”公司或者寻求商贸公司合作,利用这类主体变更增值税专用发票的品目名称,将非消费税应税油品变更为消费税应税油品,从而隐蔽生产加工环节,偷、逃缴纳消费税税款。在变票交易实践中,商贸企业存在的功能仅为“变票”“过票”,在交易链条中参与变票的商贸企业不会根据国家税务总局《关于消费税有关政策问题的公告》(国家税务总局公告 2012 年第 47 号,部分失效)第 3 条第 1 项的规定履行消费税的纳税

义务。[1] 炼化企业通过变票交易取得应纳消费税油品增值税专用发票后,逃避税务机关的税收监管,利用未完税的消费税应税油品增值税专用发票违规抵扣消费税税款,造成国家税款的双重损失。由此可知,地方石化炼厂通过商贸企业变更增值税专用发票品名,一方面可以隐蔽生产加工环节,偷逃消费税;另一方面可以用于抵扣消费税税款。

在实务中,炼化企业购进半成品油或原油,取得非成品油发票;经过加工生产,对外销售成品油时开具成品油发票。炼化企业如根据上述形式作账务处理,在油品购销交易中取得和开具与实际货物品名一致的增值税专用发票,那么在其账面上就会体现企业的生产加工行为,应当申报缴纳消费税,取得的非成品油发票也不能用于抵扣税款。

炼化企业为了偷、逃和抵扣消费税进行变票处理时,通常采取以下两种方式:

1. 贸易企业将炼化企业购进环节的半成品油发票变更为成品油发票

如图 1 所示,在石化行业油品购销交易中,正常交易模式应当是炼化企业从进口商或者国内原油销售企业采购原油,取得原油的增值税专用发票,购进原油后对油品进行生产加工,产出符合国家标准的成品油,对外销售给中石油、中石化等企业,对外开具品名为汽油等成品油的增值税专用发票。

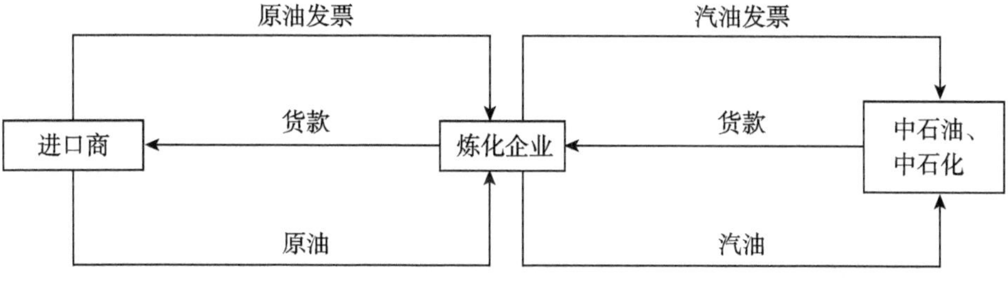

图 1　正常模式

炼化企业如果按照上述交易模式取得和对外开具增值税专用发票,在账面上就会反映出炼化企业存在生产加工,需要缴纳巨额的消费税,而且原油发票不

[1] 参见国家税务总局《关于消费税有关政策问题的公告》(国家税务总局公告 2012 年第 47 号,部分失效)第 3 条第 1 项规定:"工业企业以外的单位和个人的下列行为视为应税消费品的生产行为,按规定征收消费税:(一)将外购的消费税非应税产品以消费税应税产品对外销售的……"

能用来抵扣消费税。炼化企业为了隐瞒生产加工环节偷、逃和抵扣消费税税款,通常采取变票的方式,让炼化企业的购销环节在账务处理上体现出购进和售出都为汽油等类别的成品油。

如图2所示,购进环节变票的模式为:进口商—(原油发票)A贸易公司—(原油发票)B贸易公司—(汽油发票)C贸易公司—(汽油发票)炼化企业—(汽油发票)中石油、中石化。A贸易公司从进口商处购得原油,取得原油的增值税专用发票,然后销售给B贸易企业,向其开具原油的增值税专用发票,B贸易企业将货物品名变更为汽油的增值税专用发票销售给C贸易企业,C贸易企业将原油再销售至炼化企业,向其开具汽油的增值税专用发票,原油经炼化企业加工生产,销售至中石油、中石化等企业,炼化企业向其开具汽油的增值税专用发票。

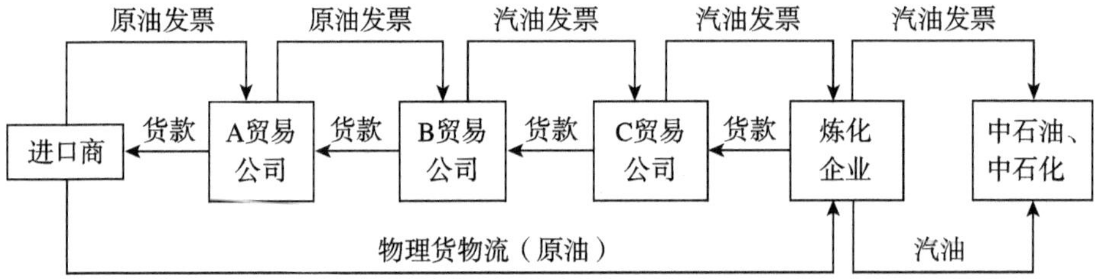

图2　变票模式(进项票)

2. 贸易企业将炼化企业销售环节的成品油发票变更为半成品油发票

此类情形的正常交易模式与上述的正常模式相同(如图1所示),炼化企业购进原油售出汽油,开具的发票与真实的货物一致,炼化企业因此需要承担缴纳消费税的义务。

如图3所示,销售环节变票的模式为:进口商—(原油发票)炼化企业—(原油发票)A贸易公司—(原油发票)B贸易公司—(汽油发票)C贸易公司—(汽油发票)中石油、中石化。炼化企业从进口商处购得原油,取得原油的增值税专用发票,经过生产加工,炼化企业将生产达标的汽油销售给A贸易企业,向其开具原油的增值税专用发票,A贸易企业再将汽油销售给B贸易企业,开具货物名称为原油的增值税专用发票,B贸易企业将货物的发票品名变更为汽油销售至C贸易企业,C贸易企业再将货物销售给中石油、中石化等企业,C贸易企业向其开具汽油的增值税专用发票。通过以上方式,炼化企业账面上进和出都是原油,隐瞒了生产加工行为,偷、逃缴纳消费税。

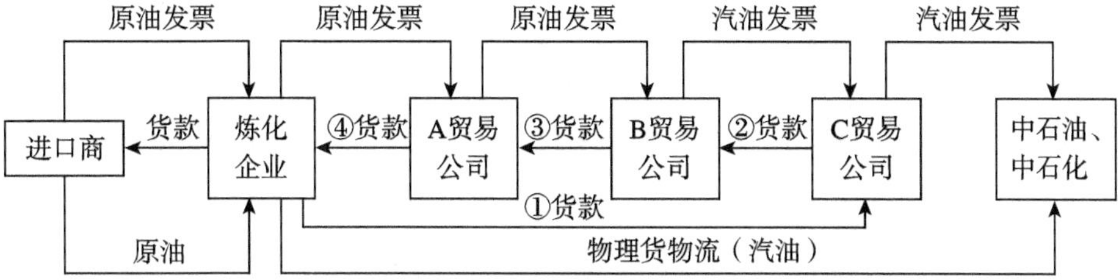

图3　变票模式(销项票)

变票交易模式主要就是上述所阐述的两种类型:在第一类变票模式中,主要表现为进项票作假,即应当取得原油发票,通过变票取得了汽油的增值税专用发票,从而将消费税的纳税义务转嫁至变票的商贸企业;在第二类变票模式中,主要表现为销项票作假,即应当对外开具汽油发票但开具了原油的增值税专用发票,隐瞒了生产加工环节,逃避缴纳消费税。不仅如此,炼化企业在取得成品油发票后还可以用于抵扣上游已经缴纳的消费税税款。但实际上,上游变票企业无力承担高额的消费税税负,并不会申报缴纳消费税,这样一来就造成了国家消费税税款的双重损失。

石化行业变票交易由炼化企业所主导,商贸企业在交易链条中主要起到协助隐瞒生产环节的作用,最后攫取的税收利益主要由炼化企业获得,商贸企业仅在交易过程中赚取30~100元/吨不等的贸易差价。根据税法关于成品油消费税计算的规定,以汽油为例,1吨=1388升,汽油的消费税单位税额1.52元/升计算,1吨汽油需要缴纳消费税2109.76元。由此可见,炼化企业在整个交易过程中是利益的核心占有者,而商贸企业仅仅是配合其变票、过票。通过发票进项以及销项作假的形式,炼化企业得以隐匿生产加工环节,从而逃避缴纳和抵扣消费税税款。在实践中,商贸企业在配合变票、过票的过程中,如果变票企业申报缴纳了消费税税款,也就不存在虚抵消费税的事实行为了。但变票的商贸企业为了降低自身法律风险,一般会正常申报缴纳增值税、企业所得税等税费,但却隐瞒了消费税。

(二)变票交易不会造成增值税税款的损失

增值税是将商品或服务在流转过程中产生的增值额作为计税依据而征收的一种流转税,其计税原理是对商品(服务)生产、流通中多个环节的新增价值或商品的附加值征税。《增值税暂行条例》第4条第1款规定,“除本条例第十一条规定外,纳税人销售货物、劳务、服务、无形资产、不动产(以下统称应税销售行为),应纳税额为当期销项税额抵扣当期进项税额后的余额”。第 8 条规定,“纳税人购进货物、劳务、服务、无形资产、不动产支付或者负担的增值税额,为进项税额。下列进项税额准予从销项税额中抵扣:(一)从销售方取得的增值税专用发票上注明的增值税额……”。增值税应纳税额的计算过程为:首先计算出应税货物的整体税额,然后从整体税额中扣减法定外购项目已纳税额。据此可知,只要商品流通各环节的纳税人按照交易数量、金额如实开具增值税专用发票,按期足额申报缴纳增值税税款,销货方向购货方开具增值税专用发票的行为和购货方正常申报抵扣增值税进项税额的行为就不会造成国家增值税税款的损失。

从目前可以查到的税务机关查处的案件及司法判决中看,石化行业变票交易中,炼化企业、商贸企业大多均正常申报缴纳了增值税销项税款,也正常抵扣了从上游购进的进项税款,环环相扣、层层往下流转,并没有造成国家增值税税款的损失。

(三)法律定性的不同态度

石化行业变票案件由于涉案主体多、分布范围广,各地在处理过程中的法律适用、量刑标准各不相同。部分地区仅由税务机关予以处理,未进入司法程序,部分地区司法机关仅处理变票的商贸企业或者仅处理炼化企业,还有部分地区则展开全链条式的追责。

1. 定性为虚开增值税专用发票罪,但刑事追究的范围有限

石化行业变票交易中一般会穿插几个商贸企业,各地税务机关、司法机关往往以“没有真实购销交易”为由,将其定性为虚开增值税专用发票行为追究刑事责任。但是在处理的范围上有所差异,部分司法机关是全链条式处理,也有部分司法机关仅处理用票方即炼化企业,还有部分地方仅追究变票方商贸企业的刑事责任,对用票方及过票单位不予以处理。典型司法判例如下:

(1)“浙江省金华市陈某青、徐某敏虚开增值税专用发票、用于骗取出口退税、抵扣税款发票案”[1]

在该案中,陈某青等人以优贸公司为载体,从事油品的购销交易,与上游供货企业签订购货合同,购进品名为沥青(或重质油、沥青混合物)、200#道路石油

---

[1] 参见浙江省高级人民法院刑事判决书,(2018)浙刑终 361 号。

沥青的货物并接受进项增值税专用发票,对外销售时将发票品名变更为燃料油。在该案中仅以虚开增值税专用发票罪处理了涉案变票企业,并未全链条式地进行处理。

(2)“浙江省杭州市程某虚开增值税专用发票用于骗取出口退税、抵扣税款发票案”[1]

在该案中,被告人程某利用浙江琳捷贸易有限公司、杭州元捷贸易有限公司,以原油、沥青、重质油的品名从上游公司取得增值税专用发票,对外开具时则变更货物品名,将销售的货物名称变更为燃料油。该案也仅仅对变票的商贸企业进行了处理。

2. 税务机关定性为虚开增值税专用发票,后被司法机关纠正

有些司法机关认识到石化企业在变票、过票等变名交易中并未造成增值税税款的损失,仅是逃避了消费税纳税义务。故一些司法机关纠正了税务机关关于虚开增值税专用发票罪的定性。典型判例如下:

(1)“福建省福州市传祺能源科技有限公司行政处罚案”[2]

在该生效判决中,法院认为对传祺能源科技有限公司是否存在“虚开增值税专用发票”的认定不能以进项和销项发票记载的油品品名的不一致为标准,而应以传祺能源科技有限公司是否在实际购入“原料油”油品的同时,向外开具了品名为“燃料油”的增值税专用发票为事实依据进行认定。税务机关应在查明相关事实的基础上,对传祺能源科技有限公司涉嫌虚开增值税专用发票的行为继续调查处理。为此,法院认定税务机关对传祺能源科技有限公司处以罚款,认定事实不清,证据不足,判决予以撤销。

(2)“安徽省长丰县巴某春涉嫌虚开增值税专用发票罪案”[3]

在该生效判决中,法院认定被告单位所实施的开、收发票行为由于未造成国家增值税税款的损失,不构成虚开增值税专用发票罪。

造成税务机关、司法机关认识及处理结论差异的原因主要在于:一是被调查对象及责任主体发生偏离。变名销售的核心主导方和非法利益集中在炼化企业,但是国家税务总局预警的风险名单却不是石油炼化企业,而是那些通过配

---

[1] 参见浙江省杭州市中级人民法院刑事判决书,(2018)浙01刑初9号。

[2] 参见福建省福州市中级人民法院行政判决书,(2018)闽01行终690号。

[3] 参见安徽省长丰县人民法院刑事判决书,(2017)皖0121刑初326号。

合、帮助石油炼化企业过票、变票而从中牟取非法利益的商贸企业。这就导致各地税务机关、司法机关在开始查办这类案件时往往只是查处变票企业和协助变票企业并追究其法律责任,而并没有对实际偷、逃消费税的石油炼化企业实施调查和处理,导致片面调查取证,认定事实不清。二是对变票行为的定性发生偏离。由于各地税务机关、司法机关对变名销售的责任主体在追究时发生错误和偏离,也无法准确认识到变名销售的逃税本质,往往以“没有真实购销交易”为由追究变票企业及协助变票企业虚开增值税专用发票罪的法律责任,忽略了变名销售真正带给国家损失的是消费税税款,而非增值税税款。

3. 定性为逃税罪,追究刑事责任

石化行业的变票交易引起了国家税务总局、财政部、公安部、审计署等部门的高度重视。对于该类案件如何定性处理,四部门曾召开联合工作会议,明确不以骗取增值税为目的,未造成国家增值税税款损失的,其行为不构成虚开增值税专用发票罪。据此精神,司法机关办理石化行业变票交易案件时开始将重点转移到消费税税款损失上来,对这类行为的定性也由虚开增值税专用发票罪改为逃税罪。目前,已有部分地区检察机关按照逃税罪对炼化企业及商贸公司提起公诉,也有法院按照逃税罪对变票交易相关主体进行司法裁判,改变了以往以虚开增值税专用发票罪定性的做法。典型司法案例如下:

(1)湖南省湘阴县人民检察院起诉书

2012 年上半年,张某某、曾某某发现买卖芳烃等汽油组分属于化工原料的经营行为,不需要缴纳消费税,便开始策划开展组分油“调和”业务,将非应税消费品芳烃等组分油经过调和生产出汽油等应税消费品,然后对外销售。为了掩盖公司无生产成品汽油资质和逃避缴纳生产环节消费税,张某某将涉案的上海 8 家公司进行业务分工,一部分公司负责采购芳烃等汽油组分,另一部分对油罐进行管理,负责调和成品油。为了逃避税务机关的监管,张某某还先后在岳阳成立 8 家商贸公司进行过票。为配合涉案交易,上海公司和岳阳公司之间实施了以下行为:一是虚构油品交易的资金流向;二是伪造购销合同;三是伪造运输合同和发票。税务机关认定,包括岳阳某石化公司在内的 4 家企业仅 2014 年 10 月至 2015 年 12 月就为上海公司实现“调和”成品油销售 94.2 万余吨,累计逃避缴纳消费税 1,953,338,932.40 元。

湘阴县人民检察院公诉意见认为:被告单位上海甲石油化工有限公司、上海乙石油化工有限公司、上海丙石油化工有限公司等 8 家公司,及其主要、直接责任人员被告人张某峰、曾某某、杨某某,以及被告人蒋某某、高某某、张某田,为牟取非法利益,违反国家税收法规,故意采纳虚假手段,逃避缴纳成品油消费税,偷逃应纳税款数额巨大,且偷逃税额占应纳税额的30%以上,其行为已触犯了《刑法》第30条、第31条、第201条第1款和第3款、第211条之规定,犯罪事实清楚,证据确实充分,应当以逃税罪追究8个被告单位和6个被告人的刑事责任。

(2)安徽省亳州市中级人民法院刑事判决书[1]

2017年5月18日,安徽省亳州市人民检察院指控,被告人杨某勇于2015年7~10月,在未实际销售沥青、燃料油的情况下,以其实际经营的亳州市地风升贸易有限公司、亳州市苇圣贸易有限公司的名义,向上海佳玺石油化工有限公司、淄博龙诚化工销售有限公司等多家公司开具燃料油增值税专用发票1100余份,价税合计13,000余万元。其中,税额合计1900余万元,从中收取提成100余万元。

法院审理后认为,杨某勇的变票行为有通过虚构交易环节,且在虚构的交易环节中虚假开具增值税专用发票并进行抵扣的行为。但杨某勇通过变票向下游公司虚开增值税专用发票并不是为了利用增值税专用发票的抵扣功能从国家骗取税款,而是为了帮助下游公司从生产燃料油公司"转变"为流通燃料油公司,进而逃避缴纳消费税,即上述虚构交易环节、虚开增值税专用发票、变票的行为,都是最终实现逃避缴纳消费税的手段。下游公司从杨某勇公司取得的虚开的增值税专用发票用于抵扣,因其抵扣的税款是其在上一交易环节所缴纳的增值税,因此在增值税专用发票整个流转线条上不存在增值税被骗的结果。因此,杨某勇虽然实施了虚开增值税专用发票的行为,但其主观上不具有骗取国家税款的目的,客观上也没有造成国家税款被骗取,其行为不构成虚开增值税专用发票罪。杨某勇采取欺骗手段帮助他人逃避缴纳消费税,逃避缴纳税款数额巨大,其行为构成逃税罪。

4. 仅税务机关追缴消费税税款

国家税务总局在2012年发布《关于消费税有关政策问题的公告》(国家税务总局公告2012年第47号),规定商贸企业外购的消费税非应税产品以消费税应税产品对外销售的,视为应税消费品的生产行为征收消费税。但是在变票交

[1] 参见安徽省亳州市中级人民法院刑事判决书,(2019)皖16刑初27号。

易中,商贸企业往往并未申报缴纳消费税税款,而炼化企业却在取得成品油发票后抵扣了上一环节应当申报缴纳但实际并未申报缴纳的消费税税款。为了防止国家税款大量流失,国家税务总局出台了相应政策进行应对。《关于取消两项消费税审批事项后有关管理问题的公告》(国家税务总局公告 2015 年第 39 号)规定,外购应税消费品未缴纳消费税的,纳税人应将已抵扣的消费税税款,从核实当月允许抵扣的消费税中予以冲减。2015 年第 39 号公告旨在防范石化行业变票偷、逃消费税的行为,在一定程度上可以解决石化行业偷、逃消费税的问题。此外,现行消费税政策并未将该类行为定性为虚开,也未将此上升到刑事犯罪层面。故一些税务机关并未将该类案件移送司法机关追究刑事责任,而是由税务局直接予以补税处理,典型案例如下:

(1)黑龙江某石化企业税务处理决定书

在该石化贸易企业变票案件中,涉案公司作为地方炼化企业属于用票企业,税务机关认定的主要违法事实为:炼化企业将原本不含消费税的原油或原料油等,变为含消费税的燃料油,继而扣除连续生产应税消费品的消费税,以偷、逃消费税。税务机关由此追缴炼化企业偷、逃的消费税税款,但未将案件以涉嫌虚开或逃税犯罪移送司法机关。

(2)青岛某石化贸易公司税务处理决定书

在该石化贸易企业变票案件中,青岛某石化贸易公司在整个交易链条中充当变票的角色,青岛市税务局稽查局对该企业作出税务处理决定,要求企业补缴消费税税款,未将案件以涉嫌虚开或逃税犯罪移送司法机关。

(3)上海某股份有限公司税务处理决定书

在该石化贸易企业变票案件中,上海某股份有限公司在整个交易链条中充当过票的角色,税务机关将该企业接受发票的行为定性为善意取得虚开的增值税专用发票进行处理,对企业作出补征增值税税款的决定,未将案件以涉嫌虚开或逃税犯罪移送司法机关。

(4)重庆某化工有限公司税务稽查结论

重庆某化工有限公司扮演过票方的角色,经过税务稽查局长时间的稽查,最终认为该公司在与上游企业的业务往来中不存在接受虚开增值税专用发票的情况,公司取得的增值税进项发票可以认证抵扣。

三、石化企业变票交易不构成虚开增值税专用发票罪

石化企业单纯的变票交易一般不会导致增值税税款的损失。如果炼化企业安排商贸企业变票、过票的目的只是利用变名的增值税专用发票偷、逃以及抵扣消费税税款,不构成虚开增值税专用发票罪。尽管部分司法机关认为,中间商贸企业交易均为虚设,即可认定没有“真实交易”,符合虚开增值税专用发票罪的构成要件。但笔者认为,该类案件中炼化企业用变名方式取得增值税专用发票抵扣消费税税款的行为仅违反发票管理制度的相关规定,属于行政法上的“虚开”,而非刑法意义上的“虚开”,不符合虚开增值税专用发票罪的构成要件;且《刑法》第205条关于虚开增值税专用发票、用于抵扣税款发票罪中的“抵扣税款”仅是指增值税税款,不包括消费税税款。

(一)虚开增值税专用发票罪以行为人具有骗抵税款目的以及造成税款损失结果为要件

《刑法》第205条对于虚开增值税专用发票犯罪的规定比较简单,并没有明确该罪的构成要件,这是在司法实践中产生诸多争议的主要原因。就目前而言,司法实务界及理论界较一致的观点是,行为人在主观上不具有偷、逃以及骗取国家税款的目的,且客观上未造成国家税款的损失,不构成虚开增值税专用发票罪。

最高人民法院研究室《〈关于如何认定以“挂靠”有关公司名义实施经营活动并让有关公司为自己虚开增值税专用发票行为的性质〉征求意见的复函》(法研〔2015〕58号)认为:“虚开增值税发票罪的危害实质在于通过虚开行为骗取抵扣税款,对于有实际交易存在的代开行为,如行为人主观上并无骗取抵扣税款的故意,客观上未造成国家增值税款损失的,不宜以虚开增值税专用发票罪论处。虚开增值税专用发票罪的法定最高刑为无期徒刑,系严重犯罪,如将该罪理解为行为犯,只要虚开增值税专用发票,侵犯增值税专用发票管理秩序的,即构成犯罪并要判处重刑,也不符合罪刑责相适应原则。”2018年12月4日,最高人民法院发布第二批人民法院充分发挥审判职能作用保护产权和企业家合法权益典型案例。在“张某强虚开增值税专用发票案”中,最高人民法院明确指出,张某强不具有骗取国家税款的目的,未造成国家税款损失,其行为不构成虚开增值税专用发票罪。另外,2020年7月最高人民检察院《关于充分发挥检察职能服务保

障"六稳""六保"的意见》亦明确规定,对于有实际生产经营活动的企业为虚增业绩、融资、贷款等非骗税目的且没有造成税款损失的虚开增值税专用发票行为,不以虚开增值税专用发票罪定性处理。

总结上述最高人民法院和最高人民检察院的相关意见,笔者认为,构成虚开增值税专用发票罪应具备以下两个要件:

一是行为人主观上必须具有骗抵或帮助他人骗抵税款的目的。从立法目的和立法背景考察,《刑法》第205条规定源于1995年全国人民代表大会常务委员会《关于惩治虚开、伪造和非法出售增值税专用发票犯罪的决定》。该决定明确指出,"为了惩治虚开、伪造和非法出售增值税专用发票和其他发票进行偷税、骗税等犯罪活动,保障国家税收,特作如下决定……"。故设立本罪的立法目的是保障国家税收、专门打击侵害国家税款的犯罪行为。因此,行为人不以骗抵税款为目的的行为不是《刑法》第205条的适用对象。

二是行为人客观上造成国家税款损失的后果。从法益保护及犯罪本质角度考察,《刑法》第205条规定的犯罪属于"危害税收征管秩序罪"中的一种犯罪类型,所侵害的法益是国家税收征管秩序,突出表现为对国家税款的侵害。如果行为人所实施的行为对国家税款没有造成侵害,或者没有造成损失的危险,就不具有严重的社会危害性,不应受到刑罚处罚。

(二)没有"真实交易"不必然构成虚开增值税专用发票罪

从字面上来理解,虚开似乎就是"无货交易",是指没有货物或者服务的情况下虚假开具增值税专用发票的行为。"无货交易"行为在行政法上属于典型的虚开行为,但其是否一定构成虚开增值税专用发票罪,则需要依据《刑法》第205条的构成要件进行考察。同样,有货交易是否就一定不构成"虚开",仍然需要依循《刑法》第205条的构成要件予以判断。

根据最高人民法院《关于适用〈全国人民代表大会常务委员会关于惩治虚开、伪造和非法出售增值税专用发票犯罪的决定〉的若干问题的解释》(法发〔1996〕30号),虚开增值税专用发票罪包括3类典型行为:(1)没有货物购销或者没有提供或接受应税劳务而为他人、为自己、让他人为自己、介绍他人开具增值税专用发票;(2)有货物购销或者提供或接受了应税劳务但为他人、为自己、让他人为自己、介绍他人开具数量或者金额不实的增值税专用发票;(3)进行了实际经营活动,但让他人、为自己代开增值税专用发票。以上内容可以概括为无货虚开、有货虚开和代开3种形式。从该解释明确的3类虚开犯罪行为中不难看出,有货与无货均有可能构成虚开,第二种类型中有货物购销或者提供或接受了应税劳务即可以理解为存在"真实交易"。为何存在真实交易也会构成虚开?因为如果开具的增值税专用发票数量或金额不实,同样会造成国家增值税税款的骗抵损失。即对于有"真实交易"而构成虚开犯罪的原因在于有偷、逃税的目的,造成国家税款的现实损失或可能损失。这是认定虚开犯罪的关键标准,而不取决于有无真实交易。对于行为人没有犯罪目的或者没有造成增值税税款损失的虚开增值税专用发票行为,要么不构成犯罪,要么构成其他类型的犯罪。[1]

事实上,在司法实践中大量存在对没有真实交易而取得或开具增值税专用发票不认定为虚开增值税专用发票罪的情形。该类案件之所以不构成虚开犯罪,是因为行为人主观上没有骗抵增值税税款的故意,客观上没有造成国家增值税税款的损失。如"李某甲、李某乙犯虚开增值税专用发票罪案"[2]"芦某兴虚开抵扣税款发票案"。[3]

(三)石化企业变票交易案件不符合虚开增值税专用发票罪的构成要件

对于石化企业的变票交易,司法机关往往认为商贸企业的中间环节交易均为"虚设",整个交易链条中没有真实的货物交易。但不少公安机关侦查收集到的证据材料显示,从初端企业到末端企业的整个交易链条其实存在真实的货品流转,仅中间环节的商贸企业没有物理形式上的货物流。由于商贸企业形式上"无货",因此该类案件一般在商贸企业所在地爆发,公安机关也常以虚开增值税专用发票罪立案侦查。

在具体案件处理过程中,由于当事人认为只有存在真实货物交易才不构成虚开,他们往往会极力证明有真实的货物交易。但司法机关认为,中间商贸企业的交易链条都属于虚设,各主体所签订的合同属于恶意串通,损害国家、集体或者第三人利益的无效买卖合同。但正如前文所言,交易真实性与否并不是处理该类案件的关键。

从整个交易链观察变票案件,交易过程中存在真实货物,炼化企业真实购进化工产品用于生产或者"调和"油品,交易环节中的各商贸企业均会上缴增值税税款,不会造成增值税税款的损失。退一步说,无论将整个交易定性为有货交易

---

[1] 参见廖仕梅、屈霞:《论虚开增值税专用发票罪与真实交易》,载《税务研究》2018年第1期。
[2] 参见四川省宜宾市中级人民法院刑事判决书,(2016)川15刑终113号。
[3] 参见最高人民法院《刑事审判参考》(2001年第6辑)指导案例第107号。

还是无货交易,中间贸易公司存在的意义都是为了炼化企业能够隐瞒生产环节以达到不缴消费税以及抵扣消费税税款的目的,而不是造成增值税税款的损失,这与一般意义上的暴力虚开案件存在本质区别。

因此,在判断行为是否构成虚开增值税专用发票罪时,不应仅仅着眼“真实交易”与否,需要重点关注的是该行为是否侵害了《刑法》第 205 条所保护的法益,行为人有无骗抵增值税税款的目的,有无造成增值税税款的损失。且即便着眼“真实交易”,如前文所述,也很难认定石化企业变票交易中不存在“真实交易”,切换到整个交易链条的视角,反而可能得出存在真实货物交易的结论。

(四)《刑法》第 205 条中的“抵扣税款”仅是指增值税税款

从虚开增值税专用发票罪的立法沿革来看,我国 1979 年《刑法》没有列入虚开增值税专用发票罪。1994 年,我国实行“分税制”改革,对增值税实行凭票抵扣制度。一些不法分子采用伪造、虚开增值税专用发票等手段进行偷税或者骗取国家税收等违法犯罪活动,严重侵害了增值税税基,造成了国家税款的大量流失。为了打击利用增值税专用发票和其他发票的犯罪活动,第八届全国人民代表大会常务委员会第十六次会议于 1995 年 10 月 30 日通过了《关于惩治虚开、伪造和非法出售增值税专用发票犯罪的决定》(以下简称《决定》)。随后,1997 年《刑法》吸收合并了《决定》中的相关内容,并规定在现行《刑法》中的第 205 条。结合整个条文来理解,《刑法》第 205 条提到的“税款数额”中的税款,其实明确指代的是增值税税款。

从税种属性上看,增值税属于价外税,以商品在流转过程中的增值额作为计税依据。增值税专用发票不仅具有凭票抵扣税款的功能,同时也具有记载经济事项的功能。从发票记载的内容来看,包括数量、单价、金额、税率、税额等,增值税税额由不含税价乘以税率计算而来,税额单独列示,不包含在货款中。根据《增值税暂行条例》第 8 条第 2 款之规定,准予抵扣的进项税额包括从销售方取得的增值税专用发票上注明的增值税额。因此,受票方可以凭借取得的增值税专用发票中记载的税额向税务机关申报抵扣进项税额。由此可见,增值税专用发票的一个重要功能就是实现增值税的完税和抵扣。而消费税则属于价内税,在生产、委托加工和进口环节进行征收,且实行从价定率、从量定额或者从价定率和从量定额复合计税的模式。就成品油消费税的计税而言,采取从量定额的方式计征消费税,消费税税额与增值税专用发票上记载的税额没有直接关系。也就是说,消费税税额的确定只与商品的数量相关,与增值税专用发票上记载的增值税信息并无直接关联。之所以成品油生产企业抵扣消费税需要凭借增值税专用发票,是因为在"以票控税"的征管体制下,没有其他税务凭证可以更加便利、真实地反映成品油生产企业的销售数量和价格。同时,考虑到征收消费税的商品都需要缴纳增值税,也就没有必要再专门针对消费税制作"消费税专用发票",以减少税务机关及纳税人的税务负担和成本。因此,《刑法》第205条中所称"虚开的税款"是指增值税专用发票上记载的增值税税款,受票方凭借发票上记载的税款抵扣增值税进项税额,而消费税纳税人抵扣消费税则是根据商品数量及税率计算出的税额予以确定的,与增值税专用发票上记载的增值税税额无关。

从刑法体系解释来看,《刑法》第三章第六节"危害税收征管罪"规定的一系列犯罪都以保障国家税款足额入库、打击涉税犯罪行为为目的。而虚开增值税专用发票罪之引入,是为应对我国税制改革、实行发票抵扣税款制度之后出现新型经济犯罪的需要。在1995年全国人大常委会《决定》出台之前,虚开行为在实践中或作为发票违法行为处理,或按照逃税罪进行处理。虚开增值税专用发票罪的产生有其特殊使命,即惩治行为人通过为他人、为自己、让他人为自己、介绍他人开具增值税专用发票造成国家增值税税款损失的行为。事实上,虚开增值税专用发票行为作为偷、逃税的重要手段,也可包括在《刑法》规定逃税罪的第201条中。刑法之所以单独将其规定一个罪名并给予重刑处断,是为维护增值税抵扣链条的完整从而保障国家增值税税基不被侵蚀。

可以看出,虚开抵扣的税款是指增值税税款,为抵扣消费税的变票交易不是《刑法》第205条的评价对象。至于抵扣了消费税税款,造成消费税税款损失的行为,如果构成其他犯罪则按照法律规定进行处理,不宜认定为虚开增值税专用发票罪。

四、石化企业变票交易应按逃税罪处理

(一)变票交易偷、逃以及抵扣消费税符合逃税罪的构成要件

根据《刑法》第201条第1款的规定,逃税罪评价的是纳税人采取欺骗、隐瞒手段进行虚假纳税申报或者不申报,逃避缴纳税款的行为。最高人民法院《关于审理偷税抗税刑事案件具体应用法律若干问题的解释》规定,纳税人实施虚假纳税申报行为,不缴或者少缴应纳税款,偷税数额占应纳税额的10%以上且

偷税数额在1万元以上的,依照《刑法》第201条第1款的规定定罪处罚。炼化企业通过商贸企业变票偷、逃以及抵扣消费税税款的行为完全符合逃税罪的构成要件。一方面,逃税罪的主观方面表现为直接故意,并且具有逃避缴纳应缴税款义务而非法获利的目的。石化企业变票交易行为中,炼化企业利用消费税征管以及发票管理中的漏洞,企图逃避缴纳及抵扣巨额的消费税税款,从中谋取非法利益,符合逃税罪的主观构成要件。另一方面,逃税罪的客观方面表现为,纳税人采取欺骗、隐瞒手段,进行虚假纳税申报或者不申报,逃避缴纳税款数额较大且占应纳税额10%以上。石化行业的炼化企业造成消费税税款损失的,一般数额巨大且超过法定比例,符合逃税罪的客观构成要件。

从石化行业变票交易的现状看,炼化企业通过商贸企业变票交易是利用商贸企业变票达到不缴、少缴消费税或者抵扣消费税税款的目的,炼厂及商贸企业在链条交易中往往如实申报缴纳增值税税款,不会造成增值税税款的损失。从主观目的上看,炼化企业变票有不缴、少缴消费税税款或抵扣不应抵扣消费税税款的目的,符合逃税罪的主观构成要件;从客观上看,炼化企业通过商贸企业变票这种隐瞒欺骗的手段,造成了国家消费税税款的损失,满足逃税罪的客观构成要件。因此,石化行业变票交易偷、逃消费税的行为符合逃税罪的构成要件,应按逃税罪进行处理。

(二)逃税罪定性符合刑罚体系以及罪责刑相适应原则

虚开增值税专用发票罪是随着我国税制改革、以票抵扣制度产生而出现的新型犯罪。《刑法》第三章第六节"危害税收征管罪"规定的各个罪名都有其特定的评价对象,在实务中产生争议最多的是逃税罪与虚开类犯罪的罪名适用问题,尤其体现在石化行业变票案件中。

从罪责刑相适应原则考虑,《刑法》第205条规定的属于重刑犯罪和特别犯罪,最高可判处无期徒刑,其所评价的犯罪行为应当具有极高的社会危害性。而《刑法》第201条规定的逃税罪属于普通税收犯罪,只要行为人接受了税务机关的处理处罚意见,缴纳了税款、滞纳金和罚款,就可以免予刑事处罚;即使不接受处罚,其最高法定刑仅为7年。

可见,不宜针对逃避消费税等增值税之外税种的犯罪行为,适用专门打击虚开增值税专用发票的罪名,否则将严重违背罪刑法定原则和罪责刑相适应的刑法基本原则,侵害公民的合法权益。以逃税罪追究炼化企业、商贸企业的刑事责任,并严格区分主、从犯,即炼化企业构成逃税罪的主犯,商贸企业构成逃税罪的从犯，一方面可以鼓励纳税人及时足额地履行纳税义务；另一方面避免刑法对税收领域的过度干涉，彰显宽严相济、刑法谦抑性等刑事政策指导理念，既保障了税收及时足额入库，又实现了法律效果和社会效果的统一。

（三）商贸企业仍可按《发票管理办法》予以行政处罚

根据《刑法》第201条第4款的规定，“有第一款行为，经税务机关依法下达追缴通知后，补缴应纳税款，缴纳滞纳金，已受行政处罚的，不予追究刑事责任”。该条款已被理论和实务界认为是逃税罪刑事立案追诉的前置条件。也就是说，要追究当事人逃税罪的刑事责任，必须先由税务机关进行处理。《行政处罚法》第27条第1款规定了案件的“双向移送”制度，完善了行政案件与刑事案件的有效衔接。[1] 根据以上规定，石化类变票案件按照逃税定性的，需要司法机关将案件移送回税务机关进行税务行政处理和处罚，这里的“处罚”仅是针对偷、逃税款行为给予的行政处罚。不仅如此，对于商贸企业变更发票名称开具增值税专用发票的行为还应按照《发票管理办法》第22条、第37条的规定给予行政处罚。在实践中，也不乏对从事变票的商贸公司实施行政处罚的案例。如在“泰州市怡华物资有限公司变名销售案”中，未以虚开犯罪对商贸企业定罪处罚，但是追究了商贸企业变更发票名称的行政责任，对其处以50万元罚款。[2] 在该案中，怡华公司购进非消费税应税产品（原油、原料油、重质油等），在未设立油库、不存在货物流、未经生产加工的情况下，经关联企业的票据流转，将发票品名变更为消费税应税产品（重质燃料油、燃料油）对外开具发票。税务机关认为，怡华公司违反了《发票管理办法》第22条之规定，对其处以罚款。

五、结　　语

在实践中，各地税务机关和司法机关在查处石化企业变票交易案件时存在事实认定不清、法律适用较混乱的情况。在查处对象上存在明显的地域分化，部分地区仅查处变票商贸企业，或者仅查处炼化企业，抑或是一并查处；在行为的

---

〔1〕《行政处罚法》第27条第1款规定：“违法行为涉嫌犯罪的，行政机关应当及时将案件移送司法机关，依法追究刑事责任。对依法不需要追究刑事责任或者免予刑事处罚，但应当给予行政处罚的，司法机关应当及时将案件移送有关行政机关。”

〔2〕参见泰州医药高新技术产业开发区人民法院行政判决书，(2016)苏1291行初69号。

法律定性方面也存在严重分歧,部分地区按虚开增值税专用发票罪处理,部分地区按逃税罪处理,还有少数地区按照无罪处理,或施以行政处罚,或要求补缴税款。由于该类案件一般涉税金额巨大,按虚开处理刑期少则10年、多则无期,而按照逃税罪处理则可能享受初犯免责的待遇,对于那些直接进行税务行政处理的案件,在法律责任的承担上更是相差甚远。考虑到石化行业变票交易实质上属于炼化企业主导的逃税行为,宜认定为偷、逃税行为,而非按虚开增值税专用发票罪定罪处理。此外,在该类案件的查处上,公安机关应全链条式地展开侦查,在审查起诉及案件审理阶段,司法机关应严格区分案件的主犯、从犯,严肃追究炼化企业逃税罪的刑事责任,对商贸企业则按照逃税罪从犯认定,而不应将炼化企业或者商贸企业割裂开来进行处理,否则有违罪刑法定、罪责刑相适应的刑法基本原则。

包税条款效力认定及类型化法律适用

李文伟*

摘　要：包税条款的效力认定和计税依据的确定存在较多争议，前者主要表现为对包税条款是否有效存在认识分歧，以及判断意思表示是否存在"显失公平"或"重大误解"标准不一；后者主要表现为对含有包税条款的交易如何确定计税依据存在不同做法。依照税收法定主义和法解释规则，合同效力争议中，包税条款不应因违反法律强制性规定而被认定无效；而在合同撤销争议中，对"显失公平"的认定应严守"主客观要件说"，对"重大误解"的认定可引入"相对人过错"作为重要判断因素。为了客观确定计税依据，应根据包税条款形式的不同，将包税条款划分为价税合一型、具体约定型和概括涵盖型3种类型。不同类型的包税条款适用不同的计税依据，产生不同的法律适用效果。

关键词：包税条款；效力认定；纳税义务；显失公平；重大误解；类型分析

税收成本作为经营成本的重要组成部分，常常成为当事人在民事交易议价中的重要内容。在民事交易中，双方当事人为了尽可能促成交易，往往会约定由一方额外承担部分或全部税负，此类约定税负承担的条款被称为"税费承担条款"，亦称"包税条款"。[1] 在理论与实践中，由于包税条款是否违反法律、法规的强制性规定，是否违反税收法定原则等问题欠缺统一解释，对包税条款的效力认定及计税依据确定存在诸多争议。

虽然在《关于人民法院网络司法拍卖若干问题的规定》和《对十三届全国人大三次会议第8471号建议的答复》中，最高人民法院和国家税务总局都阐述了本部门对不动产司法拍卖中包税条款适用问题的立场和态度，但不足以回答包

---

* 湘潭大学法学院硕士研究生。

〔1〕 郭昌盛：《包税条款的法律效力分析——基于司法实践的观察和反思》，载《财经法学》2020年第2期。

税条款的效力问题,也未对包税条款的计税依据适用问题进行回应。[1] 由于我国现有税收立法中欠缺有关包税条款的明文规定,因此有必要通过对包税条款的本质和《税收征收管理法》第4条规定的分析,厘清包税条款的效力认定与计税依据适用标准,以期解决包税条款在实践中产生的相关法律问题。

一、问题的提出

包税条款在司法实践中主要存在两个法律争议。一是包税条款效力认定问题,包括该包税条款是否因内容违反税法强制性规定而无效,以及涉及包税条款的交易是否因存在"重大误解"或"显失公平"情形而可撤销;二是对含有包税条款合同的计税依据适用问题,主要表现为包税条款所约定的税费承担金额是否应计入合同总成交价,并以此确定应纳税额。笔者将"税费负担条款""包税条款""税费负担"作为关键词在北大法宝进行检索,全国法院仅2019年审结的相关案件就多达1542件,其中绝大部分争议围绕"包税条款内容是否因违反强制性规定而无效"展开,少数涉及包税条款是否存在重大误解等意思表示瑕疵及包税条款计税依据适用争议。

(一)包税条款效力认定的实践分歧

1. 包税条款合法性分歧

在司法实践中,关于包税条款约定内容是否违反强制性规定的问题存在两种不同的主张。在2007年最高人民法院公报案例"山西嘉和泰房地产开发有限公司与太原重型机械(集团)有限公司土地使用权转让合同纠纷案"中,[2]最高人民法院认为,"虽然我国税收管理方面的法律、法规对于各种税收的征收均明确规定了纳税义务人,但是并未禁止纳税义务人与合同相对人约定由合同相对人或者第三人缴纳税款,即对于实际由谁缴纳税款并未作出强制性或禁止性规定。因此,当事人在合同中约定由纳税人以外的人缴纳税费的约定有效"。该判决理由在很大程度上影响了之后对包税条款效力争议案件的审判思路。

---

[1] 两份文件都提倡在司法拍卖中依照法律规定各自承担交易产生的税费,但并未说明此类约定的效力问题,范围也仅限于不动产司法拍卖领域内,同时也未就"买方承担税费"情形下如何计税作出说明。

[2] 参见最高人民法院民事判决书,(2007)民一终字62号。

然而,仍有一些法院对此持相反观点。在"沈某泉、沈某张与杨某坤建设用地使用权转让合同纠纷案"中,[1]法院认为,"依法纳税是我国宪法和税收征收管理法所确立的基本义务,法律规定的纳税人必须依法纳税,因此包税条款与我国法律规定相抵触"。在"铁岭市长兴荣建材有限公司诉铁岭市国家税务局稽查局税务处理决定案"中,[2]法院同样也基于"原告协议约定的条款与国务院颁布的行政法规相抵触,应属于无效条款",认定双方约定的包税条款无效。此外,还有法院原则上认可包税条款的合法性,但对个案中的效力往往要结合案情具体分析。如"中国农业银行股份有限公司常德分行与常德东润建设开发有限公司不当得利纠纷案"中,[3]法院认为,"包税条款具有合法性,但该案中《竞买须知》第六条规定的'其税费由买受人承担,本公司不承担任何责任'因纳税义务不可转移所以不发生法律效力"。同样的内容之所以产生截然相反的判决,根本原因在于对包税条款是否违反了《税收征收管理法》第 4 条以及对该法律条文性质的认定存在分歧。具体而言,分歧有二:一是包税条款转移实际负税人的做法是否违反《税收征收管理法》第 4 条的规定;二是《税收征收管理法》第 4 条的性质究竟属于效力性强制性规定、管理性强制性规定还是任意性规定。

2."重大误解"的认定分歧

在部分案例中,当事人会以对包税条款存在"重大误解"为由主张撤销合同,法院对"重大误解"的判断标准成为此类案件处理的关键。

在"马某君与四川峨眉山农村商业银行股份有限公司金融借款合同纠纷执行案"中,[4]马某君拍得执行房屋,拍卖公告约定"拍卖标的物所涉及的税费、办理权证所需费用及其他费用等均由买受人自行承担"。马某君在办理过户时,被税务部门告知开发商未缴纳该门市的土地增值税、企业所得税,因此马某君需额外多缴纳 70% ~100% 的税费,马某君遂以其对拍卖公告存在重大误解为由向法院提出执行异议。法院认为,司法拍卖中的税费负担直接影响交易价格和成交概率,故税费负担不仅应符合法律规定,亦应最大限度透明化以保证信息对称和公平交易,执行法院应对税费负担的种类、费率及计算方式自行或委托第三

---

〔1〕 参见福建省漳州市中级人民法院民事判决书,(2016)闽 06 民 158 号。
〔2〕 参见辽宁省铁岭市中级人民法院行政判决书,(2016)辽 12 行终 119 号。
〔3〕 参见湖南省常德市中级人民法院民事判决书,(2011)常民二终字 85 号。
〔4〕 参见四川省乐山市中级人民法院执行裁定书,(2020)川 11 执复 16 号。

方进行调查核实,并在《竞买公告》及《竞买须知》中进行公布,基于此支持马某君以重大误解为由撤销拍卖。

但在“周某兵与太仓市佳稼农业生产资料有限公司房屋买卖合同纠纷案”中,[1]却出现了不同的判决结果。周某兵通过拍卖获得佳稼公司所属房屋,拍卖公告约定“房地产权属过户涉及的税费,由买受人承担”。周某兵向拍卖机关询问交易可能产生的税费,拍卖机关告知其仅需缴纳61,000元,但在办理过户时,税务机关告知其过户总共需缴纳200,218.2元。周某兵以重大误解为由向法院请求撤销合同。两审法院都认为,双方当事人的房屋买卖合同系双方真实意思表示,合法有效,双方均应恪守,周某兵对于应承担卖方应交税款这一事实不存在误解,故驳回周某兵的诉讼请求。

法院对于包税条款是否存在重大误解的判断标准不一。有些法院认为,如果相对人没有如实告知可能产生的税费,使买受人产生错误认识,即使买受人对“由其一方承担交易过程中产生的税费”这一事实的认识不存在错误,也应当认定为重大误解;但也有法院认为,仅应当以买受人对“由其一方承担交易过程中产生的税费”这一事实是否产生认识错误作为重大误解的判断基础。可见,当行为人对“由其一方承担交易过程中产生的税费”的事实存在认识错误时,构成重大误解并无分歧。分歧在于,当行为人由于对交易可能产生的税费存在错误认识,导致作出“由其一方承担交易过程中产生的税费”的意思表示时,是否可以认定为重大误解。“重大误解”认定标准不一致,导致对该问题的处理难以形成基本统一的结论,进而影响当事人的交易预期,因此有必要对包税争议的重大误解判断标准进行抽象提炼,便于指导交易当事人对包税条款的谨慎运用,同时为裁判者提供相对统一的裁判思路。

3.“显失公平”的认定分歧

“显失公平”是实践中除重大误解外另一个主张撤销合同的重要理由。但是与“重大误解”类似,在实务中对认定要件的认识存在不同观点。在“王某清、李某、林某等借款合同纠纷执行案”中,[2]利害关系人李某芳依法拍得执行房屋,拍卖公告载明:标的物转让登记手续由买受人自行办理,基于本次拍卖、变卖所涉及的税费及其可能存在的水、电等欠费均由买受人承担。后李某芳办理过

[1] 参见江苏省苏州市中级人民法院民事判决书,(2019)苏05民终9448号。

[2] 参见福建省三明市中级人民法院执行裁定书,(2020)闽04执复22号。

户时发现，房屋拖欠税费和滞纳金高达总标的额的38%，李某芳以税费全部由买方承担显失公平为由提出执行异议。法院认为，拍卖公告中表述为"所有税费均由买方承担"，其前提应为税费负担没有明显加重买受人的负担，而在该案中明显加重了李某芳的负担，存在明显不公平，因此予以撤销。

但是同样的情况，在"兴业资产管理有限公司、安溪万城置业有限公司、林某侨等其他案由执行纠纷案"中，[1]法院却作出了截然相反的判决。长升公司通过拍卖拍得执行厂房，在办理过户过程中，了解到其需缴纳多达百万元的税费，遂向法院提出执行异议，主张从拍卖款中优先扣除远太公司应缴纳税费并退还申请人，或者撤销本次司法拍卖。但法院认为，长升公司在知悉竞买约定和相关的法律后果后成功竞得涉案厂房，应视为已同意承担过户所需一切税费，不存在重大误解，也不构成显失公平，所以对长升公司的主张不予支持。

案情高度相似的案例却产生截然不同的判决结果的问题在于，当包税条款在客观上存在显失公平情形时，是否仍应当要求其具有相对应的主观要件，才可以认定为显失公平，从而使利益受损一方享有撤销权。

（二）包税条款计税依据的实践分歧

除民事交易当事人之间对包税条款效力的争议外，纳税人和征税机关之间关于包税条款的计税依据也屡屡发生争议。

在"陈某仁、国家税务总局中山市税务局神湾税务分局税务行政管理案"中，[2]陈某仁通过司法拍卖拍得一套房屋，执行裁定书载明"应缴纳税金及所需要的必要费用由买受人承担"。在计算税费时，税务机关依照陈某仁拍得价格作为计税依据。陈某仁对此提出异议，认为其拍得价包含税款，所以不应以成交价作为计税依据，遂诉至法院请求税务机关退还多收部分的税费。经法院二审审理，法院认为拍卖成交价格即为销售额，应当以其作为计税依据，因此驳回陈某仁诉求。

在"米某华、国家税务总局深圳市税务局税务行政管理案"中，[3]对于包税条款计税依据适用问题的争议更突出。米某华通过拍卖获得一处房产，原深圳市罗湖区地方税务局以成交价作为含税价确定应缴税额，米某华缴纳税款后认

---

〔1〕 参见福建省高级人民法院执行裁定书，(2020)闽执复58号。

〔2〕 参见广东省中山市中级人民法院行政判决书，(2019)粤20行终330号。

〔3〕 参见广东省深圳市中级人民法院行政判决书，(2018)粤03行终1636号。

为该交易符合当地税收优惠政策,不服税务机关计算的税额,申请行政复议主张退还其多缴纳的税费。原深圳市地方税务局受理之后,认为原深圳市罗湖区地方税务局将成交价作为含税价的做法错误,应当将成交价作为不含税价格重新计征。米某华对复议决定不服,向法院提出诉讼。法院认为原行政行为属于基础事实认定不清,判决原深圳市地方税务局作出撤销原行政行为并责令重新计征税款的复议决定,所依据的事实和法律正确,复议程序合法,且不违反禁止复议结果不利于申请人的原则,驳回了米某华的诉讼请求。

可见对于包税条款所约定的金额是否计入计税依据,不仅纳税人与征税机关之间存在分歧,征税机关内部亦存在分歧,原因在于对包税条款所涉金额是否应当认定为合同总成交价组成部分存在不同解释。

二、包税条款效力认定的基本路径

包税条款是在民事交易中,交易双方就税费承担所达成的协议。作为一种民事法律行为,包税条款的订立应当符合《民法典》关于民事法律行为的一般规则。根据《民法典》第 143 条的规定,具备下列条件的民事法律行为有效:(1)行为人具有相应的民事行为能力;(2)意思表示真实;(3)不违反法律、行政法规的强制性规定,不违背公序良俗。与民事法律行为有效相对应的效力状态包括可撤销和无效两种情形。根据《民法典》第 146 条至第 154 条的规定,虚假表示和违反法律、行政法规规定或公序良俗的民事法律行为无效。而以欺诈、胁迫、乘人之危等手段使对方在违背真实意思的情况下实施的民事法律行为可撤销。结合实务中有关包税条款争议的焦点,对包税条款是否有效的认定,可以重点从“意思表示是否真实”和“是否违反强制性规定”这两项规范要件着手展开分析。

(一)包税条款的“意思表示”因素考量

包税条款作为民事法律行为,意思表示是否真实是判断其效力首要考虑的因素。在司法实践中,如果双方对约定的意思表示是否真实发生争议,通常需要对双方意思表示是否真实进行判断。此时可以采用逆向评价法,即只要行为人不存在意思表示不真实的情形,则视为其意思表示为真实。《民法典》第 146 条至第 154 条规定了虚假表示、重大误解、欺诈、胁迫和显失公平 5 种意思表示不真实的情形。在实务中,买受人以“重大误解”“显失公平”为由请求认定撤销拍卖的情形较多见,但法院对于重大误解和显失公平的认定却存在不同标准。

涉税事务的专业性和复杂性,使包税条款具有特殊性。包税条款的特殊性有二:其一,在一般情况下,包税条款双方必定会对税收风险相关信息存在搜集能力上的差距。这种差距通常表现为双方对交易可能产生税负的预期准确性存在差异,相对来说,卖方对税负的预估往往要比买方精准,而对于税负的预期又是签订包税条款所考虑的重要因素。其二,包税条款是无对价给付,其实质为单务合同。相较一般的民事法律行为,包税条款基于其特殊性,在认定意思表示不真实时应当注意两方面:一方面,一方或双方存在的误解通常并不是对"由一方承担全部或部分税费"约定内容的误解,而是对交易可能会产生的税费存在误解,属于动机错误而非表示错误;另一方面,包税条款在交易中,特别是在标的额较大的交易中,客观上存在完全不对价的情况。因此,不能完全依照现有的理论认定包税条款中是否存在"重大误解"或"显失公平"。

另外,对于包税条款撤销权的行使,在实践中存在两种情形:一是仅撤销包税条款,由买卖双方依照法律规定各自承担税费;二是撤销整个合同。原则上,包税条款存在可撤销情形的,行为人仅可主张撤销包税条款。但是存在下列情形的可以主张撤销整个合同:一是基于交易的性质或者其他因素,不适宜部分撤销的,如在拍卖中如果允许部分撤销,是对其他竞买人的不公平,因此应当仅可主张撤销整个合同;二是包税条款与主给付义务难以分割的,如双方约定将交易可能支出的其他相关费用包含于总价款中,在此类情况下难以将包税条款与主给付义务相区分,以实际支出的相关税费为界限部分撤销的,又有违意思自治原则,故除双方在此基础上对包税条款有具体约定的外,应当撤销整个合同。

1."重大误解"在包税案件中的认定

关于重大误解的解释存在"二元论"和"一元论"两种学说。"二元论",是指区分错误和误解,错误是指非故意的表示与意思不一致,误解是指对意思表示内容了解之错误,只有表示错误才属于重大误解,动机错误不属于重大误解。[1] "一元论",是指不区分动机错误和表示错误,采用统一的标准予以判断。韩世远教授将其总结为5个组成部分:(1)民事法律行为已经成立;(2)一方或双方对于情况具有重大误解;(3)重大误解和民事法律行为存在因果关系;(4)相对人的参与;(5)消极条件。[2] 龙俊教授认为,在确定存在意思表示错误以及因果

---

[1] 参见梁慧星:《民法总论》,法律出版社2017年版,第183~184页。

[2] 参见韩世远:《重大误解解释论纲》,载《中外法学》2017年第3期。

关系时,双方当事人没有另外约定或存在不同交易习惯的,符合下列任何一种情形的都应当认定为重大误解:(1)对方当事人知道或应当知道该错误存在;(2)双方对订立合同前提的同一事项都陷入了错误;(3)对方当事人引起了该错误[1]。

在包税条款领域内,“二学说”分歧主要体现在以下两种情形:一是当一方因其欠缺涉税相关知识,自身错误预估交易所可能产生的税费,从而在与对方签订包税条款的情况下,依照“二元论”属于动机错误,不应当适用重大误解,依照“一元论”则存在适用重大误解的可能;二是当相对方已经完全告知对方可能面临的风险时,一方仍与其签订了包税条款,依照“二元论”,如果存在意思表示错误仍然可以撤销,依照“一元论”,相对人只要没有参与到错误的形成过程中,原则上都不应撤销。站在“一元论”的角度,如何判断重大误解中相对人参与的要素又相当困难。有学者基于此提出,依照税制对税费错误风险分配的影响来判断是否适用重大误解,认为仅有适用于个人所得税的包税条款才允许主张重大误解,[2]但此种做法难以操作。故判断包税条款是否存在重大误解,需要加入新的考虑因素。

不同于一般基于平等原则订立的合同,包税条款义务人是为了保障交易的进行,从而明知其所面临的不平等而签订的合同。因此,基于公平原则,包税条款权利人理应承担主动释明交易相关涉税信息的合同义务以帮助义务人正确认识风险。而民事主体所能掌握涉税信息能力又具有差异性(如从事二手房买卖的中介公司与首次出售房屋的个人相比),依照能力差异,其所承担的告知义务也应不同。对于一般主体来说,只需告知其依照常理理应知道的基础涉税信息(如应缴纳税种、基本税率、纳税人等),即一般告知义务;对于明显具有了解税收风险能力的主体则应额外再承担特殊告知义务,应告知义务人其理应知道的更专业的涉税信息(如税收优惠政策、税率变化、预期缴纳税额等)。由于包税条款双方通常存在信息差,所以包税条款权利人履行告知义务的程度直接影响义务人是否会陷入错误,将“相对人履行告知义务的程度”作为判断“相对人过错”的标准具有合理性。

对于仅需承担一般告知义务的一方来说,如实履行一般告知义务的,应当认

---

〔1〕参见龙俊:《论意思表示错误的理论构造》,载《清华法学》2016年第5期。
〔2〕参见班天可:《涉税的重大误解——兼论“包税条款”之效力》,载《东方法学》2020年第6期。

为不具有“相对人过错”，错误人陷入错误的，不认为是重大误解，不具有撤销权；而因过失导致告知包税条款义务人错误涉税信息，并使义务人产生错误，基于此种错误签订包税条款的，属于“对方当事人引起了该错误”或“双方对订立合同前提的同一事项都陷入了错误”情形，应当认定为重大误解，错误人享有撤销权。故意不告知或错误告知的，应当认定是欺诈而非重大误解，被欺诈人从而享有撤销权。

对于额外承担特殊告知义务的一方来说，如实履行一般告知义务和特殊告知义务，相对人产生错误的，不认为是重大误解，不具有撤销权；仅履行一般告知义务而未履行特殊告知义务的，如因未履行特殊告知义务，导致错误人产生错误，应当认为对于错误的发生存在过错，属于重大误解，错误人有权解除。未履行一般告知义务的，则应当推定为其有意隐瞒影响合同成立的重要事项，应认定为欺诈，被欺诈方享有撤销权。另外，如果是一方或双方基于正确的涉税信息估算出的应纳税额与实际应纳税额不一致的，该估算结果实质是一种对未来可能的预期，不应当认定为错误。

在“马某君金融借款合同纠纷执行案”中，执行法院作为拍卖的委托方，完全有能力获悉涉案房产包括欠缴税费在内的买受人无法知悉也无法预期的相关涉税信息，但执行法院并未告知买受人，从而使买受人错误估计可能承担的税负，并基于此拍得涉案房屋。因此，基于执行法院没有履行告知义务的理由认定存在重大误解的做法合理。在“周某兵房屋买卖合同纠纷案”中，诚然，周某兵对“由买受人承担交易产生的一切税费”并无误解，但周某兵作出该合意是基于拍卖行的错误回答，拍卖行的错误使周某兵错误地预估可能承担的费用，如果周某兵正确认识到了将会产生的费用，就不会达成包税条款的合意。在错误人已经尽到足够的注意义务，且错误是由相对人的错误引起的情况下，法院认定不构成重大误解，忽略了对错误人真实意思自治的保护，并不合理。

2.“显失公平”主观要件在包税案件中的认定

对于显失公平的认定主要采用“主客观要件说”，即客观上存在双方对待给付明显不平等，主观上应具备《民法典》第151条规定的“一方利用对方处于危困状态、缺乏判断能力等情形”。有学者将“等”补充为“利用对方意志显著薄弱”“利用对方轻率或非理性状态”“利用依赖关系”3种情形[1]。

包税条款单务性的性质决定了合同订立时双方对待给付在客观上必定会显失公平。《关于人民法院网络司法拍卖若干问题的规定》第30条规定:“因网络司法拍卖本身形成的税费,应当依照相关法律、行政法规的规定,由相应主体承担;没有规定或者规定不明的,人民法院可以根据法律原则和案件实际情况确定税费承担的相关主体、数额。”该规定正是考虑到了司法拍卖领域适用买方包税条款有违民法的公平原则。[2]

但是,仅以客观要件确定适用显失公平的做法有待商榷。有学者认为,以“等价有偿”为标准,可能会导致法律过度的干预,引起新的不公平[3]。而且包税条款的对价性应当站在交易本身的视角来考察:一方面,包税条款实体的不平等并非由于程序的不平等产生,而是为了实现交易而作的妥协,基于总的交易而言仍然处于双方自愿的对价范围。另一方面,如果包税条款出现显著的利益失衡,而这种失衡又是超出预料的,可以依据其产生的原因,采取重大误解或情势变更予以救济。故,对包税条款显失公平的认定不应突破“主客观要件说”,有利方不具备主观要件时,不应当认为构成显失公平。

在实践中,仅以“显失公平”的客观要件作为认定标准,往往会陷入自相矛盾的境地。以前述案例为例,在“王某清、李某、林某等借款合同纠纷执行案”中,李某所承担的税费金额是其本应承担税费的两倍,因包税条款所支出的费用占其交易总支出的比例也相当高。如果仅以金额作为判断标准,一方面,难以确定以多少金额作为认定“显失公平”的界限;另一方面,在大宗交易中,由于所涉及税费本身金额就高,基于此种条件,在任何情况下签订包税条款的一方都可能享有撤销权,这显然有违“显失公平”的初衷。而以占交易支出的比例作为判断标准,一方面,同样面临难以确定以何种比例为界限的困境;另一方面,也难以实现个案公平。如在前述案例中,长升公司所承担的税费高达百万元,但由于其交易标的额高,包税条款的支出占其交易总支出比重反而很低。如果以占比为标

---

[1] 武腾:《显失公平规定的解释论构造——基于相关裁判经验的实证考察》,载《法学》2018年第1期。

[2] 参见于淼:《司法网拍中的涉税问题》,载《中国拍卖》2019年第11期。

[3] 参见张初霞:《我国显失公平的立法瑕疵及重构》,载《中国社会科学院研究生院学报》2017年第2期。

准衡量,则会出现包税条款支出少的一方反而易于认定为显失公平,同样与显失公平制度初衷相违背。

故,仅是客观要件,无法作为正确判断是否存在显失公平的依据。如此一来,引入主观要件,是显失公平制度适用于包税条款的必然要求。

以显失公平否认合同效力的正当性在于契约自由与契约正义。[1] 即只有兼具程序不公平和实质不公平两种要素,显失公平才具有否认合同效力的正当性。有别于一般的合同条款,包税条款天然具有不公平性,其订立在很大程度上是权利人主观上利用交易中的优势地位,迫使相对人不得已牺牲自己的利益;同时,包税条款在客观上也存在权利与义务的实质不平等。因此,强调显失公平制度的主观要件的必要性,理由在于主观要件是判断权利人利用交易中优势地位这一做法是否达到构成程序不公平的客观标准。当权利人具有"利用对方处于危困状态、缺乏判断能力等"的主观要件时,才可判断包税条款订立在程序上也具有不平等性,从而适用显失公平制度予以保护。此外,即使包税条款存在不平等性,但仍属于双方意思自治的结果,应当有效。

有观点认为,采用格式条款规定包税条款的,符合《民法典》第497条"提供格式条款一方不合理地免除或者减轻其责任、加重对方责任、限制对方主要权利"的情形,应认定无效。笔者认为,这错误理解了包税条款的本质。包税条款并非免除纳税人履行纳税义务的责任,或者说,不是给予相对人履行纳税义务的责任,而是存在一种给付不对价的情况。不公平格式条款制度解决的是对价之外权利与义务分配不均的问题,而非解决对价不公平的情况。[2] 对于采取格式条款规定包税条款的,应当依照《民法典》第496条的规定履行提示或者说明义务,未履行的相对人享有主张该条款不成为合同内容的抗辩权。

(二)包税条款是否违反强制性规定的认定

对于包税条款是否违反法律法规的强制性规定,持无效认定态度的法院认为,我国《宪法》规定了依法纳税,《税收征收管理法》第4条明确规定了应当由纳税人履行纳税义务,包税条款实质是一种转移纳税义务的行为,违反强制性规

[1] 参见王磊:《论显失公平规则的内在体系——以〈民法总则〉第151条的解释论为中心》,载《法律科学(西北政法大学学报)》2018年第2期。

[2] 参见武腾:《显失公平规定的解释论构造——基于相关裁判经验的实证考察》,载《法学》2018年第1期。

范,因此无效。持有效认定态度的法院则有两种观点:一种观点认为,《税收征收管理法》第4条仅是关于纳税义务人的规定,并没有明确是否允许由他人代为承担税负,包税条款并未违反《税收征收管理法》第4条的规定;另一种观点认为,税法上的上述相关规定是为了规范税收征管行为,性质上并非属于效力性强制性规范,即使包税条款的做法违反《税收征收管理法》第4条的规定,也不因此认定为无效。有学者认为,论证包税条款的效力只需证明包税条款并不违反税法规定即可,而无须对纳税人的规定究竟是管理性强制性规定还是效力性强制性规定加以区分〔1〕。

但在实践中,包税条款具有多样性,通过对《税收征收管理法》第4条性质进行探讨,才能明确包税条款合法性的边界,为讨论包税条款的效力问题建构框架,并在此框架内讨论包税条款内容是否违反强制性规范。

1.“强制性规定”的法教义学分析

原《合同法》第52条第5款规定,“违反法律、行政法规的强制性规定”的合同无效,最高人民法院《关于适用〈中华人民共和国合同法〉若干问题的解释(二)》(已失效,以下简称《〈合同法〉司法解释(二)》)将该条中“强制性规定”解释成“效力性强制性规定”。〔2〕上述规定是以“二分法”的方式,将强制性规定区分为效力性强制性规定和管理性强制性规定,为原《合同法》第52条第5款之适用提供标准。效力性强制性规定,是指旨在禁止当事人采用特定行为模式的强制性规定,管理性强制性规定,是指为了规范当事人的行为模式的强制性规定。〔3〕《全国法院民商事审判工作会议纪要》进一步明确了效力性强制性规定的范围。〔4〕

---

〔1〕参见张义成:《网络司法拍卖中的买方包税条款探究》,载《河南财政税务高等专科学校学报》2020年第5期。

〔2〕《〈合同法〉司法解释(二)》(已失效)第14条规定:“合同法第五十二条第(五)项规定的‘强制性规定’,是指效力性强制性规定。”

〔3〕参见王轶:《行政许可的民法意义》,载《中国社会科学》2020年第5期。

〔4〕《全国法院民商事审判工作会议纪要》第30条规定:“下列强制性规定,应当认定为‘效力性强制性规定’:强制性规定涉及金融安全、市场秩序、国家宏观政策等公序良俗的;交易标的禁止买卖的,如人体器官、毒品、枪支等买卖;违反特许经营规定的,如场外配资合同;交易方式严重违法的,如违反招投标等竞争性缔约方式订立的合同;交易场所违法的,如在批准的交易场所之外进行期货交易。关于经营范围、交易时间、交易数量等行政管理性质的强制性规定,一般应当认定为‘管理性强制性规定’。”

《民法典》第153条则延续了之前的做法,[1]坚持违反效力性强制性规范的民事法律行为无效、违反管理性强制性规范的民事法律行为并不当然无效的立场。[2] 但效力性强制性规定作为直接限制民事主体的行为自由的规定,除具备充分且正当的理由外,一般的强制性规定只能认定为管理性强制性规定。[3] 认定效力性强制性规定不能仅通过文本中是否包含"禁止""不得""应当"等词语进行文义解释后得出结论,必须综合运用多种解释方法,从而得出规范的、合乎体系的解释结论。

在法律解释方法中,文义解释是首先需要考虑的解释方法,其他解释方法得出的结论理应在文义解释的范围内。《税收征收管理法》第4条规定,"法律、行政法规规定负有纳税义务的单位和个人为纳税人,纳税人、扣缴义务人必须依照法律、行政法规的规定缴纳税款、代扣代缴、代收代缴税款"。从文义上而言,其规定"纳税人"是具有"纳税义务"的个人和单位,而这种"纳税义务"源于"法律、行政法规",且纳税人有义务依照"法律、行政法规"缴纳税款。其含义是要求个人或单位严格依照法律规定为或不为一定行为,不得以个人意志予以变更和排除,以符合强制性规范之特征。但文义上并未明确违反该条的法律后果,无法区分属于何种强制性规范,故需通过其他解释方法予以补充。

在文义解释中,对"纳税义务"的范围存在不同理解。纳税义务在学理上有广义和狭义两种理解。狭义上的"纳税义务"是指缴款义务。广义上的"纳税义务"是指一种义务集群,具体包括登记义务、账证义务、备案义务、税控义务、申报义务、缴款义务、受检义务、信息义务以及报告义务[4]。此外,广义上的"法律责任"也等同于"法律义务",是由于违反法律义务而产生的新的特定义务,属于一种特殊意义上的义务。[5] 因此"纳税义务"的范围也难以通过文义解释确定。

采用体系解释的方法,第4条中"纳税义务"是源于"法律、行政法规"的规

---

[1] 《民法典》第153条第1款规定:"违反法律、行政法规的强制性规定的民事法律行为无效。但是,该强制性规定不导致该民事法律行为无效的除外。"

[2] 参见最高人民法院民事审判第二庭编著:《〈全国法院民商事审判工作会议纪要〉理解与适用》,人民法院出版社2019年版,第242~243页。

[3] 参见王轶:《行政许可的民法意义》,载《中国社会科学》2020年第5期。

[4] 参见张守文:《税法原理》,北京大学出版社2018年版,第86~87页。

[5] 参见张文显编著:《法理学》,北京大学出版社2011年版,第122~123页。

定,而《税收征收管理法》及《税收征收管理法实施细则》不仅规定了缴款义务,[1]还规定了申报义务[2]、账证义务[3]等其他义务,并且规定了不履行的法律后果,[4]故第4条中的"纳税义务"的范围应当包括广义上的纳税义务及因违反纳税义务产生的特殊义务。

《税收征收管理法实施细则》第3条第2款规定,"纳税人应当依照税收法律、行政法规的规定履行纳税义务;其签订的合同、协议等与税收法律、行政法规相抵触的,一律无效"。此处的"税收法律、行政法规"并未作限制性修饰,应当认为与税收法律、行政法规的任何条文相抵触的合同、协议无效。双方约定内容违反《税收征收管理法》第4条,会基于《税收征收管理法实施细则》第3条产生否认约定效力的法律后果,故《税收征收管理法》第4条属于效力性强制性规范。

经文义解释和体系解释可以得出,《税收征收管理法》第4条属于效力性强制性规范,其"纳税义务"范围包括广义上的纳税义务和因违反义务而需承担的法律责任,采取其他方式设立或转移"纳税义务"的行为无效。

2. 纳税人与负税人的概念辨析

"纳税人"是法学中的术语,是"纳税义务人"的简称,是指税法规定的直接负有纳税义务的单位和个人。"负税人"是经济学中的术语,是指在经济上实际负担税款的单位和个人,是最终承担税费的人。在缴纳税费问题上,二者强调的是形式和实质两个层面。纳税人的缴款义务,是指形式上税款应当由纳税人以自己的名义缴纳,其他人不得以纳税人或以其自己的名义缴纳;负税人则是着眼缴纳税款承受的最终主体,而不考虑以谁的名义缴纳。

缴款义务,是指纳税人以自己的名义按照法定程序及时足额缴纳税款的义务。包税条款的履行并非负税人以其自身名义或纳税人的名义向征税机关进行

---

[1] 《税收征收管理法》第4条第3款规定:"纳税人必须依照法律、行政法规的规定缴纳税款。"

[2] 《税收征收管理法》第25条第1款规定:"纳税人必须依照法律、行政法规规定或者税务机关依照法律、行政法规的规定确定的申报期限、申报内容如实办理纳税申报,报送纳税申报表、财务会计报表以及税务机关根据实际需要要求纳税人报送的其他纳税资料。"

[3] 《税收征收管理法》第19条规定:"纳税人、扣缴义务人按照有关法律、行政法规和国务院财政、税务主管部门的规定设置帐簿,根据合法、有效凭证记帐,进行核算。"

[4] 《税收征收管理法》第60条规定:"纳税人有下列行为之一的,由税务机关责令限期改正,可以处二千元以下的罚款;情节严重的,处二千元以上一万元以下的罚款。"

税费缴纳,而是纳税人以自己名义按照法定程序、法定时间向征税机关申报缴纳,负税人支付纳税人所支出的费用,无须依照税款缴纳的法定程序和法定时间。故认为包税条款效果是转移缴款义务的观点,是对包税条款运作方式的误读,包税条款双方之间约定的内容并非负税人须履行缴款义务,而是相对方支付交易所需的必要成本,是单纯的民事行为,缴款义务的实际履行仍是依照法律规定由纳税人承担的。同时,包税条款的履行与否不和纳税人是否会履行缴款义务相挂钩。因此,约定税费承担的性质并非转移缴款义务。

此种分离负税人和纳税人的做法在税法中是合法的,理由有三:一是税收立法只能遵循形式课税原则,〔1〕难以实现实质课税。因为实质课税需以应税行为中实际获利人和其实际获利金额来确定纳税人和纳税义务,〔2〕所以实现真正的实质课税只有通过考察每一个应税行为内在利益关系的个案调整方能实现,而非立法者在制定法律时所能精确预测。二是用体系解释的方法,《税收征收管理法》第4条规定于总则部分,其作用应当是贯穿整个法律体系的原则性规定,就立法技术而言,此处应当是抽象性的法律规定。三是考量现有的税收法律制度,有诸多税种都未考虑名义上的纳税人应与实际经济活动中的负税人应相一致。如在增值税制度中,增值税的纳税主体是形式上以自己名义销售货物的主体,并非以实际税负的承受人作为纳税主体。对于资管产品业务运营过程的增值税,亦是以资管产品管理人为增值税的纳税人,而非实际获利的资管产品所有人。

因此,约定由一方全部或部分承担交易过程中所产生税费,并为该条款的履行设立民事责任的做法并不违反税法规定。反之,如果双方约定转移纳税义务、免除相应行政责任等与税收法律规定相冲突的内容,应当认为因违反强制性规范而无效。

(三)包税条款与税法目的的实现

对于包税条款与税法目的关系问题,有学者从间接税和直接税的角度进行分析。认为间接税是以期待税负顺利转嫁为目的而设定的税种,对于间接税来说,包税条款应当是有效的。但直接税的目的在于实现税收公平、调节收入分配等功能,为了保障目的的实现,不应当允许税负转嫁,故适用于直接税的包税条

---

〔1〕 参见汤洁茵:《形式与实质之争:税法视域的检讨》,载《中国法学》2018年第2期。

〔2〕 参见黄茂荣:《法学方法与现代税法》,北京大学出版社2011年版,第186~187页。

款无效。[1] 但包税条款对直接税来说,并不必然影响其目的的实现,也不排斥量能课税原则。直接税的转嫁非法律所禁止,且其转嫁之税款可能被计入税基之中。[2] 以个人所得税为例,纳税人通过包税条款获得经济利益的行为仍属于所得税应税行为,其所获得的经济利益将计入当期个人收入中再计征个人所得税。诚然,纳税人试图转嫁税负,但其因转嫁税负所获之经济利益仍然被依法课税,最终纳税义务仍是以纳税人负担能力的多少来确定的,符合量能课税原则的要求。

无论是直接税抑或是间接税,其直接目的都在于保障有效获取财政收入、有效实施宏观调控和保障经济与社会的稳定。[3] 而有效获取财政收入与纳税人的经济自由权是对立统一的关系,对任意一方的适度保护都可以反过来有利于另一方,而对任意一方过度的保护都会导致另一方受到损害。[4]

包税条款对此具有两方面作用:一是在商事活动中,特别是在不动产买卖领域,交易的实现存在较高的税收成本,承担主要纳税义务的一方可能会因交易费用高企而无法实现预期的经济利益,此时另一方可能为了促成交易而愿意主动承担交易所需支出的必要成本。在这种情况下,包税条款作为平衡双方利益诉求的工具,有助于双方进行交易磋商,提高社会经济运行效率,并最终增加税收。二是税收立法以形式课税为原则,时常会出现法律所规定的纳税主体与实质上的税收承担主体不一致的情况,通过包税条款则可以在当事人自愿的前提下将税负转嫁到应税行为中实际获得利益较多的一方。因此,相较强制欠缺纳税能力的纳税人履行义务,允许第三人为其提供履行纳税义务的能力,有助于提高税收征管效率,从而实现有效获取财政收入与纳税人经济自由权的平衡。

因此,包税条款的存在不但没有违背税法的税收法定原则,反而有利于实现有效获取财政收入和保障经济与社会稳定的税法目的。

---

〔1〕参见班天可:《涉税的重大误解——兼论“包税条款”之效力》,载《东方法学》2020年第6期。

〔2〕参见黄茂荣:《法学方法与现代税法》,北京大学出版社2011年版,第20~21页。

〔3〕参见张守文:《税法原理》,北京大学出版社2018年版,第34~35页。

〔4〕参见翟继光:《财税法基础理论研究》,中国政法大学出版社2017年版,第313页。

三、包税条款计税依据适用的类型化分析

由于如何确定包税条款计税依据的问题,直接关乎合同当事人的利益,在实践中争议较大,因此有必要对包税条款计税依据适用的客观标准进行探讨。[1] 包税条款下计税依据的确定与应税行为有重要联系。当包税条款与应税行为存在不可或缺的联系时,应当将其纳入计税依据;反之,包税条款与应税行为尽管存在某种联系,但二者相对独立,则不应将其纳入计税依据。根据表现形式上包税条款与应税行为是否可分,可分为“价税合一型”包税条款和“价税分离型”包税条款。在“价税分离型”包税条款中,又可根据包税条款内容与纳税义务的关系细分为,依赖纳税义务确定内容的“概括涵盖型”包税条款以及不依赖纳税义务确定内容的“具体约定型”包税条款。

在确定法定课税要素时,既要充分尊重交易双方的意思自治,又要坚持税法的独立性,正确处理二者之间特殊关系的关键在于坚持采用经济观察法。[2] 经济观察法,是指应当采用经济的观点或方法认定课税事实,并依照经济实质予以征税。在实践中,包税条款主要用于买卖合同中,因此可围绕买卖合同情形,对包税条款计税依据适用客观标准进行讨论,得出一般规则;而对其他类型合同计税依据的确定,可基于一般规则并结合具体个案予以讨论。[3] 以最常使用包税条款的个人二手房买卖交易为例,买卖双方常约定由买方承担交易产生的一切税费,一般而言,所涉及的税种包括契税、个人所得税、增值税、印花税(暂免)、

---

〔1〕 在实践中,当包税条款计税依据适用产生纠纷时,如果负税人就计税依据适用问题向法院提起诉讼,法院通常以负税人非税务行政相对人,不符合起诉主体条件为由予以驳回。而具有主体资格的纳税人由于无须直接承担税负,常怠于向税务机关主张权利。

〔2〕 参见刘志鑫:《论房产税征税对象选择与税收减免——以税负平等为视角》,载《清华法学》2014 年第 8 期。

〔3〕 如在劳务合同中,合同双方存在代扣代缴关系,代扣代缴关系是否影响计税依据,应考虑劳务合同中包税条款的约定形式和目的。

土地增值税(暂免)[1]、城市建设维护税和教育费附加。[2] 按照征税对象的不同可分为流转税、所得税和财产税,在此,仅以其中具有代表性的增值税、个人所得税和契税为例进行分析。在不考虑其他免征、税收优惠事由的前提下,[3]现假定买卖双方就一套二手房达成买卖合意,约定出卖人以120万元出售,因交易产生的一切税费由买受人承担。根据双方约定包税条款的形式不同,对于计税依据适用应有以下不同。

(一)价税合一型

价税合一型包税条款,是指双方当事人就合同标的达成以"一口价"形式支付,这种价格包含标的物本身价格和其他交易履行所必要的花费,但没有明确两者的具体数额,如约定出卖人以140万元"一口价"出售(包含交易可能产生的一切税费)。在合同履行中,包税条款的履行非待纳税义务确定之后给付,而是与房款一起给付,且买受人如未支付"一口价"的全部价款,出卖人享有同时履行或先履行抗辩权。

在此类包税条款合同中,诚然双方存在两种不同的合意:一是对房屋价款的合意;二是对一方承担交易所必要支出成本的合意。从民法角度,以双方对房屋价款合意为房屋总成交价。但考量交易的经济实质,出卖人在达成"一口价"合意时纳税义务尚未确定,其经济目的并非以从包税条款获得的经济利益来履行纳税义务,而是在考虑到其应缴税费的前提下,认为"一口价"足以满足其意从交易中获取经济利益之目的;买受人的经济目的同样是认为"一口价"是其所能为房屋支付的心理预期价款,其只要能使交易顺利进行即可,而非考量如何帮助出卖人履行纳税义务。即在此种情况下,哪怕最后实际因交易产生的税费多于或少于20万元,对于其中的差额,买卖双方都不得向对方主张。在实践中,此类

---

〔1〕 参见财政部、国家税务总局《关于调整房地产交易环节税收政策的通知》(财税〔2008〕137号)规定:"……二、对个人销售或购买住房暂免征收印花税。三、对个人销售住房暂免征收土地增值税。"

〔2〕 在个人二手房交易中,契税是买方依照房屋总成交价计征的,所得税是卖方依照房屋收入总额或房屋两次交易的差额计征的,增值税是按照房屋总成交价或增值额计税的,城市建设维护税和教育费附加是依照增值税税额计税的。

〔3〕 参见财政部、国家税务总局《关于个人所得税若干问题的通知》(财税〔1994〕20号)规定:"……二、下列所得,暂免征收个人所得税:……(六)个人转让自用达五年以上、并且是唯一的家庭生活用房取得的所得……"

包税条款履行完毕后，税率发生变化，导致应纳税额增加或减少，此时出卖人索要差额，或买受人要求退还差额，有法院认为此种情形属于商业风险而不予支持，[1]即使是未将此情形认定为商业风险的法院，也认为这属于双方应当共同预见的风险，税率变动并不会导致合同明显不公平或不能实现合同目的，不应对包税条款进行撤销或修改。[2] 故对于该类型包税条款，买卖双方所要实现的经济实质是以"一口价"的价格完成房屋买卖的，因此应认定"一口价"作为房屋总成交价，并基于此确定契税和增值税。

对于售房所得的认定，应当紧密结合纳税人因应税行为所获利益。由于在此种包税条款下是以"一口价"140 万元作为房屋总成交价的，同时在具体的经济关系中，出卖人实际存在 140 万元所得，因此应当认为"一口价"140 万元为出卖人在房屋买卖中的所得，并以此作为房屋买卖应缴个人所得税的计税依据。

（二）概括涵盖型

概括涵盖型包税条款，是指将税费承担问题约定为一条独立的附加条款，内容不写明具体金额，仅概括性地约定税费承担问题，出卖人履行纳税义务之后，买受人支付其所支出的一切税费。如双方签订房屋买卖合同，约定卖方以 120 万元的价格出让房屋，在交易完成后买方再支付卖方因交易产生的一切税费。在此种情形下，包税条款属于一种主给付以外的从给付义务，是对于交易过程中可能产生的必要费用作出的预先分担。由于该义务内容是在主给付义务完成之后才予以确定的，因此不应以该义务的履行作为主给付义务完成的标志。如果违反该义务也不会导致合同无效或者撤销，只得向违约方主张违约责任。[3] 因此，包税条款与应税行为之间具有相对独立性。

在此基础上考量经济实质，包税条款实则是脱离房屋买卖以外的独立经济活动，买卖双方就房屋买卖达成了具体的合意且已经完成了交易，在房屋过户之后，买受人再对出卖人所支出的费用进行给付。由于此时房屋买卖交易已经完成，出卖人基于包税条款所获得的经济利益不应视作源于房屋买卖行为的收益，故不应将其归于房屋成交价款。在此种情形下，应当仅以双方合同约定的价格作为房屋成交价格，并以此作为契税和增值税的计税依据，按 120 万元计算契税

[1] 参见江苏省苏州市中级人民法院民事判决书，（2020）苏 05 民终 6286 号。

[2] 参见内蒙古自治区赤峰市中级人民法院民事判决书，（2020）内 04 民终 4855 号。

[3] 参见王泽鉴：《债法原理》，北京大学出版社 2013 年版，第 78～82 页。

和增值税。

对于售房所得的认定,由于此类包税条款的履行是在房屋交易完成之后,且纳税人已履行完纳税义务(包含个人所得税)的,[1]故出卖人基于包税条款所获得的经济利益虽与房屋买卖之间存在联系,但实质上并非属于财产转让所得,不应将其视作买卖房屋应缴个人所得税的计税依据。应仅以120万元作为售房需缴个人所得税计税的依据。基于包税条款获得的所得,可视作因房屋过户而获得的偶然所得,参照"受赠人因无偿受赠房屋取得的受赠收入"的做法,作为"偶然收入"申报,[2]计征个人所得税。

(三)具体约定型

具体约定型是双方约定了具体数额的包税条款。由于涉税事务的专业性,买卖双方约定的数额与实际产生税额存在一定差异属于正常情况,倘若约定的数额明显高于实际应缴税额,则明显有违约定包税条款之本意,不应视作包税条款。

按照双方约定履行包税条款时间的不同,可再分为要求履行纳税义务前给付的包税条款和履行纳税义务后给付的包税条款。如约定卖方以120万元出售房屋,买方需在房屋过户前(后)支付20万元用以支付卖方因交易所产生的一切税费。对于履行纳税义务前给付的包税条款,包税条款义务人不履行或瑕疵履行,相对方具有同时抗辩权;而对于履行纳税义务后给付的包税条款,包税条款义务人不履行或瑕疵履行,相对方仅可主张违约责任,不得主张撤销买卖合同。[3]

在具体约定型包税条款中,双方基于对出卖方所要支出的必要税费的预期,确定了给付金额,但此种预期非是基于征税机关依法确定的数额,故存在约定的金额与卖方实际缴纳的税费具有差异的风险。但此种风险是买卖双方皆明知的,因此愿依约定的金额而非实际支出的金额作为包税条款的义务内容。根据

---

[1] 《个人所得税法》第15条第2款规定:"个人转让不动产的,税务机关应当根据不动产登记等相关信息核验应缴的个人所得税,登记机构办理转移登记时,应当查验与该不动产转让相关的个人所得税的完税凭证。"

[2] 财政部、国家税务总局《关于个人取得有关收入适用个人所得税应税所得项目的公告》规定:"……二、房屋产权所有人将房屋产权无偿赠与他人的,受赠人因无偿受赠房屋取得的受赠收入,按照"偶然所得"项目计算缴纳个人所得税……"

[3] 参见王泽鉴:《债法原理》,北京大学出版社2013年版,第81页。

双方约定履行时间的不同,其所体现的经济目的也是不一样的。对于履行纳税义务前给付的包税条款来说,包税条款的履行是房屋买卖进行的必要条件,双方采用包税条款的经济目的实为将包税条款约定的费用作为房屋买卖价款的一部分,应当计入“房屋总价款”,基于此计算契税和增值税,即以140万元计算契税和增值税。而对于履行纳税义务后给付的包税条款,即使买受人事后不履行,出卖人也只得向其主张继续履行且承担违约责任,而无法撤销房屋买卖行为。由于其经济目的不在于保障房屋买卖的进行,而在于交易完成之后对交易产生的成本进行分担,与房屋买卖行为具有相对独立性,所以不应计入“房屋总价款”,不作为契税和增值税的计税依据,即以120万元计算增值税和契税。

售房所得的认定同样也受包税条款履行时间的影响。对于履行纳税义务前给付的包税条款来说,出卖人由此所获的经济利益与销售房屋行为密不可分,经济目的也是买方为了保障卖方愿意进行房屋买卖交易,因此应当认定卖方经由包税条款获得的经济利益属于售房所得,依照二手房买卖收入计征个人所得税,即以140万元计算房屋买卖收入应纳个人所得税。对于履行纳税义务后给付的包税条款来说,基于包税条款获得的经济利益虽是以销售房屋行为为前提,但是实为销售房屋行为完成之后获得的经济利益,此种经济利益给付具有相对独立性,无论出卖人给付与否都不影响房屋买卖行为已经完成的事实,且当出卖人获得包税条款所得时,出卖人已经履行完毕其因房屋转让产生的个人所得税纳税义务,故对于此种给付的经济目的应当认定为买受人对出卖人所承担的交易成本进行补偿,是区别于销售房屋行为的独立行为,不计入售房所得。包税条款履行之后获得的所得,应视作“偶然收入”,自行申报缴纳个人所得税,即以120万元计算房屋买卖收入应纳个人所得税,包税条款履行后获得的20万元所得以“偶然收入”申报缴纳个人所得税。

四、结　语

因鲜有对包税条款的理论研究,包税条款的定义、性质等方面欠缺统一认识,导致在司法实践中对于包税条款的效力及计税依据的认定存在争议。在意思表示真实的前提下,双方当事人约定的内容与《税收征收管理法》第4条相冲突的应当认定为无效。但买卖双方约定相互分担交易所需支出的税收成本,并为其履行设立民事责任的,本质是一种对交易成本的民事约定,其目的和功能都不转移纳税义务,并不违反税法强制性规定,应当认定为有效。

包税条款作为一种当事人之间意思自治的约定,其表现形式和内容在具体个案中皆存在差异,因此需要通过类型化方式予以研究。不同类型包税条款的经济目的以及与应税行为的联系程度并不相同,对不同税种计税依据的影响亦有不同。对于财产税和流转税来说,采用价税合一型包税条款和履行纳税义务前给付的具体约定型包税条款的,由于履行包税条款是交易完成的必要条件,与应税行为密不可分,应当将包税条款纳入计税依据。而对于概括涵盖型包税条款和履行纳税义务后给付的具体约定型包税条款,由于包税条款与应税行为相对独立,不应当作为财产税和流转税的计税依据。对于所得税来说,基于对包税条款所得与应税行为关系的分析,对于采用价税合一型包税条款和履行纳税义务前给付的具体约定型包税条款的交易,应当将包税条款所得视为因应税行为所实现的所得,一并计征个人所得税。而对于概括涵盖型包税条款和履行纳税义务后给付的具体约定型包税条款应纳税额的确认,不应当包含通过包税条款获得的所得。通过包税条款获得的所得应当以“偶然所得”申报缴纳。对于不同类型包税条款适用不同计税依据,既是实质课税原则的要求,同时也旨在通过计税依据适用的不同推动包税条款走向规范化,从而有利于税收征管、维护税收安全。

以股权转让形式转让房地产行为的土地增值税问题研究

苏怡雯*

摘　要：以股权形式转让房地产的行为是以形式上的股权转让实现对目标公司房地产土地使用权的实质控制。对于该行为是否应该征收土地增值税，税务部门的政策口径存在出入，司法判例亦未形成统一的标准与依据。本文基于税收法定、实质课税和税收中性原则进行检视，认为不应将以股权形式转让房地产的行为纳入土地增值税的课税对象。要解决以股权形式转让房地产行为的征税困境，应该对与其相关的土地增值税规则进行重塑。一方面，明确该行为的股权转让性质，具有民事权利与民事法律行为双重属性；另一方面，对于滥用股权转让形式规避纳税的行为，应基于程序上的反避税逻辑，实现有效征管的目的。

关键词：股权转让；房地产；土地增值税；反避税

一、问 题 缘 起

随着我国市场经济体制的深入发展，股权转让成为企业募集资本、产权流动重组、资源优化配置的重要形式。[1] 在实践中，通过股权转让的形式取得拥有国有土地使用权的目标公司之股权，并在此基础上对土地进行开发、利用和转卖的情形，在房地产业内也数见不鲜。然而，以房地产作为主要资产的公司股东转让公司股权是否要缴纳土地增值税的问题，一直困扰实务界和理论界。

根据《公司法》第71条的规定，有限责任公司及其股东可以转让其所持有

---

* 武汉大学法学院硕士研究生。

[1] 参见王军武：《我国股权转让法律问题思考》，载《贵州师范大学学报（社会科学版）》2009年第4期。

的股权。[1]《城市房地产管理法》同样也对房地产的转让进行了正面规定。[2]基于法条进行学理上的探析,股权转让可以认定为股东通过法定方式出让股份,将公司相关的控制权、收益权等出资人权利及其对应的义务转移给受让人,使受让人成为公司股东的民事法律行为。在此范畴下的以股权转让形式转让房地产,则表现为以形式上的股权转让实现对目标公司房地产的实质控制。[3] 正是这种形式与实质的偏移,导致在实践中,不同司法机关对于该行为是否需缴纳土地增值税的态度不尽相同。对此大致可分为以下3类:

第一类认为,不应缴纳土地增值税。在"江苏高成房地产开发有限公司与岩石资产管理有限公司股权转让纠纷案"中,江苏省高级人民法院认为,现行税法没有对涉及房地产项目公司的股权转让作出是否征收土地增值税和契税的规定,根据税收法定主义,税法未规定需要纳税的,当事人即可不交税。同时,股权转让只是股东的变换,房地产权属没有变化,只有在房地产发生了权属流转时,公司才需要按最终的实际房地产销售价与最初的房地产成本价之间的增值部分缴纳土地增值税。[4] 在"马某泉、马某坚与湖北瑞尚置业有限公司股权转让纠纷案"中,最高人民法院认为,由于转让股权和转让房地产是完全不同的行为,当股权发生转让时,目标公司并未发生国有土地使用权转让的应税行为,因此,目标公司并不需要缴纳营业税和土地增值税。[5]

第二类认为,应缴纳土地增值税。在"旬阳县地税局与陕西中成工贸有限公司(以下简称中成公司)税务行政处罚决定案"中,安康市中级人民法院认为,被上诉人中成公司在通过签订《联合开发合同》及《股权转让协议》的形式来持有、转让"太极大厦"土地使用权过程中,应依法申报并缴纳土地增值税、城镇土

[1] 《公司法》第71条规定:"有限责任公司的股东之间可以相互转让其全部或者部分股权。股东向股东以外的人转让股权,应当经其他股东过半数同意……"

[2] 《城市房地产管理法》第37条规定:"房地产转让,是指房地产权利人通过买卖、赠与或者其他合法方式将其房地产转移给他人的行为。"第41条规定:"房地产转让,应当签订书面转让合同,合同中应当载明土地使用权取得的方式。"第42条规定:"房地产转让时,土地使用权出让合同载明的权利、义务随之转移。"

[3] 参见赵磊:《股权式资产转让税收规避行为的法律评价与立法选择》,载《法学杂志》2016年第2期。

[4] 参见江苏省高级人民法院民事判决书,(2014)苏商再终字0006号。

[5] 参见最高人民法院民事判决书,(2014)民二终字264号。

地使用税等税款。[1] 但遗憾的是,该案的相关法律文书只确定了转让行为需要缴纳土地增值税这一结论,并未说明得出此结论的法理依据。

第三类认为,当事人是否应该纳税应由税务部门进行认定。在“刘某书、石某春等与新疆盈科投资集团有限公司股权转让纠纷案”中,以刘某书为法定代表人的工贸公司通过与盈科房地产公司签订《股权转让协议》转让其所有的土地使用权,且当地税务部门准许工贸公司免征土地增值税。对此最高人民法院认为,股权转让行为和房地产交易行为应分别课以不同的税收,对股权转让行为免征土地增值税是合理的。在具体实践中,当事人需如何缴纳税款,亦应由税务部门根据实际发生的行为作出相应认定,人民法院不能仅以二者课税标准存在不同而认定各方存在偷、逃税收的合意并进而认定股权转让合同无效。[2]

总体来看,对于以转让股权形式转让房地产的行为是否征收土地增值税,司法实践在此问题上存在较大争议,说理各异,并未形成统一的标准与依据。

二、以股权形式转让房地产行为的土地增值税规则梳理

《土地增值税暂行条例》明文规定了土地增值税的纳税义务人和征税范围,即对转让包括国有土地使用权、地上的建筑物及其附着物在内的房地产并取得收入的单位和个人征税。[3]《土地增值税暂行条例实施细则》进一步明确,转让房地产并取得收入,是指以出售或者其他方式有偿转让房地产的行为。[4] 在以转让股权形式转让房地产的情形中,能否直接穿透股权转让协议认定为实质上的房地产转移而征收土地增值税,国家税务总局及各地税务机关出台的政策规定也不一致。

---

[1] 参见陕西省安康市中级人民法院行政判决书,(2015)安中行终字00037号。

[2] 参见最高人民法院民事判决书,(2015)民再字2号。

[3] 《土地增值税暂行条例》第2条规定:“转让国有土地使用权、地上的建筑物及其附着物(以下简称转让房地产)并取得收入的单位和个人,为土地增值税的纳税义务人(以下简称纳税人),应当依照本条例缴纳土地增值税。”

[4] 《土地增值税暂行条例实施细则》第2条规定:“条例第二条所称的转让国有土地使用权、地上的建筑物及其附着物并取得收入,是指以出售或者其他方式有偿转让房地产的行为。不包括以继承、赠与方式无偿转让房地产的行为。”

(一)国家税务总局:个案批复,定性矛盾

国家税务总局《关于以转让股权名义转让房地产行为征收土地增值税问题的批复》(国税函〔2000〕687 号)中首次以个案回复的形式明确了形为股权转让、实为房地产转让的行为应征收土地增值税。此后也多次发文贯彻该观点,具体内容见表 1。

表 1 国家税务总局的批复

文件名称	条文内容	是否征收土地增值税
国家税务总局《关于以转让股权名义转让房地产行为征收土地增值税问题的批复》(国税函〔2000〕687 号)	鉴于深圳市能源集团有限公司和深圳能源投资股份有限公司一次性共同转让深圳能源(钦州)实业有限公司 100% 的股权,且这些以股权形式表现的资产主要是土地使用权、地上建筑物及附着物,经研究,对此应按土地增值税的规定征税	征收
国家税务总局《关于土地增值税相关政策问题的批复》(国税函〔2009〕387 号)	鉴于广西玉柴营销有限公司在 2007 年 10 月 30 日将房地产作价入股后,于 2007 年 12 月 6 日、18 日办理了房地产过户手续,同月 25 日即将股权进行了转让,且股权转让金额等同于房地产的评估值。 因此,我局认为这一行为实质上是房地产交易行为,应按规定征收土地增值税	征收
国家税务总局《关于天津泰达恒生转让土地使用权土地增值税征缴问题的批复》(国税函〔2011〕415 号)	经研究,同意你局关于“北京国泰恒生投资有限公司利用股权转让方式让渡土地使用权,实质是房地产交易行为”的认定,应依照《土地增值税暂行条例》的规定,征收土地增值税	征收

国税函〔2000〕687 号、国税函〔2009〕387 号、国税函〔2011〕415 号 3 个针对个案的批复文件,都表明国家税务总局认为“以股权转让方式转让房地产”或“以股权形式表现的资产主要是房地产”实质是房地产交易行为,应按规定征收土地增值税。

值得注意的是,对于深圳市能源集团有限公司和深圳能源投资股份有限公司一次性共同转让深圳能源(钦州)实业有限公司 100% 股权这一事实,国家税务总局在土地增值税和营业税方面给出了完全不同的答复。在土地增值税方面,根据国税函〔2000〕687 号,国家税务总局认为应当缴纳土地增值税;在营业税方面,国家税务总局此后却在国税函〔2000〕961 号中认为,涉案公司股权转让行为发生后并未发生销售不动产或转让无形资产的行为,不属于资产转让,无须缴纳营业税。[1] 可见,国家税务总局针对同一股权转让行为的前后批复并不一致——在土地增值税问题上将该股权转让行为视为转让土地使用权,但在营业税问题上又不如此看待。不仅如此,在国税函〔2002〕771 号文件中,国家税务总局以股权变动并未导致土地、房屋权属的转移为由,对股权变动导致企业法人房地产权属更名的行为不予征收契税。[2] 虽然该文件所针对的税种与前述文件所涉的土地增值税有所不同,但对于股权转移行为性质的认定却有共通之处。这种定性的左右摇摆,一方面,是由于不同税种基于不同的课税目的,对于同一行为的可税性之理解存在差异所致;另一方面,也是因为以股权形式转让房地产行为的形式多样、情况复杂,难以进行统一的类型化观察。

通过梳理文件可以发现,国家税务总局对于以转让股权形式转让房地产行为是否需缴纳土地增值税的回应有两个特点:一是以个案批复为主,多是结论性的表述,缺乏有效说理,计算方法及具体操作问题并不明确,难以普遍适用;二是就"股权转让行为"与"房地产转让"的关系与定性,在不同案件和不同税种之间存在明显差异,但又并未对这些差异进行必要的解释与说明,无法对多样性的税

---

〔1〕 国家税务总局《关于股权转让不征收营业税的通知》(国税函〔2000〕961 号)规定:"企业股权转让行为中,转让方并未先将钦州公司这一独立法人解散,在清偿完钦州公司的债权债务后,将所剩余的不动产、无形资产及其他资产收归转让方所有,再以转让方的名义转让或销售,而只是将其拥有的钦州公司的股权转让给受让方。不论是转让方转让股权以前,还是在转让股权以后,钦州公司的独立法人资格并未取消,原属于钦州公司各项资产,均仍属于钦州公司这一独立法人所有。钦州公司股权转让行为发生后并未发生销售不动产或转让无形资产的行为。因此,按照税收法规规定,对于转让方转让钦州公司的股权行为,不论债权债务如何处置,均不属于营业税的征收范围,不征收营业税。"

〔2〕 国家税务总局《关于股权变动导致企业法人房地产权属更名不征契税的批复》(国税函〔2002〕771 号)规定:"宁波中百股份有限公司因北京首创集团受让其 26.62% 的股权而于 2000 年更名为宁波首创科技股份有限公司,2001 年哈工大八达集团受让宁波首创科技股份有限公司 16.62% 的股权,企业再次更名为哈工大首创科技股份有限公司。上述由于股权变动引起企业法人名称变更,并因此进行相应土地、房屋权属人名称变更登记的过程中,土地、房屋权属不发生转移,不征收契税。"

务执法形成有效的指导逻辑。

(二)地方税务机关:口径不一,各行其是

在《土地增值税暂行条例》第2条明确规定了土地增值税的纳税义务人及具体征税范围的前提下,国家税务总局所发批复文件的法律级次低于《土地增值税暂行条例》这一行政法规,其扩大条例中关于土地增值税纳税义务人及征税范围的规定显然超越了上位法,其效力存疑。根据《全国税务机关公文处理办法》,上级税务机关对有关特定税务行政相对人的特定事项如何适用税收法律、法规、规章或税收规范性文件的答复或者解释,需要普遍执行的,应当按照《税收规范性文件制定管理办法》的规定制定税收规范性文件。[1] 因此,在现行规范性文件缺失,未形成统一、明确的执行口径的情况下,地方各级税务机关针对该问题出现了不同的规定(见表2)。

表2　各地税务机关的规定

文件名称	条文内容	是否征收土地增值税
安徽省地方税务局《关于对股权转让如何征收土地增值税问题的批复》(皖地税政三字〔1996〕367号)(已废止)	股权转让(包括房屋产权和土地使用权转让)情况较为复杂。其中,对投资联营一方由于经营状况等原因而中止联营关系,正常撤资的,其股权转让行为,暂不征收土地增值税;对以转让房地产为盈利目的的股权转让,应按规定征收土地增值税	对以盈利为目的的征收
广东省地方税务局《关于广东省云浮水泥厂转让股权涉及房地产是否征税问题的批复》(粤地税函〔1998〕65号)	全资企业将其股权转让他人,不属于《营业税暂行条例》和《土地增值税暂行条例》规定的征税范围,不予征收营业税和土地增值税	不征收

---

〔1〕《全国税务机关公文处理办法》(国税发〔2012〕92号)第21条规定:“批复,适用于答复下级机关请示事项。批复一般分为政策性批复、问题性批复和事务性批复。批复属下行文。上级机关批复下级机关的请示时,必须明确表态,若予否定,应写明理由。批复一般只送请示单位,若批复的事项需有关单位执行或者周知,可抄送有关单位。若请示的问题具有普遍性,可使用“通知”或其他文种行文,不再单独批复请示单位。上级税务机关针对下级税务机关有关特定税务行政相对人的特定事项如何适用税收法律、法规、规章或税收规范性文件的答复或者解释,需要普遍执行的,应当按照《税收规范性文件制定管理办法》的规定制定税收规范性文件。”

续表

文件名称	条文内容	是否征收土地增值税
青岛市地方税务局《关于印发〈房地产开发项目土地增值税清算有关业务问题问答〉的通知》(青地税函〔2009〕47 号)	……十八、企业合并、分立等过程中发生的房地产权属转移是否应当征收土地增值税? 股东将持有的企业股权转让,企业土地、房屋权属不发生转移,不征收土地增值税	不征收
湖南省地税局财产和行为税处《关于明确"以股权转让名义转让房地产"征收土地增值税的通知》(湘地税财行便函〔2015〕3 号)	对于控股股东以转让股权为名,实质转让房地产并取得了相应经济利益的,应比照国税函〔2000〕687 号、国税函〔2009〕387 号、国税函〔2011〕415 号文件,依法缴纳土地增值税	征收
重庆市地方税务局贯彻重庆市人民政府办公厅《关于落实涉企政策促进经济平稳发展意见的通知》(渝地税发〔2016〕20 号)	企业发生股权变动,未导致房地产权属转移,不征收土地增值税,企业后续转让房地产,按土地的历史成本确认土地增值税扣除项目	不征收

就地方税务机关的口径而言,对以转让股权形式转让房地产行为不予征收土地增值税的地区有广东、青岛、重庆,其税务机关认为"股权转让不属于土地增值税征收范围"。对该行为征收土地增值税的地区是湖南,税务机关在国家税务总局批复的基础上,强调"控股股东以转让股权为名,实质转让房地产并取得了相应经济利益的",应依法缴纳土地增值税。另外,还有分情况对待的地区,如安徽的批复实际上作了相应区分:由于经营状况而正常撤资的股权转让行为,暂不征收土地增值税;以转让房地产为盈利目的的股权转让,应按规定征收土地增值税。

在上述文件中,对以转让股权形式转让房地产行为征收土地增值税的,其理由都是该行为产生了相应的经济利益。然而,由于现行法律法规并未将以股权形式转让房地产的行为纳入征税对象,因此在实务中税务机关的通常做法是,当认为某一房地产转让行为利用了公司独立人格和股权转让的法律形式避免被认定为资产转让从而达到规避税收的效果时,遂采取实质课税原则,突破了法律的形式,以商事交易的经济实质解释税法事实,从而决定应否对当事人予以课税,[1]从而达到反避税的目的,防范税收流失。

无论是国家税务总局的个案批复,还是各地方税务机关的做法,均为对税法在具体执行过程中出现的问题作出解释,并不具有普遍适用性。此类文件既非法律、法规、规章,亦非税收规范性文件。如果税务机关为了防止一些房地产企业及个人以股权转让之名行恶意避税之实,而直接套用上述文件对股权转让行为征收土地增值税,存在一定的执法风险,也影响了税法的安定性和可预测性。[2]

三、以转让股权形式转让房地产行为的税法评析

土地增值税属于地方税体系,税务机关出于保障地方税收利益的目的对房地产企业的股权转让进行课税,首先应以税法原则为基准,对该行为是否属于土地增值税征税范围予以界定。

(一)税收法定的合法性审查

税收法定原则是对课税行为的合法性审查,要求保持税法规范的确定性,从而使纳税人对纳税行为保持良好预期,能够清楚地知道税基与税率,以便根据自身交易性质,合理地判断其纳税义务。税务机关的课税行为应依据法律规定为之,不得随意更改。[3] 税收法定在价值评判上主要表现为一种形式意义上的法治,在对税收规范性文件进行形式评价的同时,亦注重对征税权予以规范和控制。[4]

税收法定内涵之一的税收要件法定,包括对有关纳税主体、课税对象、归属关系、课税标准等税收要件应尽可能在法律层面作出明确详细的规定。此处的"法律"应作狭义解释,即全国人大及其常委会制定的法律或是法律授权行政机关制定的行政法规,此外,其他文件设定的课税行为均不宜认定为符合税收法定

---

[1] 参见汤洁茵:《形式与实质之争:税法视域的检讨》,载《中国法学》2018年第2期。

[2] 参见张守文:《论税法上的"可税性"》,载《法学家》2000年第5期。

[3] 参见杨小强:《中国税法:原理、实务与整体化》,山东人民出版社2008年版,第25页。

[4] 参见刘剑文:《落实税收法定原则的现实路径》,载《政法论坛》2015年第5期。

原则。[1] 根据《土地增值税暂行条例》,转让国有土地使用权、地上的建筑物及其附着物并取得收入的单位和个人为土地增值税的课税对象,其本质在于转让房地产的权属发生主体更替,且这种更替产生了相应的经济利益。股权转让行为并不直接导致房地产的权属主体发生更替,其直接表现为权属主体内部的投资主体变更。由此,依据税收法定的价值取向,股权转让行为应不属于土地增值税的课税范围。

股权转让行为的土地增值税课税认定争议主要存在于税务实践中。税务部门的一些相关文件在税收法律未设定课税行为及依据的前提下,将股权转让行为视为转让房地产的行为,在一定程度上突破了税收法定原则,存在扩大解释的嫌疑。[2] 在我国当前倡导落实税收法定、依法征税的背景下,应警惕税务机关的该类缺乏法律依据的课税行为。

(二)实质课税的合理性审查

实质课税原则要求不能仅考虑行为的相关外观与形式确定应否课税,而应根据客观事实确定其是否符合课税要件。[3] 因此,当税务机关的课税行为缺乏法律依据时,实质课税便成为有力的"补充"。从维护国家税收利益角度看,实质课税通过交易形式考察交易的经济实质,符合税收公平与正义的理念,对于打击恶意避税行为具有重要作用。但实质课税原则不应被随意使用,更不能突破税法解释的范畴。[4] 宜将其定位于税法中的解释、适用原则,合理运用其法理,针对个别问题进行个别防范。[5]

从交易形式的经济实质考察,房地产转让行为的实质是一种单纯土地资产转让行为,股权转让行为的实质是一项综合性的权利转让行为,两者具有本质

---

〔1〕《立法法》第8条和第9条明确要求,财政、税收的基本制度只能制定法律;尚未制定法律的,只有得到全国人大及其常委会的授权,国务院才可以制定税收行政法规。《税收征收管理法》第3条规定:"税收的开征、停征以及减税、免税、退税、补税,依照法律的规定执行;法律授权国务院规定的,依照国务院制定的行政法规的规定执行。"

〔2〕参见邓辉、王新有:《走向税收法治:我国税收立法的回顾与展望》,载《税务研究》2019年第7期。

〔3〕参见张守文:《税法原理》,北京大学出版社2019年版,第36~37页。

〔4〕参见安锦、徐跃:《房地产企业股权转让中的土地增值税问题——税收法定、实质课税及税收中性的视角》,载《税收经济研究》2018年第6期。

〔5〕参见李刚、王晋:《实质课税原则在税收规避治理中的运用》,载《时代法学》2006年第4期。

区别。

首先,纳税人不同。纳税人是直接负有纳税义务的单位及个人,只有税法直接规定的主体才是纳税人,不能背离税法规定将第三方认定为纳税人。土地增值税的法定纳税人是转让房地产并取得收入的单位和个人。在以转让股权形式转让房地产的情形下,股权的转让并未改变房地产的权属关系,虽然企业的股东、其他投资者、债权人等都可能从纳税人从事土地开发过程中间接获得收益,在这些收益往往需要征收其他税种的前提下,不能因为取得间接收益而突破税法的基本规定将其认定为土地增值税的纳税人。

其次,征税对象不同。土地增值税的征税对象是被转让的房地产,而转让股权的对象是企业股权。股权是股东根据其持有的股份数额所享有的一项综合性权利。根据《公司法》的规定,其包括表决权、选举权、受益权、分配权、认股权、诉讼权、知情权等多项内容。[1] 股权转让并非简单地表现为对房地产土地使用权的支配,对于股权的受让者来说,其对公司名下土地等资产的管理,系代表公司的正常经营行为。对于股东来说,房地产只是公司的一项资产,不随着公司股东的变更而发生权属转移,也无法代表某个公司的所有财产权益。

最后,计税依据和计税方法也有不同。土地增值税的计税依据是土地增值额,即转让房地产获得的收入,减除法定扣除项目后的余额。[2] 而转让股权的收益,是指转让股权取得的收入减除取得股权发生的投资。无论是收益的性质,还是具体的计税方法,两者都不相同。虽然在以转让股权形式转让房地产的情形下,转让股权收益中包含了被转让企业所拥有的土地增值收益,但股权交易双方之间的实际价值判断,除被转让企业的房地产价值外,还包含企业的既往收益如公积金、未分配利润、债权余额,还有可能包括商标、专利等知识产权。此外,体现股权价值的,还有商誉、市场机遇等因素,[3] 以及相关负债类的会计科目和受让方对企业未来持续经营的预期。所以,并不能将转让股权收益等同于土地增值收益。

---

[1] 参见蒋华胜:《有限责任公司股权转让法律制度研究——基于我国〈公司法〉第71条规范之解释》,载《政治与法律》2017年第10期。

[2] 《土地增值税暂行条例》第6条规定:"计算增值额的扣除项目:(一)取得土地使用权所支付的金额;(二)开发土地的成本、费用;(三)新建房及配套设施的成本、费用;(四)与转让房地产有关的税金;(五)财政部规定的其他扣除项目。"

[3] 参见赵英会:《公司间投资中投资方相关会计处理》,载《财务与会计》2019年第23期。

税务部门相关文件认为，房地产企业转让股权行为的收益来源主要表现为房地产土地使用权的转让，进而突破股权转让的表面形式而将其认定为转让房地产的行为，并据此课征土地增值税，该做法突破了实质课税解释的范围，使不符合土地增值税课税要件的行为，经由税务机关的自由裁量纳入了征税范围，存在不合理谋求税源之嫌。

（三）税收中性的效率性审查

税收中性原则作为税法调和税收关系和竞争关系的内部装置，强调课税的中立性和经济效率，主张课税不应束缚经济自由，市场主体的决策应基于经济目的而非税收原因。[1] 该原则的具体内容包括：征税尽可能不给纳税人或社会带来额外损失或负担，防止增加纳税成本；征税应避免干扰市场竞争，不能使税收超越市场机制成为资源配置的决定性因素，税收调控必须依法、规范、有序地进行。[2] 这意味着税务机关不能为实现课税利益而借机扩大税源，侵犯税收的经济效率。[3] 税收中性原则可以看作对税收法定及实质课税原则的一种约束：既不能创设税收规范性文件之外的课税对象，又不能滥用经济实质目的创制课税依据。

股权转让仅涉及股东变化，房地产的权属主体并不会因股东变更而发生更替，其本应负担的土地增值税也不会减少，仅仅是税收负担延迟到了土地流转增值的下一个环节，由土地受让方缴纳。在房地产转让行为中，计税基础是以历史成本为基础确定的，包括取得土地时支付的土地成本并加上相关的税费等。股权转让行为并不会引起房地产的计税基础发生变化，而在计税基础不变的情况下，股权转让行为不会导致土地增值税的流失。[4]

因此，对股权转让行为课征土地增值税属于多重征税行为，其实质是对土地增值税课税范围的扩大，干扰了股权转让这一特定环节的中性，不符合税收中性原

---

〔1〕 参见侯卓：《重识税收中性原则及其治理价值——以竞争中性和税收中性的结合研究为视角》，载《财政研究》2020年第9期。

〔2〕 参见曲顺兰、朱庆民：《社会主义市场经济条件下的税收调控与税收中性》，载《税务研究》2000年第9期。

〔3〕 参见张守文：《税法原理》，北京大学出版社2019年版，第24页。

〔4〕 参见赵磊：《股权式资产转让税收规避行为的法律评价与立法选择》，载《法学杂志》2016年第2期。

则的要求,也不利于房地产行业交易行为的市场化运作和经济效益的实现。[1]

四、以转让股权形式转让房地产行为的土地增值税规则重塑

(一)性质澄清:将股权形式的房地产转让定性为股权转让

如前所述,对于以股权转让形式转让房地产是否为土地增值税应税行为的争议,其落脚点在于相关交易的性质界定——是股权转让抑或资产转让。而资产转让应征税、股权交易不征税,在这一点上并无太大分歧。

与普通的经济交易行为不同,股权转让和房地产转让的交易对象都具有特殊性。股权交易是基于拟制法人的独特架构,股东作为公司权力机构的成员参与公司决策,有获取股东红利的权利。土地所有权交易则是在土地公有制基础之上,使用、开发土地的权利。[2] 当房地产为公司所有时,股东权利就必然与土地上的权利发生关联——只要房地产是公司的资产,无论其在公司资产中所占的比例如何,股东都拥有一定的参与房地产管理并从中获益的权利。此时的股权转让,也必然包含一定比例与房地产相关的管理权、收益权转让。但是,基于法人独立财产权和股东权利的成员权特征,除非否认法人人格,即使股东拥有公司的全部股份,且房地产是公司唯一资产,股东也并不直接拥有房地产,股权转让也并不意味着对这一资产的转让。[3]

由此可见,在房地产企业的股权转让中,公司内部控制人的变化,并未改变房地产作为目标公司的资产这一事实。由于房地产权属并未变动,目标公司仍然作为权利所有者而应承担相应责任。即使此时房地产的实际控制人会发生变化,但相较直接通过房地产转让以实现实际控制人的变化,在该情形下的股权转让和通过公司间接控制房地产均为交易双方的交易动机。若将该行为性质认定为房地产转让,不仅不符合房地产转让中资产权属发生变动这一要件,亦是对当事人交易本质的片面判断。因此,涉及房地产的股权转让不宜在税法上定性为资产转让。

---

〔1〕 参见安锦、徐跃:《房地产企业股权转让中的土地增值税问题》,载《税收经济研究》2018 年第 6 期。

〔2〕 参见刘文琦:《论中国城市土地使用权的法律性质》,载《法学家》2000 年第 2 期。

〔3〕 参见赵旭东:《公司法人格否认规则适用情况分析》,载《法律适用》2011 年第 10 期。

财政部、国家税务总局在2021年5月31日发布的《关于继续实施企业改制重组有关土地增值税政策的公告》中指出,在不改变原企业的投资主体,并承继原企业权利、义务的企业整体改制的情形中,对改制前的企业将国有土地使用权、地上的建筑物及其附着物转移、变更到改制后的企业,不征收土地增值税。[1] 这一最新文件在很大程度上体现了上述逻辑。

在前述税务机关批复文件中,对于股权形式的房地产转让行为"不征收土地增值税"的理由主要有"不动产的所有未发生变化""资产转移从属于产权变化""转让价格与资产价值不对等""属于企业产权的整体转让"几类。可见,对于相关交易可税性的判断,除需对交易形式的性质予以界定外,也需对交易行为的目的与实质加以考察。

(二)范围界定:"转让"概念的廓清

由于现行土地增值税制度规定的征税对象是国有土地使用权及地上建筑物的转让行为,当股权变化而房地产权利人不变时,就需要对土地增值税相关立法中的"转让"一词进一步廓清,由此明确税与非税的范围。

"转让"这一法律概念,在我国民事法律体系中有立法明文的,主要是在作为民事权利的转让权和作为民事法律行为的经济活动范畴及意义上使用的。[2] 由于股权包含了股东资格和财产性权益两个方面的权利,[3] 因此房地产股权转让亦存在具有民事权利性质的股东资格转移,以及具有民事法律行为性质的对股权财产性权益的处分这两重含义。

《城镇国有土地使用权出让和转让暂行条例》第19条第1款规定:"土地使

---

[1] 参见财政部、国家税务总局《关于继续实施企业改制重组有关土地增值税政策的公告》(财政部、税务总局公告2021年第21号)规定:"一、企业按照《公司法》有关规定整体改制,包括非公司制企业改制为有限责任公司或股份有限公司,有限责任公司变更为股份有限公司,股份有限公司变更为有限责任公司,对改制前的企业将国有土地使用权、地上的建筑物及其附着物(以下称房地产)转移、变更到改制后的企业,暂不征土地增值税。"

[2] 前者如原《合同法》规定的有关技术成果转让权的归属,是从民事权利的范畴使用"转让"这一概念的。参见原《合同法》第326条、第327条、第341条。后者如原《合同法》分则中所规定的有名合同"技术转让合同",或原《物权法》第15条规定的转让不动产物权的合同,是从民事法律行为的范畴使用"转让"这一概念。

[3] 更有学者提出,在分析股权性质时参考《美国统一有限责任公司法》的经验,引入"分派利益"或"股权收益权"的概念,允许二者单独转让。参见钱玉林:《股权转让行为的属性及其规范》,载《中国法学》2021年第1期。

用权转让是指土地使用者将土地使用权再转让的行为,包括出售、交换和赠与。”而《城市房地产管理法》第37条规定:“房地产转让指房地产权利人通过买卖、赠与或者其他合法方式将其房地产转移给他人的行为。”另外,《城市房地产转让管理规定》第3条对“其他合法方式”进一步明确:(1)以房地产作价入股、与其他人成立企业法人,房地产权属发生变更的;(2)一方提供土地使用权,另一方或者多方提供资金,合资、合作开发经营房地产,而使房地产权属发生变更的;(3)因企业被收购、兼并或合并,房地产权属随之转移的;(4)以房地产抵债的;(5)法律、法规规定的其他情形。无论是《城镇国有土地使用权出让和转让暂行条例》中的“出售、交换和赠与”,还是《城市房地产管理法》中的“买卖、赠与或者其他合法方式”,“转让”在土地增值税相关法律法规中都是以引起民事法律关系变动的处分行为予以呈现的,是在民事法律行为的范畴使用“转让”这一概念,土地增值税的课税客体则为基于这种“转让”行为而产生的增值额,这与具有民事权利性质的股东资格转移和具有民事法律行为性质的对财产性权益的处分双重属性的房地产股权转让并不耦合,无法就此将房地产股权转让纳入土地增值税的征收范围。

(三)法律补缺:土地增值税的反避税制度设计

土地增值税随土地的流转环节而产生,股权转让环节增值的部分会在下一资产转让环节进行递延征税。从整体来看,以股权转让形式转让房地产并没有使国家税收利益缺失,但征税节点的推移在一定程度上可以给纳税人带来时间收益。同时,对于股权转让方来说,其在股权转让的这一环节的确规避了土地增值税的征收。在实践中,如果一项避税行为违背法律法规的控制原则,利用税法的空白点,进行反制约和反控制,造成经济调控手段失效或是危害正常的市场竞争秩序,那么就应作为税务机关反避税工作的对象。而税务机关实施的反避税措施,同样必须满足税收法定主义的要求,遵守税法中的反避税依据。

目前,我国税法中规定了一般反避税条款的有《企业所得税法》第47条和《企业所得税法实施条例》第120条,[1]其规制对象是企业滥用权利的避税

[1] 《企业所得税法》第47条规定:“企业实施其他不具有合理商业目的的安排而减少其应纳税收入或者所得额的,税务机关有权按照合理方法调整。”《企业所得税法实施条例》第120条规定:“企业所得税法第四十七条所称不具有合理商业目的,是指以减少、免除或者推迟缴纳税款为主要目的。”

安排;[1]还有《个人所得税法》第8条,[2]用以防范和打击个人境内外避税。但这些条款的适用范围有限,无法对土地增值税等间接税避税形成有效规制。而国家税务总局《税收个案批复工作规程(试行)》(国税发〔2012〕14号)第4条规定:"税收个案拟明确的事项需要普遍适用的,应当按照《税收规范性文件制定管理办法》制定税收规范性文件。"因此,税务机关亦不能直接以个案批复作为普遍征收土地增值税的依据。

在现行法律框架之下,可行措施是在《税收征收管理法》中仿照《企业所得税法》和《个人所得税法》规定"一般反避税条款",赋予税务机关在税收征管中对规避土地增值税的行为行使反避税措施的权力。同时,在具有立法授权的前提下,面对高度简化的一般条款,也需要税务机关根据具体的避税类型,将其具体化和明晰化,在具有可操作性的同时遏制自由裁量权的滥用。[3]

《土地增值税暂行条例》第9条本质上便是对房地产转让行为的反避税依据。它明确规定,当转让房地产价格低于评估价格,且无正当理由时,税务机关应按照评估价征税。[4] 作为税收程序法,《税收征收管理法》第35条第1款第6项亦规定,当纳税人申报的计税依据明显偏低,又无正当理由的,税务机关有权核定其应纳税额。

此外,国税函〔2000〕687号、国税函〔2009〕387号、国税函〔2011〕415号等国家税务总局针对个案的批复文件分别提出,"以股权转让方式转让房地产"或"以股权形式表现的资产主要是房地产"的实质是房地产交易行为,应按规定征收土地增值税。它们在某种意义上,表达的其实是一种反避税的意图,而非修改

[1] 参见叶姗:《一般反避税条款适用之关键问题分析》,载《法学》2013年第9期。

[2] 《个人所得税法》第8条规定:"有下列情形之一的,税务机关有权按照合理方法进行纳税调整:(一)个人与其关联方之间的业务往来不符合独立交易原则而减少本人或者其关联方应纳税额,且无正当理由;(二)居民个人控制的,或者居民个人和居民企业共同控制的设立在实际税负明显偏低的国家(地区)的企业,无合理经营需要,对应当归属于居民个人的利润不作分配或者减少分配;(三)个人实施其他不具有合理商业目的的安排而获取不当税收利益。税务机关依照前款规定作出纳税调整,需要补征税款的,应当补征税款,并依法加收利息。"

[3] 参见汤洁茵:《〈企业所得税法〉一般反避税条款适用要件的审思与确立——基于国外的经验与借鉴》,载《现代法学》2012年第5期。

[4] 《土地增值税暂行条例》第9条规定:"纳税人有下列情形之一的,按照房地产评估价格计算征收:(一)隐瞒、虚报房地产成交价格的;(二)提供扣除项目金额不实的;(三)转让房地产的成交价格低于房地产评估价格,又无正当理由的。"

土地增值税的基本要素。

关于土地增值税的特殊反避税条款,与一般反避税条款专注税法的解释与适用不同,它们仅在特定情形下拒绝税收规避行为,目的在于防止税法规则的规避和滥用。[1] 在上述文件中,对股权转让行为征收土地增值税主要有 3 种情况:转让了公司 100% 的股权;公司主要资产是土地使用权、地上建筑物及附着物;股权转让金额等同于房地产的评估值。这种规定的内在逻辑揭示了土地增值税特殊反避税规则的共性——穿透交易形式,对交易的目的与实质加以考察,针对符合土地增值税课税对象的,即财产在流转中产生相应的增值收益,[2] 进行反避税处理。

笔者认为,在规定一般反避税条款的前提下,对于以股权形式转让房地产行为的反避税规则构建,可以仿照国家税务总局《关于非居民企业间接转让财产企业所得税若干问题的公告》(国家税务总局公告 2015 年第 7 号)中对非居民企业间接转让居民企业股权的行为征收企业所得税的做法。上述文件直指以规避企业所得税纳税义务为目的的境外控股公司,将直接转让境外公司股权类比为直接转让中国居民企业股权,并对此征收企业所得税。[3] 以股权形式转让房地产的行为与此类似,同为间接转让的结构,也是利用了公司的组织形式。在具体设计上,对规避土地增值税行为实施的反避税措施,可以参照《企业所得税》"一般反避税条款"中的"不具有合理商业目的"要件,考虑目标公司名下的全部或主要财产为房地产、股权转让价格定价依据为房地产的市场价格、股权转让的比例能够实现受让方对房地产的实际控制、当事人的交易目的是以规避土地增值税为主等特征,判断该交易是否存在避税目的。[4] 由于土地增值税适用四级

---

〔1〕 参见曹映平、胡邵峰、王维顺:《股东借款个人所得税的反避税尺度——从财税〔2003〕158 号文看个人所得税反避税的政策困局》,载熊伟主编:《税法解释与判例评注》第 12 卷,法律出版社 2019 年版,第 121 页。

〔2〕 参见董黎明:《土地增值税的制度缺陷与发展趋势》,载《当代经济管理》2015 年第 10 期。

〔3〕 国家税务总局《关于非居民企业间接转让财产企业所得税若干问题的公告》(国家税务总局公告 2015 年第 7 号)规定:"一、非居民企业通过实施不具有合理商业目的的安排,间接转让中国居民企业股权等财产,规避企业所得税纳税义务的,应按照企业所得税法第四十七条的规定,重新定性该间接转让交易,确认为直接转让中国居民企业股权等财产。"

〔4〕 参见夏克勤、郭嘉:《供给侧改革背景下以股权转让方式实现土地使用权流转行为之法律规制》,载《法律适用》2017 年第 9 期。

超率累进税率,上一环节未被征税可能导致可扣除税额减少,进而导致适用更高的税率,进而增加纳税数额。因此,在计税基数计算上,可以依据股权转让收入计算房地产转让收入,明确房地产资产转让时可扣除的成本为股权转让前取得资产的原始成本,并且健全原始价格信息采集机制和动态管理,以保证房地产转让时计税依据的连续性,最大限度地降低风险。此时,受让方亦可借此充分评估涉及房地产的股权交易价格,并预测再行转让房地产时需缴纳的土地增值税税额,从而使纯粹以规避土地增值税为目的的股权转让行为失去意义。

另外,由于股权交易和资产转让在法律及行政监管方面存在诸多不同规定,除税务机关的征税外,房地产转让还可能涉及土地及房管部门对相关建设手续的变更,以及工商部门的工商登记变更。就制度建设层面而言,仅靠单一的税务部门难以完全应对这类避税行为,而应由工商、土地、房管、税务等部门通力合作,加强信息化合作与共享,尝试设立专门处理此类避税案件争议的协商机制,共同对具有避税嫌疑的案件进行管理,从各种法律和行政监管层面,对案件的性质作出实质统一的科学认定及处理,形成有效的反避税联动机制。

支付控制与时点分离：个人所得税扣缴责任界线的廓清

毛　彦*

摘　要：因税法拟制所得，扣缴义务人的支付时点与纳税主体的纳税义务产生时点可能产生分离。此时，税务机关多将扣缴义务人与纳税人绑定，从而使其承担扣缴责任。经过对个人所得税扣缴三方法律关系的分析可知，扣缴义务人既非实际的纳税主体，也非税务机关的化身，而是因所得源泉的角色而承担法定扣缴义务，负担行政助手的职责。回归个人所得税法语境，借由法律解释学方法明确“支付所得”此一核心概念，并剥离出“所得来源、支付形式、支付内容与支付控制”这4个判断扣缴义务人责任负担的基本要件。基于“支付控制不能”的实质要件，立足个人所得税法律规范体系，探索扣缴义务人责任免除的基本思路。

关键词：个人所得税法；扣缴义务人；行政助手；支付所得；支付控制

一、问题的提出

2010年年初，黄山博皓公司向其3名股东提供借款累计870余万元，后股东于2012年5月陆续向博皓公司清偿该笔借款。同时，此借款并非为公司生产经营之用。2013年2月，黄山市地方税务局稽查局依据财政部、国家税务总局《关于规范个人投资者个人所得税征收管理的通知》（财税〔2003〕158号，以下简称158号文）第2条的规定，[1]将跨越纳税年度却未归还的借款视为博皓公司对

---

* 武汉大学法学院经济法学博士研究生。

[1] 财政部、国家税务总局《关于规范个人投资者个人所得税征收管理的通知》（财税〔2003〕158号）规定：“关于个人投资者从其投资的企业（个人独资企业、合伙企业除外）借款长期不还的处理问题，纳税年度内个人投资者从其投资企业（个人独资企业、合伙企业除外）借款，在该纳税年度终了后既不归还，又未用于企业生产经营的，其未归还的借款可视为企业对个人投资者的红利分配，依照‘利息、股息、红利所得’项目计征个人所得税。”

股东的“红利分配”,且博皓公司负有代扣代缴责任,责令博皓公司补扣补缴个人所得税174万元。[1] 博皓公司诉至法院,主张自然人股东在归还借款后并无所得,在借款人完成清偿后仍全数征缴个人所得税存在显著错误。黄山市地方税务局稽查局辩称,股东向公司借款已经跨越该纳税年度且未用于公司日常经营活动,完全契合158号文的规定,因此将该笔借款视为“红利分配”,并且依据“股息、红利所得”征收个人所得税并由支付单位代扣代缴并无错误。法院亦支持稽查局所持观点。

“民商事交易一旦发生,交易性质即客观存在,交易定性系借助税法的原理和原则,对客观存在的交易性质进行认定的动态过程。”[2] 依据158号文的交易定性基准,税务机关主张博皓公司向股东所提供的借款尚未于纳税年度归还且其未用于企业生产经营,即可将该未偿还的借款视为对个人投资者的“红利分配”。如果自然人股东产生税法意义上的“股息、红利所得”,依据《个人所得税法》第9条中“以支付所得的单位或者个人为扣缴义务人”的规定,[3] 即应认定博皓公司负有代扣代缴该笔款项的义务。虽然该案的争议焦点集中于对158号文中关于税法拟制股东借款为红利分配的理解,但是回溯税务机关推导的逻辑理路,即便税务机关将该交易定性拟制为“股息、红利所得”,自然人股东于纳税年度终了时产生纳税义务,是否一定可以基于《个人所得税法》第9条推导出由提供借款的博皓公司代扣代缴的结论?

回顾博皓公司与其股东间的法律关系可知,在借款合同缔结之初,并未排除二者之间是基于民事主体合意所形成的民事借贷关系,而博皓公司基于该民事法律关系向其股东给付该笔借款。此时,基于《个人所得税法》对该民事法律行

[1] 参见安徽省黄山市中级人民法院行政判决书,(2015)黄中法行终字7号。此处所涉及的补扣补缴,系依据国家税务总局《关于贯彻〈税收征收管理法〉及其实施细则若干具体问题的通知》(国税发〔2003〕47号)之规定,即“扣缴义务人违反征管法及其实施细则规定应扣未扣、应收未收税款的,税务机关除按征管法及其实施细则的有关规定对其给予处罚外,应当责成扣缴义务人限期将应扣未扣、应收未收的税款补扣或补收”。与现行《税收征收管理法》第69条的内容有所差异。

[2] 滕祥志:《税法的交易定性理论》,载《法学家》2012年第1期。

[3] “博皓公司案”发生时,《个人所得税法》尚未完成修订,但是案件所涉条文内容在2018年的修订过程中并未变动。因此,本文引用《个人所得税法》条文时,均依据2018年修订的《个人所得税法》。《个人所得税法》第9条第1款规定:“个人所得税以所得人为纳税人,以支付所得的单位或者个人为扣缴义务人。”

为的评价,股东获取借款的行为并不产生纳税义务,博皓公司作为支付方亦不负担代扣代缴义务。然而,至该纳税年度终了时,依据158号文第2条的规定将该笔借款拟制为“红利分配”,自然人股东占有所谓的“红利”,依据《个人所得税法》第2条规定的“股息、红利所得”负担纳税义务。由此可知,纳税义务产生的时点系纳税年度终了后,未归还的借款被视为“红利分配”的时点。但《个人所得税法》第9条中“以支付所得的单位或者个人为扣缴义务人”的规定,是否能够径行适用?在纳税义务生成的时点上,博皓公司并未作出税法意义上的“支付行为”,所谓的“支付所得”是否应追溯至前“支付借款行为”?若是“支付所得”的概念可以追溯至前一“支付借款行为”,但该“支付借款行为”已经完成,扣缴义务在何基础之上践行,何以代扣代缴自然人股东的该笔款项?〔1〕另,支付款项的时点上的支付行为未被税法课以纳税义务,然而支付完成后,该笔款项方才拟制为应纳税所得,扣缴义务人是否应当于税法拟制前介入,进而判断所得的实质属性?面临如此繁多的问题,税务机关与法院依据《个人所得税法》第9条中“以支付所得的单位或者个人为扣缴义务人”的规定径行认定博皓公司负有代扣代缴义务存在疑问。

前述案件所涉问题在税务实践中并非个案。经由检索,税务机关依据158号文要求向股东支付借款的公司补扣补缴个人所得税,或以未履行扣缴义务而处以罚款的情形,并不鲜见。“福建分众公司诉福建省福州市地方税务局案”与“舟山远大公司诉舟山市地方税务局稽查局案”均与“博皓公司案”类似,而两案件中法院均循“博皓公司案”的思路,认定分众公司与远大公司负有扣缴义务,判令其代扣代缴全部税款并处罚金。〔2〕而扣缴义务人在现行个人所得税的征收管理过程中,涉及责任负担的问题时,仍然存在诸多争议。而言及扣缴义务人的责任负担问题,势必应以扣缴法律关系所包含的三方主体为研究对象进行深入梳理。

---

〔1〕《税收征收管理法》第69条规定:“扣缴义务人应扣未扣、应收而不收税款的,由税务机关向纳税人追缴税款,对扣缴义务人处应扣未扣、应收未收税款百分之五十以上三倍以下的罚款。”即扣缴义务的履行应当基于现实支付,即使扣缴义务人“应扣未扣、应收而不收”,税务机关也仅能向纳税人追缴税款,而不得由扣缴义务人先行支付。

〔2〕参见福建省福州市鼓楼区人民法院行政判决书,(2016)闽0102行初291号;福建省福州市中级人民法院行政裁定书,(2018)闽01行终107号;浙江省舟山市中级人民法院行政判决书,(2016)浙09行终37号。

二、个人所得税法语境下扣缴法律关系的梳理

扣缴行为，系由金钱给付义务人在给付款项于所得人时，直接扣去一定比例作为税款，再解缴至国库的过程。[1] 其中，必然涉及税务机关、纳税主体与扣缴义务人三方主体。本文将其两两组合，以扣缴义务人的责任负担为视角，尝试在扣缴三方法律关系中形塑扣缴义务人的责任边界。

（一）纳税主体与税务机关：纳税义务的负担

税收征管衔接税收征纳关系的双方当事人，通常系由税务机关与纳税人构成。个人所得税法中的纳税主体是获得所得的主体，是扣缴义务人交易或给付的相对方。扣缴义务人作为所得源泉的角色，并承担法定的扣缴义务。扣缴义务人并非法定的纳税人，也不应当承担本该由纳税人承担的纳税义务。然而，在我国税收征管制度演进的过程中，扣缴义务与纳税义务之间并非从一开始就泾渭分明，二者之间的界限经历了从模糊走向清晰的两个阶段。

第一阶段，扣缴义务与纳税义务之间的界限并不清晰，税务机关可以向扣缴义务人追缴税款。根据1995年《税收征收管理法》的规定，在当时，扣缴义务人不仅应当承担扣缴义务，而且在未扣未缴的情况下，还需要承担本应由纳税人承担的纳税义务。[2]

第二阶段，扣缴义务与纳税义务之间的边界相对清晰，扣缴义务人不承担纳税义务。现行《税收征收管理法》第69条将扣缴义务人应扣未扣、应收而不收的税款，规定由税务机关向纳税人追缴而非向扣缴义务人追缴。依实定法之意，扣缴义务人是行使法定扣缴权的主体，而非实际的纳税负担主体，不应当承担本应由纳税主体负担的纳税义务。但值得注意的是，随后，国家税务总局《关于贯彻〈税收征收管理法〉及其实施细则若干具体问题的通知》（国税发〔2003〕47号）中明确规定："扣缴义务人违反征管法及其实施细则规定应扣未扣、应收未收税款的，税务机关除按征管法及其实施细则的有关规定对其给予处罚外，应当责成扣缴义务人限期将应扣未扣、应收未收的税款补扣或补收。"依据这一文

---

〔1〕 参见陈清秀：《税法各论》，台北，元照出版有限公司2016年版，第206页。

〔2〕 参见《税收征收管理法》（1995年修正）第47条的规定，"扣缴义务人应扣未扣、应收未收税款的，由扣缴义务人缴纳应扣未扣、应收未收税款"。

件,扣缴义务人除接受处罚外,虽然不承担纳税义务,仍需限期补扣补收纳税主体应纳的税款。

在个人所得税的征管实践中,源泉扣缴仍然占据主流,而“自行申报”则作为补充。依据《个人所得税法》第12条与第13条的规定,如果纳税人取得应税所得时有扣缴义务人,则由扣缴义务人代扣代缴税款;但若取得应税所得之时无扣缴义务人,应当向税务机关自行申报并按期缴纳税款。[1] 因此,作为负担纳税义务的纳税主体,无论是否存有扣缴义务人,均应由其实际负担纳税义务,而扣缴义务人基于其支付所得源头的角色,应对纳税主体产生的应纳税款予以扣除并代为向税务机关缴纳。扣缴义务人因支付源泉与稽征经济目的,在税务机关与纳税主体之间负担预先扣除应纳税款的公法职责。因此,扣缴义务并不会改变实际纳税义务的负担主体,个人所得税法上的纳税义务仍由纳税主体承担。

(二)扣缴义务人与纳税主体:民事法律关系的联结

个人所得税法语境下扣缴义务人与纳税主体之间的互动关系,并非源于扣缴义务人这一角色。二者之间通常先由劳动雇佣关系、财产转让关系或投资关系等民事法律关系作为联结,进而发生《个人所得税法》第9条所规定的扣缴义务人向纳税主体的“支付所得”行为。基于支付源泉与稽征经济目的,支付所得的主体被税法赋予“扣缴义务人”的法定职责。“扣缴义务人”此称谓系由公法附加,而联结扣缴义务人与纳税人间的私法关系,势必面临税法与私法的双重评价。[2] 针对同一支付行为,税法与私法的评价标准可能并不一致。私法尊重意思自治,而税法恪守法定主义与财政目的,二者的评价方向有所区别。税法在尊

---

〔1〕《个人所得税法》第12条规定:“纳税人取得经营所得,按年计算个人所得税,由纳税人在月度或者季度终了后十五日内向税务机关报送纳税申报表,并预缴税款;在取得所得的次年三月三十一日前办理汇算清缴。纳税人取得利息、股息、红利所得,财产租赁所得,财产转让所得和偶然所得,按月或者按次计算个人所得税,有扣缴义务人的,由扣缴义务人按月或者按次代扣代缴税款。”第13条规定:“纳税人取得应税所得没有扣缴义务人的,应当在取得所得的次月十五日内向税务机关报送纳税申报表,并缴纳税款。纳税人取得应税所得,扣缴义务人未扣缴税款的,纳税人应当在取得所得的次年六月三十日前,缴纳税款;税务机关通知限期缴纳的,纳税人应当按照期限缴纳税款。”

〔2〕参见叶金育:《税法与私法“接轨”的理念与技术配置——基于实质课税原则的反思与超越》,载《云南大学学报(法学版)》2014年第3期。

重私法交易的前提下,也应保持一定的独立性判断。[1]

面临税法的评价,扣缴义务人与纳税主体间的基础法律关系势必需要具备经济实质,即二者之间的法律关系具备真实意思表示且不触及法律强制性规定,这同样也是私法的基本要求。此外,税法出于法定主义与财政目的的考量,会针对民事法律关系进行独立评价。如前述“博皓公司案”,公司自然人股东与博皓公司所缔结的借款合同内容是否真实有效,在私法考量之外,仍需面对税法评价。首先,依据民事法律的规定,民事主体之间缔结的合同,行为人具有相应民事行为能力且双方意思表示真实,同时该合同不触及强制性规定与公序良俗时,合同即合法有效。[2] 其次,股东于合同的债务履行期限届满前完成清偿,更显现其实质为借贷关系,而非以合法形式掩盖非法目的的避税行为。但是基于税法的考虑,158 号文仅仅关注该笔借款于当下纳税年度内是否归还和是否用于生产经营两个要件,满足上述两个条件,即将借贷关系定性为红利股息的分配,纳税主体由此产生纳税义务。

“税收关系常常以民事交易关系为前提,民事关系的定性与处理常常会影响税法规则的理解与适用。”[3]在重视税法对私法的承接之下,税法应当建构独立于私法的视角。然而,税法评价仍需要考虑是否存在倾轧私法关系的情形。在日益复杂的商事交易中,对交易的税法定性需以经济实质主义为主,探求交易背后法律关系的经济实质,不为交易表面的法律形式所迷惑。[4] 民事法律关系的双方当事人从事的私法交易活动纷繁多样,其中不乏新形态的商事交易行为。基于此形成的交易款项并不一定能为当下的个人所得税法律体系所吸纳,进而产生个人所得税的纳税义务。伴随财政税务部门利用新的规范性文件或实质课税工具对民商事交易行为进行税法定性,私法交易主体的纳税义务旋即产生。但是面对不断创新与纷繁复杂的民商事交易活动,扣缴义务人所需负担的法定扣缴义务是否需要紧跟税务机关对商事交易的定性变动而溯及既往,难免存有疑惑。

---

[1] 参见叶金育:《税法与私法的解构与整合——征纳关系的视角》,载《甘肃理论学刊》2008 年第 6 期。

[2] 《民法典》第 143 条规定:“具备下列条件的民事法律行为有效:(一)行为人具有相应的民事行为能力;(二)意思表示真实;(三)不违反法律、行政法规的强制性规定,不违背公序良俗。”

[3] 熊伟:《从〈民法总则〉谈税法与私法的衔接》,载《湘江法律评论》2017 年第 1 期。

[4] 参见滕祥志:《税法的交易定性理论》,载《法学家》2012 年第 1 期。

(三)扣缴义务人与税务机关:协力义务下的行政助手

基于前述,扣缴义务人并非纳税主体而不实际负担纳税义务,却因法律强制性规定而负担扣缴的法定义务,基于支付所得方的角色对纳税人行使扣缴权能。囿于扣缴行为需要预先扣除纳税主体的应纳税款,因此直接侵害与其共存于民商事法律关系中的纳税主体的合法财产权。如果扣缴义务人的权能范围仅限于私法领域,其无权强制减损交易相对方的财产权利,因而扣缴行为理应拥有公法赋予的强制性。在民商事法律关系中,多数扣缴义务人并非基于公法规则而设立,也不天然地拥有并持续行使公法职权的资格。但是,作为民商事主体,扣缴义务人却可以行使具有强制属性的扣缴行为。即便扣缴义务人依据法律规定行使扣缴的权能,但仍不改变其原本的民商事主体地位。

因而,在扣缴三方关系中,扣缴义务人既非国家的征税代表,也不是纳税主体的代理人。"对代表国家行使征税权的行政机关而言,扣缴义务人与纳税人同是税收征纳关系的行政相对人。"[1]税务机关与扣缴义务人的关系仍然是行政管理人与相对人之间的行政法律关系。但是,此处提及的行政法律关系,是属于行政委托或仅为行政助手,仍存有争议。

一种观点认为,税务机关与扣缴义务人之间是行政委托关系。作为公权力享有者的行政机关,通过"委托—代理"的方式,将其部分权力委托给行政受托人代为行使。[2] 这一委托关系源于法律的明确规定,而非基于约定。在扣缴三方法律关系中,如果纳税人与扣缴义务人之间构成行政委托关系,从纳税人角度出发,扣缴人应被视为征税主体,因税收法定原则的适用,受托人就税收之债的内容自然也没有自主决定权,受托人完成委托事项的法律后果当归属于作为委托人的税务机关。[3] 这就意味着扣缴义务人依据行政委托,代为行使部分征税权,成为税务机关的化身。

另一种观点认为,扣缴义务人应当被视为税务机关的行政助手。由于扣缴义务人在原则上对扣缴内容及程度并无决定和裁量权,故扣缴义务原则上不属

〔1〕 叶姗:《论个人所得税扣缴义务人的还付责任》,载《当代法学》2004年第5期。

〔2〕 参见黄娟:《我国行政委托规范体系之重塑》,载《法商研究》2017年第5期。

〔3〕 参见贺燕:《税收扣缴义务的法律分析》,载刘天永主编:《中国税法评论》第3卷,中国税务出版社2017年版,第161～183页。

于行政委托,仅为行政助手。[1] 扣缴义务人仅能依据法定扣缴率进行扣缴,为纳税主体计算并扣留本应给付于纳税主体的款项,行为皆系程序性操作而无自主裁量的空间。[2] 黄茂荣教授亦认为二者间系扣缴权限内的征收辅助人关系。[3] 因行政助手乃是行政机关手足的延伸,并无独立的行政法律地位,其行使公权职能时,一切对外权利义务关系均由行政机关所吸收。

笔者认为,我国扣缴义务人是税务机关的行政助手,二者之间并非行政委托关系。在我国《税收征收管理法》的语境下,扣缴义务人依据法律规范的设定主要负担扣留收取[4]、缴纳[5]和填发[6]等义务。个人所得税征纳过程中,扣缴义务人也仅对其控制的信息承担责任,而由纳税人递交的资料和信息,扣缴义务人仅仅是经其之手转递于税务机关,而不拥有对资料信息内容进行实质性审核的权限。[7] 扣缴义务人履行公法设定的扣缴权能时,并不是税务机关的化身。仅因其是所得的源泉,考虑稽征经济而被法律设定扣缴职权,而非代为行使征税权。扣缴义务人在本质上仍保持与纳税主体之间的民商事关系,而扣缴此一行

---

〔1〕 参见葛克昌:《税捐行政法:纳税人基本权视野下之税捐稽征法》,厦门大学出版社 2016 年版,第 486 页。

〔2〕 参见葛克昌:《税捐行政法:纳税人基本权视野下之税捐稽征法》,厦门大学出版社 2016 年版,第 488 页。

〔3〕 参见黄茂荣:《税法总论》,台北,植根法学丛书编辑室 2002 年版,第 310 页。

〔4〕 《税收征收管理法》第 25 条规定:"扣缴义务人必须依照法律、行政法规规定或者税务机关依照法律、行政法规的规定确定的申报期限、申报内容如实报送代扣代缴、代收代缴税款报告表以及税务机关根据实际需要要求扣缴义务人报送的其他有关资料。"

〔5〕 《税收征收管理法》第 31 条第 1 款规定:"纳税人、扣缴义务人按照法律、行政法规规定或者税务机关依照法律、行政法规的规定确定的期限,缴纳或者解缴税款。"

〔6〕 《税收征收管理法》第 34 条规定:"税务机关征收税款时,必须给纳税人开具完税凭证。扣缴义务人代扣、代收税款时,纳税人要求扣缴义务人开具代扣、代收税款凭证的,扣缴义务人应当开具。"

〔7〕 《个人所得税专项附加扣除暂行办法》第 25 条第 1 款规定:"纳税人首次享受专项附加扣除,应当将相关信息提交扣缴义务人或者税务机关,扣缴义务人应尽快将相关信息报送税务机关,纳税人对所提交信息的真实性、准确性、完整性负责。专项附加扣除信息发生变化的,应当及时向扣缴义务人或者税务机关提供相关信息。"《个人所得税法实施条例》第 30 条第 2 款规定:"纳税人发现扣缴义务人提供或者扣缴申报的个人信息、所得、扣缴税款等与实际情况不符的,有权要求扣缴义务人修改。扣缴义务人拒绝修改的,纳税人应当报告税务机关,税务机关应当及时处理。"

为实则是行政事实行为的协助履行,因而可将扣缴义务人定性为行政机关的助手。[1] 而作为行政助手的扣缴义务人,税收法律因财政目的为其设定众多义务、责任以及风险,但其所获得的唯一利益仅为2%手续费的返还(见图1)。

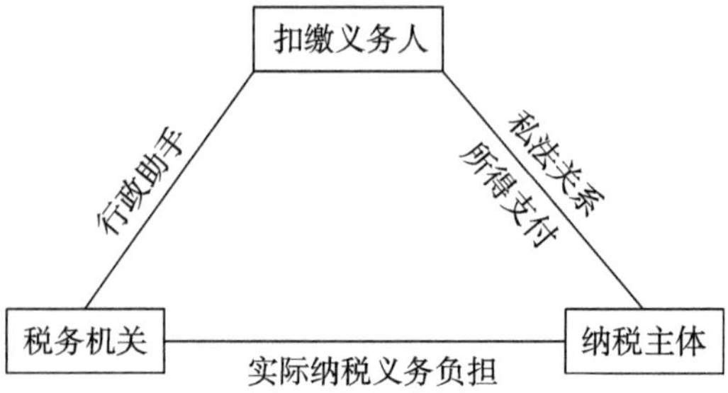

图1 个人所得税法扣缴三方法律关系

回归"博皓公司案",扣缴义务人与纳税主体之间缔结的借款合同,即公司与股东之间的股东借款合同,在公司给付借款行为的当下,纳税主体并未产生法定的纳税义务。但是,依据158号文的规定,该笔借款于纳税年度终了时转化为自然人股东所获的"股息、红利"所得。作为行政助手的扣缴义务人,仅在其所掌控的信息或支付所得的范围内负担责任;扣缴义务人无权也无义务在支付发生时,对尚需成就条件完成税法拟制的支付行为进行实质性界定。[2]

三、个人所得税扣缴责任负担限度的架构

回归个人所得税法语境,扣缴义务人既非纳税主体,亦非税务机关的化身,其仅因所得源泉的角色而为公法设定扣缴义务,负担行政助手之职。在面临扣

---

〔1〕 一般所谓的行政助手,系受稽征机关指示而为非独立的协助行为,然而扣缴并非单纯的受稽征机关指示而为的非独立协助行为。因此,陈清秀教授认为,"行政助手说"存在不圆满之处。但因所得者作为纳税义务人,被公法规定"强制扣缴税款",纳税义务人并无拒绝扣缴之权利,也无法监督扣缴义务人是否履行缴纳扣缴税款之义务。显然,税务机关是利用扣缴义务人进行税捐课征,且国家通过法律监督扣缴义务人履行其义务,对于违反扣缴义务行为,除追缴扣缴税款外,也可以裁处罚金。因此,扣缴义务人有无将扣缴税款缴纳国库的风险,不应再由纳税义务人承担,而应认为该部分之税捐债务于被扣缴税捐时,归于消灭。综上所述,陈清秀教授仍主张"行政助手说"较可采。

〔2〕 扣缴义务人如果存有明显的避税倾向,理应负担该责任,对此,后文有详述。

缴义务的责任负担问题时,其责任的负担限度不应当被肆意扩张,扣缴义务人责任免除的路径应当进入税收征收管理法的视野之中。

(一)"支付所得"的廓清:支付控制理念的引入

《个人所得税法》第9条规定:"个人所得税以所得人为纳税人,以支付所得的单位或者个人为扣缴义务人。"可见,此处所提及的"支付所得"是界定扣缴义务人的实质要件。但"支付所得"一词尚需依据法律解释方法廓清其内涵与外延。"依据条文用语的文义与其通常理解进行解读,即文义解释,当为法律解释的第一步骤,而后就其结果方有论理解释的可能。"[1]"支付"的文义,是指付出款项;而"所得"则是指货币性的利益。因而"支付所得"的文义为向特定主体付出具有货币性利益的款项。单纯依赖"支付所得"的文义解释,无法明晰货币性利益的具体涵摄范围与付出款项行为的明确内涵,仍待依据体系解释或目的解释予以廓清。

基于前述文义,回归我国现行的个人所得税法律规范体系中,找寻与此相关的条文进行体系解释。《个人所得税法》第2条中明确个人应税所得的类型,即涉及工资薪金所得、劳务报酬所得、稿酬所得、特许权使用费所得、经营所得、利息股息与红利所得、财产租赁所得、财产转让所得和偶然所得共计9种类型。[2]而《个人所得税法实施条例》第24条亦对支付形式作出了明确规定,即此处所提的"支付",包含现金、汇拨、转账与以有价证券、实物以及其他形式进行的支付。[3]基于体系解释的结论,非为文义解释下简单的"货币性利益的款项交付",因此仍需就扣缴义务人设立的目的展开。

依据目的解释的方法可知,基于稽征经济目的与扣缴义务人作为所得源泉的天然角色,扣缴义务人得以控制该"支付所得"的过程。"支付所得"必然依赖某一私法关系,即扣缴义务人多与纳税主体间存有某种类型的私法关系。基于此法律关系,扣缴义务人产生向相对方进行支付的义务,并触发扣缴义务的事实

---

[1] 杨仁寿:《法学方法论》,中国政法大学出版社2013年版,第142页。

[2] 《个人所得税法》第2条规定,下列各项个人所得,应当缴纳个人所得税:(1)工资、薪金所得;(2)劳务报酬所得;(3)稿酬所得;(4)特许权使用费所得;(5)经营所得;(6)利息、股息、红利所得;(7)财产租赁所得;(8)财产转让所得;(9)偶然所得。

[3] 《个人所得税法实施条例》第24条规定:"扣缴义务人向个人支付应税款项时,应当依照个人所得税法规定预扣或者代扣税款,按时缴库,并专项记载备查。前款所称支付,包括现金支付、汇拨支付、转账支付和以有价证券、实物以及其他形式的支付。"

基础。也正是由于这一法律关系,扣缴义务人作为法律关系的当事人,对于相关交易的发生、金额等,相比税务机关而言掌握更多信息。同时,这种基础法律关系的存在,使支付主体获得扣缴税款的可能更具有便利性。[1] 但在个人所得税法语境下"支付所得"的扣缴,须在扣缴义务人控制"支付所得"的前提下进行。如果扣缴义务人的支付行为已经脱离其控制范围,那么源泉扣缴带来的稽征经济效益恐将丧失。

因此,认定扣缴义务依赖的"支付所得"包括 4 个要件:其一,扣缴义务人是所得的来源方;其二,支付的形式应当符合法律条文的规定;其三,支付内容是《个人所得税法》第 2 条列明的 9 种所得类型;其四,基于源泉扣缴的目的,扣缴义务人可以控制该支付行为(见图 2)。

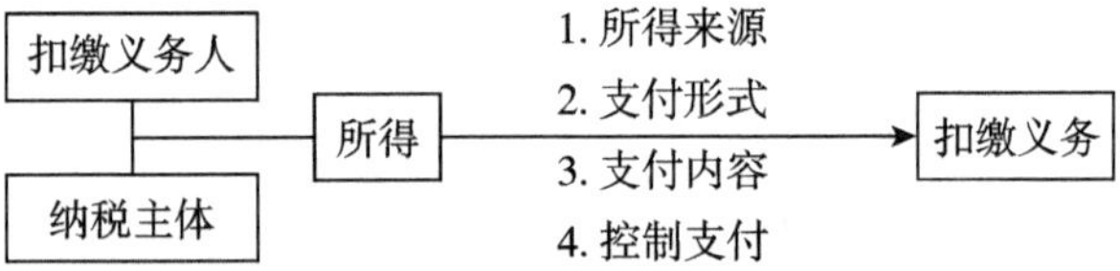

图 2　扣缴义务人支付所得认定的 4 个要件

(二)税法拟制所得的扣缴:时点分离与责任追溯

个人所得税法中纳税主体获取所得并产生纳税义务,且应纳税所得源于扣缴义务人控制的支付,方才产生扣缴义务。但在实践中,纳税主体与扣缴义务人间的私法关系经由税法评价后交易性质变更,纳税主体便因"税法拟制"而产生纳税义务。税法拟制是税务机关基于财政目的或经济实质,对私法关系进行的税法认定(税法拟制行为致使纳税主体产生纳税义务与拟制行为本身的合法性并不在此讨论范围内)。但是,针对纳税主体的税法拟制行为是否一定引起支付所得方即扣缴义务人的扣缴义务,仍存有疑问。

以下便依据前述"支付所得"认定的 4 个要件,尝试廓清税法拟制后"支付所得"的边界。

其一,关于所得来源,在税法拟制之前,基于双方意思而产生的私法交易行为存有货币性利益的移转,而即使税法对该交易行为进行差异性评价,但是此笔

---

〔1〕 参见贺燕:《税收扣缴义务的法律分析》,载刘天永主编:《中国税法评论》第 3 卷,中国税务出版社 2017 年版,第 161 ~ 183 页。

款项毫无疑问系源于扣缴义务人。其二,涉及支付的形式,只要交易涉及款项系以《个人所得税法实施条例》第24条第2款中所列明的形式进行支付的,即满足该支付形式的要件。其三,关于支付内容,税法拟制前,因交易行为并未涉及《个人所得税法》第2条中所明确的9类所得而使交易相对人未产生纳税义务,但伴随税法拟制的发生,该主体所获取的货币性利益进入条文所含9类所得的范围,交易相对人产生纳税义务而成为纳税主体。因而在税法拟制后,该私法行为所产生的"所得"系被纳入《个人所得税法》第2条的调整范围内,属于应纳税所得。

税法拟制后,扣缴义务人所为的"支付所得"均满足前3个要件。存有疑问之处则在第四要件,即税法拟制后扣缴义务人是否可以控制支付行为。就税务机关对相关案件的认定思路而言,此要件多被忽视。税务机关认为该所得在拟制后属于《个人所得税法》第2条的范围,且系由其扣缴义务人支付的,即认定扣缴义务人应当履行代扣代缴的义务。但是其忽视了扣缴义务人是否能够控制支付行为与税法拟制可能产生的"时点分离"情况。税法拟制可将纳税主体负担纳税义务追溯至获取该笔款项的时点,但其是否可将扣缴义务负担范围追溯至前一支付行为?

首先,时点分离,是指支付时点与纳税义务产生时点的分离,纳税义务在支付时点并未产生,而纳税义务产生之时支付行为已经完成。基于此,扣缴义务人因时点分离而丧失了对支付行为的控制。

其次,扣缴义务人既非征纳机关所委托的行政主体,亦非实际纳税的主体,其所承担的仅为征纳机关行政助手的职能。扣缴义务人并不负担实质审核所付款项未来性质的走向,即不负责识别可能基于时间变动而使交易行为可能发生的定性改变。因而基于税法评价的改变而引起"拟制效果",扣缴义务人并不承担扣缴的义务。

最后,税法拟制交易行为针对纳税主体产生追溯效果系因纳税主体为实际所得的获取者,即其因交易行为获取货币性利益。但反观扣缴义务人的角色,行政助手之职是由公法设定的,仅因2%的手续费就使其负担过多责任,实为不妥。回看文首提及的案例,扣缴义务人与股东间所缔结的借款合同实际履行且股东已经偿还该笔款项,扣缴义务人在支付之时审视该笔款项是否应当负担代扣代缴之责,应推定为无故意或重大过失。依据《税收征收管理法》的规定,"由轻至重依次是加收滞纳金、追缴不缴或者少缴的税款、罚款以及税收强制执行措施和追究刑事责任等”。[1] 此时仍究其消极扣缴之过,扣缴义务人权利义务负担的平衡势必被打破。

(三)扣缴责任免除的实质要件:支付控制不能

在个人所得税源泉扣缴的模式下,扣缴义务人负担控制所得源泉的角色。扣缴制度的设立是为保全国家税收利益并实现稽征经济,由法律规定与纳税主体具有合理经济联结的支付行为人负担扣缴义务。[2] 因此,扣缴义务人的责任负担限度不应当被肆意扩张。对此,依据前文所述,应立足扣缴义务人责任负担的核心要件“支付所得”,对税收规范性文件进行检视。

扣缴义务人对其支付行为的控制,既是《税收征收管理法》设立源泉扣缴的初衷,也是扣缴义务人担负责任的客观前设。若在纳税义务产生时,扣缴义务人无法控制其支付行为,即无法满足税法对扣缴义务人设定的源泉扣缴功能,扣缴行为将失去客观对象。因此,纳税义务产生时,扣缴义务人对其支付行为的控制与否成为判断责任免除与否的实质要件。具体而言,扣缴义务人对其支付行为的控制应到何种限度?如前文所述,税法拟制致使时点分离,此时扣缴义务人对支付行为的“控制不能”系源于纳税义务产生的时点上,扣缴义务人的支付已经完成。但是否存在税法拟制即代表时点分离并导致扣缴义务人对支付行为失去控制能力?

因税收规范性文件已明确将非应税所得拟制为应税所得,扣缴义务人主观上应当明确其交易行为的性质,其是否在支付行为发生时该交易行为已经因税法拟制而产生纳税义务。基于扣缴义务人属于行政助手,对在支付发生时尚未拟制的交易行为性质不负担实质审查义务。但此种论断并不指向扣缴义务人的支付行为发生时,纳税义务已经由拟制而产生的交易行为。在此种情况下,在支付行为作出的时点上,纳税义务已经产生,并无时点分离而致使扣缴义务人存在支付“控制不能”的状态,扣缴义务人不能免除其扣缴义务。

以公司派发红股、资本公积金转增股本视为“股息、红利所得”的个人所得税法拟制性规范为例,在公司红股派发与股本转增的过程中,股东所获利益源于公司的未分配利润、盈余公积金和资本公积金等公司资产。公司以股份

---

[1] 孙伯龙、王桦宇:《论未履行个人所得税扣缴义务的法律责任——对〈税收征管法〉第六十九条的思考》,载《税务研究》2018 年第 7 期。

[2] 参见陈清秀:《税法各论》,台北,元照出版有限公司 2016 年版,第 206 页。

派发或者转增的方式将此利益特定化并转至股东名下,使之成为股东享有的特定权益且可供股东自由支取。此种公司权益向股东股本的转换过程,被税法视为公司对股东的利润分配,经税法拟制成为应税所得,即视为“股息、红利所得”。此时,公司通过派发红股与资本公积金转增股本的方式,将公司权益以红股、股本的形式转入股东账户,落入《个人所得税法实施条例》第 24 条规定的以有价证券形式进行支付的范围内,即公司向股东实施了个人所得税法意义上的支付行为。因此,在公司派发红股、资本公积金转增股本的过程中,股东因公司对其的分配行为产生纳税义务,而公司的分配行为本身也属于税法意义上的支付行为。[1] 公司向股东进行红股派发与资本公积金转增股本的行为时点上,即公司向股东作出支付行为的时点上,股东的纳税义务旋即产生。此时,公司对其支付行为尚未丧失控制,因此其扣缴义务的免除难以证成。

依据现行个人所得税法规范性文件,对于公司向股东派发红股的税收政策已经相对明确,但转增股本的差异化政策使扣缴义务的承担存在多种情况。国家税务总局《关于进一步加强高收入者个人所得税征收管理的通知》(国税发〔2010〕54 号)指出,个人股东获得转增的股本,应按照利息、股息、红利所得项目征收个人所得税,[2] 此后,国家税务总局、财政部以及证监会相继发布规范性文件,对于转增股本涉及的个人所得税相关征管事项进一步作

---

〔1〕 依据国家税务总局《关于利息、股息、红利所得征税问题的通知》(国税函〔1997〕656 号)的规定,“扣缴义务人将属于纳税义务人应得的利息、股息、红利收入,通过扣缴义务人的往来会计科目分配到个人名下,收入所有人有权随时提取,在这种情况下,扣缴义务人将利息、股息、红利所得分配到个人名下时,即应认为所得的支付,应按税收法规规定及时代扣代缴个人应缴纳的个人所得税”。因此,国税函〔1997〕656 号文中所提及的规定亦与之相符合。

〔2〕 国家税务总局《关于进一步加强高收入者个人所得税征收管理的通知》(国税发〔2010〕54 号)规定,对以未分配利润、盈余公积和除股票溢价发行外的其他资本公积转增注册资本和股本的,要按照“利息、股息、红利所得”项目,依据现行政策规定计征个人所得税。

出规定。[1] 在以上文件中,明确了实施转增股本的3类公司主体并针对不同主体实施差异化的税收政策。[2] 其中,针对公开发行和转让市场中的转增股本依据现有的股息、红利的差异化政策,设定持股时长;而针对非上市公司和“新三板”挂牌公司中的中小高新技术企业给予5年内分期缴纳税款的优惠政策。因此,股东因获得转增股本而需一次性缴纳税款时,作为扣缴义务人的公司应当负担扣缴义务。但基于差异化的税收政策,在非上市公司和“新三板”挂牌公司中的中小高新技术企业实施转增股本时,存在允许股东分期缴纳税款的情形。因此,纳税主体在延递缴纳或分期缴纳税款的情形下,扣缴义务人的扣缴义务承担是否会出现变动?

纳税主体因民商事交易行为产生纳税义务,但是囿于税收优惠政策,允许纳税主体递延缴纳或分期缴纳税款。基于此种递延或分期缴纳税款的情形,纳税人缴纳税款的时点与纳税义务产生的时点分离。而扣缴义务人的支付行为是一次性的,且依附交易行为的发生。扣缴义务人的扣缴行为仅在支付这一时点上

---

[1] 财政部、国家税务总局、证监会《关于上市公司股息红利差别化个人所得税政策有关问题的通知》(财税〔2015〕101号)规定,个人从公开发行和转让市场取得的上市公司股票,持股期限在1个月以内(含1个月)的,其股息红利所得全额计入应纳税所得额;持股期限在1个月以上至1年(含1年)的,暂减按50%计入应纳税所得额;持股期限超过1年的,股息红利所得暂免征收个人所得税;上述所得统一适用20%的税率计征个人所得税。财政部、国家税务总局《关于将国家自主创新示范区有关税收试点政策推广到全国范围实施的通知》(财税〔2015〕116号)规定,中小高新技术企业以未分配利润、盈余公积、资本公积向个人股东转增股本时,个人股东一次缴纳个人所得税确有困难的,可根据实际情况自行制定分期缴税计划,在不超过5个公历年度内(含)分期缴纳。国家税务总局《关于股权奖励和转增股本个人所得税征管问题的公告》(国税发〔2015〕80号)规定,非上市及未在全国中小企业股份转让系统挂牌的中小高新技术企业以未分配利润、盈余公积、资本公积向个人股东转增股本,并符合财税〔2015〕116号文件有关规定的,纳税人可分期缴纳个人所得税;非上市及未在全国中小企业股份转让系统挂牌的其他企业转增股本,应及时代扣代缴个人所得税。

[2] 此处实施转增股本的3类公司主体分别是上市公司和“新三板”挂牌公司(公开发行和转让市场)、非上市公司和“新三板”挂牌公司中的中小高新技术企业、非上市公司和“新三板”挂牌公司中的非中小高新技术企业。

具有控制能力,此种控制能力无法延伸至纳税主体后期缴纳税款的行为。[1] 因此,纳税主体享有延递缴纳与分期缴纳税款的权利时,扣缴义务人支付行为的时点与纳税主体缴纳税款的时点出现分离。在支付行为完成后,扣缴义务人无法对支付时点之后的税款缴纳行为行使实质的控制能力。基于扣缴义务人在纳税主体应当缴纳税款的时点上并无支付行为,扣缴义务人在纳税人递延或分期缴纳税款时不应承担扣缴责任。因此,回到转增股本情形下扣缴义务承担的问题,在非上市公司和"新三板"挂牌公司中的中小高新技术企业实施转增股本时,由于国家税务总局《关于进一步加强高收入者个人所得税征收管理的通知》(国税发〔2010〕54 号)实施差异化政策,允许股东分期缴纳税款,扣缴义务人在纳税人分期缴纳税款的情况下,无法控制每一阶段的所得支付行为。因此,税务机关不应当要求扣缴义务人承担扣缴责任。

四、结　　语

在个人所得税的征管实践中,基于税法拟制所得而产生扣缴义务人支付时点与纳税义务产生时点分离的情形,已有税务机关在股东归还借款的情况下,同意退还股东缴纳的个人所得税款,扣缴义务人也无须承担相应的扣缴义务。[2] 但是回顾由《税收征收管理法》《个人所得税法》《个人所得税法实施条例》与税收规范性文件等架构起的扣缴责任规范体系,着重扣缴义务的添附,而鲜有提及责任的减免。2018 年,"个税改革作出了诸多大胆尝试,是我国税收制度变革的又一次重大突破",[3] 分项所得税制迈向分项与综合所得税制,同时增加专项附

---

〔1〕 同样的情况出现在《股权转让所得个人所得税管理办法(试行)》(国税发〔2014〕67 号)第 20 条中:"具有下列情形之一的,扣缴义务人、纳税人应当依法在次月 15 日内向主管税务机关申报纳税:(一)受让方已支付或部分支付股权转让价款的;(二)股权转让协议已签订生效的;(三)受让方已经实际履行股东职责或者享受股东权益的;(四)国家有关部门判决、登记或公告生效的;(五)本办法第三条第四至第七项行为已完成的;(六)税务机关认定的其他有证据表明股权已发生转移的情形。"

〔2〕 参见河北省地方税务局《关于秦皇岛市局个人投资者借款征收个人所得税问题请示的批复》(冀地税函〔2013〕68 号),其中规定:"个人投资者归还从其投资企业取得的一年以上借款,已经按照利息、股息、红利征收的个人所得税,应予以退还或在以后应纳个人所得税中抵扣。"

〔3〕 刘剑文、胡翔:《〈个人所得税法〉修改的变迁评介与当代进路》,载《法学》2018 年第 9 期。

加扣除制度。在个人所得税改革的进程之中,扣缴义务人的角色越发重要。一旦税务机关频繁地要求扣缴义务人承担责任,恐将会打破"税务机关—纳税人—扣缴义务人"之间的利益平衡状态,亦不利于纳税人纳税意识的培育与和谐征纳关系的构建。

纳税申报情形下法律原因嗣后消灭的税收返还请求权时效分析

何镓杰*

摘　要:在纳税申报情形下,纳税人的纳税义务嗣后消灭,基于法律适用的视角,嗣后型返还请求权不能直接适用《税收征收管理法》第 51 条的规定;嗣后型返还请求权的时效期间应当类推适用《税收征收管理法》第 51 条规定的 3 年期间,而起算点应当类推适用《民法典》第 188 条第 2 款规定的客观起算时点,即自引起税收债务溯及消灭的事由发生之日起算。基于法律修订的视角,建议将税收返还请求权的成立要件扩大为无法律上原因;将税收返还请求权的时效期间延长至 5 年;将税收返还请求权时效期间的起算点设置为请求权成立之日。

关键词:纳税申报;法律原因嗣后消灭;税收返还请求权;时效

一、基 本 案 情

2009 年 3 月 3 日,刘某秀购买涉案房屋,总价款 1,465,156 元。2009 年 3 月 6 日,刘某秀(女方)与刘某(男方)登记结婚。2010 年 1 月 26 日,刘某秀与刘某协议离婚,并在离婚协议中约定涉案房屋归男方所有,女方协助办理过户,所欠贷款由刘某偿还。

2010 年 4 月 1 日,因刘某秀与范某东发生民间借贷纠纷,北京市海淀区人民法院(以下简称海淀法院)作出民事调解书,确定刘某秀在约定时间内偿还范某东 850,000 元借款,如未按期还款,刘某秀应将涉案房屋过户给范某东或范某东指定的第三人。同月,因刘某秀未履行调解书确定的还款义务,海淀法院作出强制执行裁定书,将涉案房屋过户给范某东指定的第三人沈某。2011 年 9 月 5 日,刘某秀到北京市西城区税务局(以下简称西城税务局)申报缴纳了涉案房屋过户给沈某产生的营业税等税费共计 46,750 元,同时代理沈某申报缴纳了契税

* 华东政法大学经济法学院硕士研究生。

25,500元。

2011年11月4日,北京市第一中级人民法院(以下简称一中院)指令海淀法院对刘某秀、范某东民间借贷纠纷案件自行审查处理。海淀法院对民事调解书进行再审,于2012年4月20日作出民事判决书,判决撤销民事调解书。后范某东提起上诉,一中院于2012年9月18日作出维持原判的民事判决书。2012年,刘某起诉刘某秀。北京市西城区人民法院于2012年3月20日判决刘某秀协助刘某办理将涉案房屋所有权证登记于刘某名下的手续。后刘某秀提起上诉,一中院于2012年11月9日作出维持原判的民事判决书。现涉案房屋已登记于第三人刘某名下。

2016年12月13日,刘某秀向西城税务局提出退税申请,请求退还其于2011年9月5日缴纳的营业税等税费共计46,750元。西城税务局经审查,将税务事项通知书送达刘某秀,明确不予退税。刘某秀不服,申请行政复议,北京市税务局作出维持税务事项通知书的复议决定。后刘某秀向法院提起行政诉讼,经审理,一审法院判决西城税务局对刘某秀提出退税的申请重新进行处理;二审法院维持原判。[1]

二、争议焦点

该案的争议焦点是,纳税人的纳税义务嗣后消灭,其税收返还请求权是否适用《税收征收管理法》第51条的规定,[2]受3年退税期间的限制?

原告刘某秀认为,民事调解书撤销后,其曾缴纳的税款不属于《税收征收管理法》第51条规定之前提——“超过应纳税额缴纳的税款”,因此,其税收返还请求权不适用《税收征收管理法》第51条的规定,不应受3年期间的限制。

被告西城税务局和北京市税务局均认为,刘某秀的税收返还请求权应当适用《税收征收管理法》第51条的规定,由纳税人发现的多缴税款,无论什么原因

---

〔1〕参见北京市第二中级人民法院行政判决书,(2019)京02行终964号。

〔2〕《税收征收管理法》第51条规定:“纳税人超过应纳税额缴纳的税款,税务机关发现后应当立即退还;纳税人自结算缴纳税款之日起三年内发现的,可以向税务机关要求退还多缴的税款并加算银行同期存款利息,税务机关及时查实后应当立即退还;涉及从国库中退库的,依照法律、行政法规有关国库管理的规定退还。”

造成,都应在结算缴纳税款之日起3年内申请退还。刘某秀于2011年9月5日缴纳营业税、城市维护建设税、教育费附加,但于2016年12月13日才提出退税申请,明显超过《税收征收管理法》第51条规定的3年期间,故不应予以退税。

一审法院认为,第一,西城税务局保有税款之状态违反了行政合法性原则。刘某秀曾缴纳的税款自其与沈某的以房抵债的行为不具备法律效力时,已不符合税的根本属性,不具备课税要素条件和法律依据。国家作为征税主体因此而保有税款,有违行政合法性原则,应当依法应予退还。但《税收征收管理法》第51条中没有与之完全对应的适用情形,因此不受3年期间的限制。第二,在此情形下,行政合理性原则可作为有益补充。《税收征收管理法》第51条规定的主旨是基于税收公平、公正等基本原则,赋予税务机关针对客观上确应予以退税的情形,不以期限限制而运用行政自由裁量权加以甄别和判断,从而确保依法及时退还多缴税款,以最大限度地保护纳税人及相关利害关系人的合法权益。因此,西城税务局对案涉事实适用《税收征收管理法》第51条规定的3年期间,科以刘某秀更严格的义务,缺乏行政合理性和必要性,适用法律错误。

二审法院维持原判。其认为:根据《税收征收管理法》第4条第1款的规定,[1]依法负有纳税义务的纳税人多缴税款后,应适用第51条的规定,对多缴纳的税款予以退还。但在该案中,刘某秀自应缴纳税费的民事基础行为被法院生效判决予以撤销后,已不负有纳税义务,其实际缴纳的款项,不属于“超过应纳税额缴纳”的情形。因此,对该款项的退还不宜适用《税收征收管理法》第51条的规定,即不受3年期间的限制。

三、法 理 分 析

税收返还请求权,是因自始无法律原因而履行税收债务关系的给付义务或因履行时原有的法律原因嗣后不存在而产生的请求返还的权利。无法律原因而为税法上金钱给付时,人民与国家之间的财产不当移动,须由税收返还请求权予以调整。我国税收返还请求权由《税收征收管理法》第51条和《税收征收管理

---

[1] 《税收征收管理法》第4条第1款规定:“法律、行政法规规定负有纳税义务的单位和个人为纳税人。”

法实施细则》第78条[1]进行规范。根据该规定,我国税收返还请求权的发生前提是“纳税人超过应纳税额缴纳税款”。基于发现溢缴税款主体的不同,该条款对税收返还请求权的时效期间作了不同规定:如果是税务机关发现的,时效期间为“无期限”;如果是纳税人自己发现的,时效期间为3年。

根据构成要件的不同,税收返还请求权可以分为法律原因自始欠缺的税收返还请求权和法律原因嗣后消灭的税收返还请求权。[2] 结合该案争议焦点,本文将围绕纳税申报情形下法律原因嗣后消灭所产生的税收返还请求权(以下简称嗣后型返还请求权)对“该请求权能否直接适用《税收征收管理法》第51条”以及“若不能,该请求权时效期间多长以及期间何时起算”等问题进行法教义学分析,并对税务机关和法院的法律适用进行评价。

(一)嗣后型返还请求权不能直接适用《税收征收管理法》第51条

基于《税收征收管理法》第51条的文义,“纳税人超过应纳税额缴纳的税款”应当是指在有效的纳税义务基础上发生的溢缴税款,这背后的原因包括理解税法错误、计算错误、错用税率、调高税额或财务技术处理失当等。[3] 在该案中,刘某秀的纳税义务始于强制执行裁定书送达沈某之日,其于2011年9月5日向西城税务局申报缴纳了相关税款,且不存在溢缴税款的情形。后来因2012年9月18日撤销民事调解书的判决生效,刘某秀的纳税义务溯及消灭,虽存在溢缴税款的情形,但非基于有效的纳税义务。因此,刘某秀的嗣后型返还请求权不符合“超过应纳税额缴纳税款”的前提,进而不受《税收征收管理法》第51条规定的调整。一审和二审法院分别从刘某秀溢缴税款的性质与纳税义务是否存在的角度出发,认为自刘某秀与沈某基于以房抵债的行为不具备法律效力时,刘某秀的纳税义务溯及消灭,因而认定案涉情形与《税收征收管理法》第51条规

---

[1] 《税收征收管理法实施细则》(2016修订)第78条规定:“税务机关发现纳税人多缴税款的,应当自发现之日起10日内办理退还手续;纳税人发现多缴税款,要求退还的,税务机关应当自接到纳税人退还申请之日起30日内查实并办理退还手续。税收征管法第51条规定的加算银行同期存款利息的多缴税款退税,不包括依法预缴税款形成的结算退税、出口退税和各种减免退税。退税利息按照税务机关办理退税手续当天中国人民银行规定的活期存款利率计算。”

[2] 参见陈清秀:《税法总论》,台北,元照出版有限公司2018年版,第424~432页;葛克昌、蔡孟彦:《公法返还请求权》,载《月旦财经法杂志》2007年第8期。

[3] 参见卞耀武主编:《中华人民共和国税收征收管理法释义》,法律出版社2001年版,第121~122页。

定的情形不符,这与上述分析是一致的。

如前所述,《税收征收管理法》第51条的适用前提是“超过应纳税额缴纳税款”,纳税义务人溢缴税款无论是基于理解税法错误还是计算错误,抑或是其他原因,都属于“法律原因自始欠缺”的类型。显然,“超过应纳税额缴纳税款”之表述尚无法穷尽“法律原因自始欠缺”这种类型,例如,无法涵盖不负任何纳税义务而错误给付的类型。同样,与法律原因自始欠缺型相对的嗣后型税收返还请求权,本就不属于《税收征收管理法》第51条规范的法律原因自始欠缺的情形,更无法为《税收征收管理法》第51条的文义范围所辐射,因此不受该条款的调整。

(二)嗣后型返还请求权的时效期间为3年

可见,《税收征收管理法》第51条规定存在法律漏洞。法律漏洞是指依立法者的立法目的,本应规定但却付之阙如者。它是一种“违反计划的不圆满性”状态。[1] 倘若一个法律对于某一特定的事实关系A以特定方式加以规定,但其对于在价值判断上属于相同的情形B却未加以规定时,则其欠缺此种规定,即可视为一个法律漏洞。[2] 如前所述,《税收征收管理法》第51条旨在调整税法上无法律原因的财产移转,但该条文仅规定了“自始无法律原因”类型中的“超过应纳税额缴纳”情形,而同属于无法律原因的“法律原因嗣后消灭”类型,无法涵摄于该条文中。根据《税收征收管理法》第51条的规范目的,该条文原本应当规定“法律原因嗣后消灭”类型而没有规定,即存在漏洞。[3]

法院诉诸行政合法性原则和行政合理性原则等来填补法律漏洞的做法,是值得肯定的。如果法律涉及明显的法律漏洞,则其法律漏洞的填补,大部分是以类推适用或回溯到法律上所被建立的原则的方式为之,也可能取向于事物之本质,以填补法律漏洞。[4] 税收返还请求权是一项具有公法性质的请求权,[5]其建立的原则应当是依法行政原则。[6]一审法院运用行政合法性原则等来填补法律漏洞的做法虽值得肯定,但仍存在一些问题:第一,一审和二审法院均认为税

---

[1] 参见杨仁寿:《法学方法论》(第2版),中国政法大学出版社2013年版,第191页。

[2] 参见陈清秀:《税法总论》,台北,元照出版有限公司2018年版,第164~165页。

[3] 参见陈清秀:《税法总论》,台北,元照出版有限公司2018年版,第166页。

[4] 参见陈清秀:《税法总论》,台北,元照出版有限公司2018年版,第172~173页。

[5] 参见刘剑文、熊伟:《税法基础理论》,北京大学出版社2004年版,第322页。

[6] 参见葛克昌、蔡孟彦:《公法返还请求权》,载《月旦财经法杂志》2007年第8期。

务机关适用法律错误,论证了案涉事实不能直接适用《税收征收管理法》第51条的规定,但都未指出案涉事实应当如何适用法律。第二,一审法院通过行政合理性原则赋予税务机关自由裁量权的做法容易造成税收返还请求权内部的矛盾以及法律评价的不一致。倘若法院赋予税务机关对该案的自由裁量权运用不当,会导致日后税务机关在类案处理上很可能出现不同的结果。法律原因自始欠缺型的税收返还请求权明确受3年退税期间的限制,而嗣后型返还请求权的退税期间取决于税务机关的自由裁量权,其合理性何在,是有疑义的。第三,基于公法关系对法律安定性的要求,嗣后型返还请求权也应当存在时效期间。若嗣后型返还请求权不存在时效期间,一方面,不利于法律秩序的稳定;另一方面,税务机关的举证难度和行政成本将随着时间的推延而增大。因此,法院仅援引一般原则的方式并不足以实现对法律漏洞的完整补充。

笔者认为,嗣后型返还请求权的时效期间应类推适用《税收征收管理法》第51条规定的3年期间,以填补该法律漏洞。所谓类推适用,是指将法律上的明文规定,适用于不是该法律直接规范的情形,而该被适用之情形在法律上的重要特征与法律所明文规定者属相同的案型。[1] 《税收征收管理法》第51条规范之案型与该案具有相同的重要特征,即具有相似性。具体而言:首先,从立法目的来看,《税收征收管理法》第51条规定旨在调整税法上无法律原因的财产变动,尽管该条文仅调整"超过应纳税额缴纳税款"的案型,但该案属于法律原因嗣后消灭而溢缴税款之情形,亦属于无法律原因的财产变动,符合该条文的规范意旨;其次,从构成要件来看,"超过应纳税额缴纳税款"案型的税收返还请求权的构成要件是自始无法律原因,嗣后型返还请求权的构成要件是法律原因嗣后消灭,同属于无法律原因。最后,从税收法定主义来看,《税收征收管理法》第3条明确规定,税务机关应当依据法律或行政法规的规定征收税款。[2] 税收返还请求权是其他税收债务关系的请求权的倒转,这项请求权是对于先前给付的税法上取得原因加以否定所推导出来的。无论是法律原因自始欠缺还是嗣后消灭,

---

〔1〕 参见陈清秀:《税法总论》,台北,元照出版有限公司2018年版,第173页。

〔2〕 《税收征收管理法》第3条规定:"税收的开征、停征以及减税、免税、退税、补税,依照法律的规定执行;法律授权国务院规定的,依照国务院制定的行政法规的规定执行。任何机关、单位和个人不得违反法律、行政法规的规定,擅自作出税收开征、停征以及减税、免税、退税、补税和其他同税收法律、行政法规相抵触的决定。"

溢缴税款者的纳税义务均不存在。既然溢缴税款者的纳税义务不存在,那么税务机关的征税即失去了法律依据,应当将溢缴税款予以退还,否则有违税收法定主义。嗣后型返还请求权的时效期间类推适用《税收征收管理法》第 51 条规定的 3 年期间,既符合依法行政原则和税收法定原则,又有利于保持法律对税收返还请求权评价的一致性。

(三)嗣后型返还请求权的时效期间应当自请求权成立之日起算

如前所述,《税收征收管理法》第 51 条规范的是超过应纳税额缴纳税款的情形,这种情形属于法律原因自始欠缺的类型。若纳税人溢缴税款自始无法律原因,其税收返还请求权自结算缴纳税款之日即成立,处于可得行使的状态,从时效制度的原理来看,其起算点定为"结算缴纳税款之日"是合理的。但如果纳税人缴纳税款的法律原因嗣后消灭,嗣后型返还请求权的时效期间仍以《税收征收管理法》第 51 条规定的"自结算缴纳税款之日"起算,那么当引起税收债务溯及消灭的事由发生时,如果已逾 3 年,则在客观上剥夺了纳税人的税收返还请求权。因此,在类推适用法律时,嗣后型返还请求权的时效期间不应再坚持自结算缴纳税款之日起算,而是要有所区别。

在解决行政争议时,如果出现法律漏洞,而民法规范能够提供相应的法律依据,法律适用者不仅有必要适用,甚至还有义务适用民法规范。[1] 在"杨某峰诉无锡市劳动和社会保障局工伤认定行政纠纷案"中,二审法院认为,工伤认定申请时效虽然与民事诉讼时效不同,但在判断时效起算时间时,应当参照民事诉讼时效起算时间的规定。[2] 在类推适用民法规范时,要遵循相应的步骤和规则,即确认法律漏洞、寻找相似点、比照适用。[3] 但在税法上,类推适用民法规范应受重大限制,即不仅应受法律漏洞之认定的拘束,而且经类推适用后,不得超越法律可能的文义而扩张税收构成要件以及创设税收构成要件。[4] 笔者认为,嗣后型返还请求权的时效期间应当自请求权成立之日起算,即引起税收债务溯及消灭的事由发生之日起算,具体来说,该起算点应类推适用《民法典》第 188 条

---

〔1〕 参见王贵松:《民法规范在行政法中的适用》,载《法学家》2012 年第 4 期。

〔2〕 参见"杨某峰诉无锡市劳动和社会保障局工伤认定行政纠纷案",载《最高人民法院公报》2008 年第 1 期。

〔3〕 参见王贵松:《民法规范在行政法中的适用》,载《法学家》2012 年第 4 期。

〔4〕 参见陈清秀:《税法总论》,台北,元照出版有限公司 2018 年版,第 171 页。

第2款之规定。[1]据此,对嗣后型返还请求权时效期间的起算点存在两种解释的可能:第一种是"自知道权利受到损害以及义务人之日"起算,该起算时点为主观起算时点,与《税收征收管理法》第51条规定的客观起算时点"结算缴纳税款之日"性质不一样;第二种是"自权利受到损害之日"起算,即"自该请求权成立之日"起算。[2]自引起税收债务溯及消灭的事由发生之日起,溢缴税款者的嗣后型返还请求权即已成立,处于随时可以行使的状态。依据第二种解释,尽管从表面上看,"引起税收债务溯及消灭的事由发生之日"和"结算缴纳税款之日"两个起算点不一样,但这样的差异是合理的,在法律制度上的评价是一致的。即嗣后型返还请求权与法律原因自始欠缺型的税收返还请求权的起算点在性质上是一样的,均符合时效制度的法理,属于"请求权成立之日"或"请求权可得行使之日"。[3]

综上,刘某秀的嗣后返还请求权时效应当是自撤销民事调解书的判决生效之日起算的3年期间,即2012年9月19日[4]至2015年9月18日。因此,刘某秀于2016年12月13日向西城税务局申请退税,其税收返还请求权的行使已逾时效。

四、启示与建议

分析本文的案例可以发现,《税收征收管理法》第51条规定存在法律漏洞,不仅对法律原因自始欠缺的情形考虑不周,而且对纳税人与税务机关之间法律原因嗣后消灭的财产变动存在调整失灵,不利于纳税人的权利保护。为了加强

---

[1] 《民法典》第188条第2款规定:"诉讼时效期间自权利人知道或者应当知道权利受到损害以及义务人之日起计算。法律另有规定的,依照其规定。但是,自权利受到损害之日起超过二十年的,人民法院不予保护,有特殊情况的,人民法院可以根据权利人的申请决定延长。"

[2] 参见梁慧星:《民法总论》(第5版),法律出版社2017年版,第260页。

[3] 不当得利请求权于其成立时即可行使。参见王泽鉴:《民法总则》,北京大学出版社2009年版,第421页。

[4] 关于期间的计算规则直接适用民法规定。2012年9月18日,撤销民事调解书的判决生效,即引起刘某秀的税收债务溯及消灭的事由发生之日。根据《民法典》第201条第1款的规定,按照年、月、日计算期间的,开始的当日不计入,自下一日开始计算。因此,刘某秀的嗣后返还请求权的时效期间从2012年9月19日开始计算。参见王贵松:《民法规范在行政法中的适用》,载《法学家》2012年第4期。

对纳税申报情形下纳税人税收返还请求权的保护,本文将尝试从法律适用以及法律修订两个方面提出完善建议。

(一)加强对税收返还请求权规范的法教义学分析

税务机关和法院,作为法律适用者,应当从构成要件、时效期间以及期间起算点三个方面加强对纳税申报情形下税收返还请求权规范的法教义学分析。

第一,明确税收返还请求权的构成要件为无法律上原因。尽管《税收征收管理法》第 51 条规定了纳税人超过应纳税额缴纳税款时方能申请退税,但对于不属于此种前提的案型,法律适用者应当透过现象看本质,将税收返还请求权的构成要件抽象为“无法律上原因”。

第二,明确税收返还请求权的时效期间为 3 年。对于纳税人超过应纳税额缴纳税款的案型,法律适用者应当直接适用《税收征收管理法》第 51 条的规定。除纳税人超过应纳税额缴纳税款外的无法律原因而溢缴税款案型,法律适用者应当类推适用《税收征收管理法》第 51 条的规定。无论是直接适用还是类推适用《税收征收管理法》第 51 条的规定,纳税人的税收返还请求权时效期间均为 3 年,以保持法律上评价的一致性。尽管目前学界对该 3 年期间的性质认定存在争议,[1]但综合考虑《税收征收管理法》第 51 条规定的文义、法的安定性以及税收法定原则,该 3 年期间尚不存在时效中止或中断的可能,本文的案例亦不涉及时效中止或中断问题的讨论。

第三,明确税收返还请求权时效期间的起算点为请求权成立之日或请求权可得行使之日。在纳税人自行纳税申报情形下,对于法律原因自始欠缺而溢缴税款的案型,法律适用者应直接或类推适用《税收征收管理法》第 51 条的规定。也就是说,该税收返还请求权自结算缴纳税款之日即已成立,因此其时效期间应当自结算缴纳税款之日起算。若自始欠缺的法律原因属于“超过应纳税额缴纳税款”之情形,则直接适用;反之,则类推适用。对于法律原因嗣后消灭而溢缴税款的案型,法律适用者应类推适用《民法典》第 188 条第 2 款规定中的客观时

---

〔1〕 有学者认为,该 3 年期间属于除斥期间,参见张守文:《税法原理》,北京大学出版社 2009 年版,第 181 页;有学者认为,该 3 年期间属于消灭时效(诉讼时效),参见王肃元:《论我国纳税人税收退还请求权》,载《兰州大学学报(社会科学版)》2010 年第 5 期;还有学者认为,3 年期间既不是除斥期间也不是消灭时效,而是税收返还请求权的行使条件,即消灭时效起算点的最长时间限制,参见焦海涛:《纳税人退税权悖论及其克服》,载《安徽大学法律评论》2007 年第 1 期。

效期间起算点,也就是说,嗣后型返还请求权自请求权成立之日起算,即自引起税收债务溯及消灭的事由发生之日起算。

(二)税收返还请求权规范的完善建议

加强对税收返还请求权规范的法教义学分析,固然为法律适用者提供了填补《税收征收管理法》第51条漏洞的方法,但漏洞填补的方法毕竟是权宜之计,因此,应当从立法层面对《税收征收管理法》第51条规定予以修订,给予纳税人税收返还请求权充分的保护。

第一,扩大税收返还请求权的成立要件为"无法律上原因"。从域外税收返还请求权的立法来看,存在两种立法例。其一,构成要件采用抽象的"无法律上原因",如德国。根据《德国租税通则》第37条第2项的规定,"无法律原因而缴纳或退还租税、租税退给、担保责任金额或租税附带给付时,为其计算而为给付之人,得向受领给付之人,请求返还所缴纳或退还之金额。缴纳或退还之法律原因嗣后不存在者,亦同"。[1] 由此观之,德国使用抽象的"(自始或嗣后)无法律上原因"作为税收返还请求权的构成要件。其二,构成要件采用具体的"法律上原因"。而我国现行的《税收征收管理法》第51条即采用第二种模式,将税收返还请求权的构成要件规定为"纳税人超过应纳税额缴纳税款",但该构成要件是不周延的,会给法律的适用带来诸多问题。[2] 因此,我国可以将税收返还请求权的构成要件规定为抽象的"无法律上原因"。

第二,延长税收返还请求权的时效期间至5年。理由如下:一方面,与税务机关追征期的5年期限保持一致。根据《税收征收管理法》第52条第1款和第2款的规定,原则上,无论是税务机关的责任还是纳税人、扣缴义务人计算错误等失误而导致未缴或者少缴税款,税务机关追征期为3年;有特殊情况的,追征期可以延长至5年。而税收返还请求权究其实质,是原税收债务关系的请求权的反转,[3]其时效期间应当与税务机关的5年追征期一样,进而在体系上保持一致性。另一方面,与追征期规定不同,税收返还请求权的5年时效期间,宜作为一般规定而不是特殊规定。《税收征收管理法》第52条旨在将纳税人的应纳

[1] 《德国租税通则》,陈敏译,台北,中国台湾地区司法主管机构2013年版,第56页。

[2] 参见范文清:《论租税返还请求权——以税捐稽征法第二十八条第一项与第二项为中心》,载《兴大法学》2017年第21期。

[3] 参见陈敏:《税法总论》,台北,新学林出版有限公司2019年版,第346页。

税款及时、足额地征缴入库，同时防止纳税义务人偷税漏税。[1] 为此，该条款对追征期区分不同情况设置了“3 年”“5 年”“无期限”3 种不同的期限。这 3 种期限的区分标准是“可归责性”，即未缴或少缴税款的结果越可归责于纳税人，则追征期限越长，纳税人受到的保护则越弱。相反，税收返还请求权的期限越长，对纳税人权益的保护则越强。从这个角度来看，将税收返还请求权的 5 年时效期间设置为一般规定更有利于保护纳税人的权利。

倘若参照追征期规定，将税收返还请求权的 5 年时效期间设置为例外规定，即“原则 3 年，例外 5 年”，进而产生的问题是：设置例外情形的必要性以及可行性何在？根据《税收征收管理法》第 52 条第 2 款的释义，设置特殊情况主要是考虑如果一律以 3 年为限，可能会出现有的纳税人采取各种手段避开这 3 年的现象。[2] 但自 2002 年以来，《税收征收管理法实施细则》就把“未缴或少缴税款累计数额在 10 万元以上”设置为特殊情况，作为追征期延长至 5 年的唯一标准，其合理性缺乏充分论证。为了尽可能保护纳税人的权益，避免使税收返还请求权的时效期间落入立法论证以及司法适用的困境，笔者认为不宜将其设置为特殊规定，而应直接将税收返还请求权的时效期间规定为 5 年。

第三，将税收返还请求权的时效起算点设置为“请求权成立之日”。如前所述，对于法律原因嗣后消灭的案型来说，如果将税收返还请求权时效的起算点定位在结算缴纳税款之日，引起税收债务溯及消灭的事由发生时，可能早就已经超过了时效期间，这对纳税人来说是十分不公平的。对于这种情况，我国学者认为，嗣后型返还请求权时效期间的起算点应当从税款缴纳之日改为引起税收债务溯及消灭的事由发生之日。[3] 引起税收债务溯及消灭的事由发生之日，即嗣后型返还请求权成立之日，而结算缴纳税款之日也是法律原因自始欠缺型税收返还请求权的成立之日，这样就保持了法律上评价的一致性。此外，域外税收返还请求权时效起算的规定亦可资借鉴。因此，我国税收返还请求权的时效期间起算点可以设置为“请求权成立之日”或“请求权可得行使之日”。

---

〔1〕 参见卞耀武主编：《中华人民共和国税收征收管理法释义》，法律出版社 2001 年版，第 123 ~ 124 页。

〔2〕 参见卞耀武主编：《中华人民共和国税收征收管理法释义》，法律出版社 2001 年版，第 123 ~ 124 页。

〔3〕 参见刘剑文、熊伟：《税法基础理论》，北京大学出版社 2004 年版，第 339 页。

涉税行刑交叉案件三级拆解思路

许永盛*

摘　要：税法适用本身的专业性及行刑交叉案件固有的复杂性，导致涉税行刑交叉案件的实务处理难度较大。为探寻该类案件的一般处理思路，从方法论层面探寻体系化解决办法，构建涉税行刑交叉案件的一般处理路径，本文提出一般行刑交叉案件的"三级拆解法"：一级拆解应重点围绕如何确定行政执法端展开，可分为执法交叉和司法交叉；对于执法交叉，在二级拆解层面应分解为事实交叉、程序交叉和责任交叉；在三级拆解层面，首先需要对二级拆解层面所确立的交叉事实进行解构，其次需要对交叉程序进行分离、固定，最后确定相应的责任归属。

关键词：行刑交叉；涉税案件；三级拆解法

涉税案件中有大量行刑交叉案件，涉及行政法与刑法关系协调的法理疑难，也关乎法律适用与实践的诸多困境。因税务违法而涉嫌刑事犯罪的案件的行政程序与刑事程序之间如何协调、不同程序中的证据如何处理等诸多难题背后，都是行刑交叉的衔接与协调问题。本文尝试以涉税案件为中心，对行刑交叉案件的处理提出"三级拆解法"这一分析框架。

一、行刑交叉案件"三级拆解法"的构建

（一）法律思维体系构建

"三级拆解法"的体系建立有赖思维方式的构造。笔者认为，一个完整、高度提炼的思维体系对于任何类型法律问题的解决来说均至关重要。只有当相应的思维体系得以构建，我们才能运用逻辑分类的方法，对需要处理的法律问题予以拆解，并最终形成较妥帖的处理方案。

---

* 北京大成（广州）律师事务所高级合伙人。

就笔者的办案体验而言,行政执法运用的是"条件式思维",刑事司法运用的是"要件式思维"。行政执法领域中"条件式思维"可理解为,行政机关在执法中必须把规范和事实进行对照,并着重考虑已证实的事实是否满足规范所确定的执法条件,进而决定是否启动执法程序。该执法条件可具体分解为职权依据、执法程序、法律依据、事实依据、尺度和比例等。刑事司法中的"要件式思维"是在广泛的立法、司法实践中抽象提炼的、具备支撑性作用的关键条件。通过已设定的要件抓取可能存在的违法行为,当违法事实完全符合相关恒定要件时,刑事司法要件成立,可作入罪判断;反之,则应作出罪或者其他行政法上的评价。两者的主要区别体现在:"条件式思维"较具体、易变,而"要件式思维"较概括、恒定;"条件式思维"更多地可以理解为形式吻合,而"要件式思维"更强调实质相符;"条件式思维"允许条件改变后的执法调整或纠正,而"要件式思维"一旦确立,一般不再发生调整和改变的效果。

(二)行刑交叉的原因与内容

在上述思维体系之下,笔者将行刑交叉案件的成因和内容大致总结为三个方面:一为行政执法条件和刑事司法要件重叠。按照刑法谦抑性原则,当出现两者完全重叠的情形时,若通过行政违法性评价已经可以达到矫正违法行为和规范社会管理的效果,一般不宜进入刑法规制领域,故在该种情况下,出现行刑交叉的可能性较小。但某些行政违法行为由于达到法定次数累积升格为刑事处罚时,则容易出现执法条件和刑事司法要件重叠的情况。例如,在环境保护执法领域,2 年内曾因违反国家规定排放、倾倒、处置有放射性的废物、含传染病病原体的废物、有毒物质,受过 2 次以上行政处罚又实施前列行为时,则应升格为刑事处罚。[1] 二为行政执法条件向刑事司法要件的量化趋近。现行诸多行政法律规范规定,情节严重构成犯罪的由司法机关处理,即违法行为达到情节严重的临界点时,形成刑法和行政法的交叉。如逃税罪对于逃避缴纳税款比例和金额的要求,抗税罪对于后果的要求,以及虚开发票犯罪对于情节的要求等均可归于此类。三为刑事司法要件包含了行政执法条件。例如,在危险驾驶犯罪案件中交

---

〔1〕 最高人民法院、最高人民检察院《关于办理环境污染刑事案件适用法律若干问题的解释》第 1 条规定:"实施刑法第三百三十八条规定的行为,具有下列情形之一的,应当认定为'严重污染环境……(六)二年内曾因违反国家规定,排放、倾倒、处置有放射性的废物、含传染病病原体的废物、有毒物质受过两次以上行政处罚,又实施前列行为的……"

通肇事仅作为加重情节时,对危险驾驶行为的评价应包括对交通肇事行为的评价,但在该种情况下,一般仍需对交通肇事行为进行行政违法行为处理,形成行刑案件交叉。

(三)行刑交叉案件"三级拆解法"

1. 一级拆解:执法交叉、司法交叉

基于上述分析,行刑交叉案件的一级拆解应重点围绕如何确定行政执法端展开。行政执法条件式思维和刑法司法要件式思维分属不同维度,当两个维度都在变化时,拆解难度较大。故应首先确定其中一端以便于分析。相对刑法而言,行政法律规范稳定性差,较繁杂且变化较多,所以将行政行为确定为固定点进行拆解更现实。从一般类型化角度而言,行政行为可分为行政管理行为和行政处罚行为,二者均可能与刑事诉讼产生交叉。例如,在行政登记或行政许可程序中,行政法律规范确定所需要的某些文件是相对人或者第三方伪造、变造而取得时,或其在行政管理程序中违反了其他刑法规定时,则会产生行政管理行为和刑事诉讼交叉;又如,当行政管理行为的顺利运行需要刑法提供保障时,也会产生交叉,如抗税罪对税款征收行为的保障。相比之下,行政处罚行为更容易与刑事诉讼产生交叉。当违法行为已经受到行政法规制,但这种规制不足以评价行为的严重程度和社会危害性时,便需要动用刑法力量,从而产生行政处罚行为与刑事诉讼的交叉。[1] 该两类行政执法行为与刑事诉讼活动的交叉可统称为执法交叉。与之相对应的是司法交叉,即行政诉讼活动和刑事诉讼活动的交叉。基于行政行为类型化导致诉讼活动的分类,司法交叉也分为两类:一类为管理类行政诉讼与刑事诉讼的交叉;另一类为处罚类行政诉讼与刑事诉讼交叉。这两类不同的行政诉讼,会产生不同的行刑处理程序。

2. 二级拆解:事实交叉、程序交叉、责任交叉

行刑交叉的二级拆解应在一级拆解"执法交叉""司法交叉"的基础上进行。限于篇幅,本文所述的"三级拆解法"主要针对一级拆解中的"执法交叉"而言,对"司法交叉"的拆解不再展开。从法律规范的假定、处理、制裁三要素角度看,一个完整的法律规范必然对应行为模式、处理方式以及责任制裁三方面的内容。因此,执法交叉在二级拆解层面应分解为:事实交叉、程序交叉和责任交叉。二

[1] 参见田宏杰:《行刑诉讼交叉案件的裁处机制——以行政权与刑罚权的双重法律关系为视角》,载《法学评论》2020 年第 1 期。

级拆解的主要目的为,在行政管理行为或行政处罚行为与刑事诉讼活动交叉时,有针对性地提炼、归纳出事实、程序和责任3个层次,以便于进行第三级的分解和剥离,最终形成正确的程序通道和责任认定。

3. 三级拆解:事实解构、程序固定、责任归属

三级拆解是整个行刑交叉案件拆解体系的核心,也是拆解体系的最底端。面对复杂的行刑交叉案件,只有当最底层的问题得以明确、理顺后,才能顺势而为,解决整个案件交叉所面临的问题。在三级拆解层面,首先需要对二级拆解层面所确立的交叉事实进行解构,其次需要对交叉程序进行分离、固定,最后确定相应的责任归属。

违法事实解构具体可分解为3个步骤:先以现有证据为基准,确立可以认定的事实;再对该事实进行定性,确定其是归属于行政管理性事实还是行政处罚性事实;最后将事实与相应的程序性归口管理进行对照,确定其属于哪一类的事实性行为,以便于确定相应的程序通道。

程序通道同样可划分为行政管理程序、行政处罚程序以及刑事司法程序3类,这3类程序之间存在互相阻却、开启或并行的关系,需要仔细甄别。只有在事实和程序得以确定的基础上,才能正确分解法律责任。

法律责任的归属是所有拆解工作的核心内容和最终目的。具体而言,行刑交叉案件的责任类型主要包括并罚责任、刑优责任、综合责任。[1] 第一为并罚责任,并罚责任是指行政违法和刑事违法两者可以进行责任并罚,并不冲突。这一理论更多是考虑行政处罚权属于专属职权,行政机关作出行政处罚是在履行专属的管理行政事务的职责。在这种评价之下,可以先罚再移,即行政机关先作出处罚之后再移送刑事机关作出刑罚,两个责任之间并不冲突。并罚责任的最大问题是会使评价体系对于相对人来说过于苛刻。第二为刑优责任,即刑事处罚之后不再采取行政处罚。但这种做法可能会导致刑事力量过多干预行政管理,从而使行政执法和刑事司法界限不明晰。第三为综合责任,在实践中主要体现为先罚后移、刑后部分罚。即行政机关先基于行政管理要求作部分处罚之后,移交刑事机关处罚或者先移交刑事机关处罚后再作出行政处罚,但是在处罚类型上存在一定的差别。综合责任是目前实践中采用较多的责任归属类型,只是对于行政机关和刑事司法机关各自处罚的责任类型存在差别。如《行政处罚

[1] 参见杨科雄:《行政责任与刑事责任竞合的处理》,载《人民司法》2014年第9期。

法》第35条第2款规定:“违法行为构成犯罪,人民法院判处罚金时,行政机关已经给予当事人罚款的,应当折抵相应罚金;行政机关尚未给予当事人罚款的,不再给予罚款。”

二、“三级拆解法”在涉税行刑交叉案件中的展开

(一)涉税行刑交叉案件一级拆解

建立起行刑交叉案件一般拆解的框架性思维体系后,将其运用于涉税案件,便形成涉税行刑案件的“三级拆解法”(将这种体系运用至其他领域的行刑交叉案件中,同样能够达到合理拆解的效果)。一般而言,“三级拆解法”中的一级拆解内容即执法交叉和司法交叉是较稳定的。基于行政行为类型化考虑,税务类行政行为大致分为税收征管行为和税收处罚行为,一级拆解可以细分为税收管理与刑事诉讼交叉,税务处罚与刑事诉讼交叉两类。如在税收优惠确认、高新技术企业认定过程当中,如果纳税人或者其他相关主体使用了虚假登记材料,违反了国家公文制作规定甚至伪造印章等,会产生税收管理与刑事诉讼的交叉。税务处罚与刑事诉讼交叉则更明显,虚开发票处罚、偷税处罚等都可能与虚开发票类犯罪和逃税罪产生交叉。一级拆解首先要确立案涉交叉发生在税收征管程序中还是税务处罚程序中,这对于后续二级拆解至关重要,也是三级拆解体系先行确立行政执法端,再确立刑事诉讼端的必然要求。

(二)涉税行刑交叉案件二级拆解

在一级拆解层面,无论是单纯的税收管理行为还是税务处罚行为,其本质均是税务机关为维护税收征管秩序、保障国家税收而针对相对人所作出的行政行为。因此,在确立涉税违法事实交叉、程序交叉、责任交叉的二级拆解时,先从税务机关行政职责的角度界定行政行为类别,方能确立相应的事实以及其所对应的程序和责任。

一般而言,税收征管职责包括综合信息报告、发票使用报告、税费申报、税费缴纳、证明开具、纳税人类型认定、税务行政许可、优惠核实确认、税收核定、退(抵)税(费)、逾期及欠税、税务代保管资金、预约定价安排、调查协查、通知及送达、外部信息采集交互、凭证及证件、征缴管理、信用管理、风险

管理、违法处置、税款追征、行政救济等方面。[1] 相应而言，税收行政违法事实主要包括违反税务登记管理制度、违反账簿管理制度、违反纳税申报制度、违反税款征收制度、违反发票管理制度、其他机构未能协作等产生的违法行为。总体可归类为违反税款征收制度的行为和违反税收管理制度的行为两类。

单纯的税收征管行为多数属于行政管理类行为，发生行刑交叉的概率相对较低。但当税收征管行为需要刑事力量保障时，会产生行刑交叉。如抗税罪的确立对税款征收行为的保障，虚开发票犯罪的确立对发票管理行为的保障等。整体而言，涉税行刑交叉主要体现为两类：一为违反税款征收案件的行刑交叉，包括偷税、逃税、抗税、骗税案件交叉；二为违反发票管理案件的行刑交叉，如虚开发票案件交叉、非法印制、伪造、倒卖发票案件交叉等。在确定涉税违法事实及相应行刑交叉案件基本类型后，才能更好地完成二级拆解中事实交叉、程序交叉、责任交叉的总结和提炼。

如在虚开发票案件中，其涉及的违法事实应首先锁定违反发票管理的行为，其次可以在发票管理服务规范及法律规范中寻找对应的行政管理程序或处罚程序，结合相应的刑事程序进行对照分析，从而确立程序交叉的整体情形及关键点，最后确立可能产生的责任类型。

（三）涉税行刑交叉案件三级拆解

经过前述一级、二级拆解，对案件事实、程序和责任在整体上已可作出基本分类和判断。三级拆解的主要目的是对交叉事实进行解构，对交叉程序进行分离和固定，同时确定责任形式和具体归属。为了平衡论述篇幅，亦虑及三级拆解在整个拆解体系中的重要性及复杂程度等因素，笔者将涉税行刑交叉案件三级拆解中的事实解构、程序固定、责任归属在下文进行专门阐述（见图1）。

[1] 参见国家税务总局《全国税务机关纳税服务规范（3.0版）》，2019年8月。

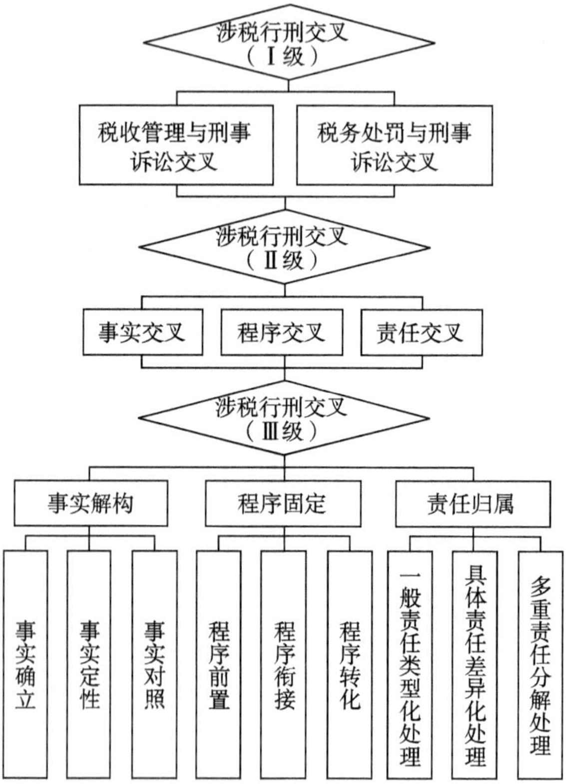

图1　涉税行刑交叉案件三级拆解

三、涉税行刑交叉案件三级拆解之违法事实解构

(一)纳税违法事实类别

违法事实解构首先要确定违法事实的概念及表现形式。如前所述,税收违法事实主要体现为两类。

第一类为违反税款征收制度的事实,主要是指纳税主体违反税款申报、缴纳义务,直接侵害国家税收债权的行为,如偷税、抗税、逃避追缴欠税、骗取出口退税,分别对应逃税罪、抗税罪、逃避追缴欠税罪、骗取出口退税罪等,由此产生责任的重叠和交叉,属于整个涉税行刑交叉领域中最常见的部分。

第二类为违反税收管理制度的事实,是指纳税人或相关主体违反有关税务登记、账簿凭证管理、发票管理等税法规定的协力义务,妨碍了国家税收征收权的正常行使,通常不以应纳税款的直接减少为结果要件的行为。[1] 一般而言,该类行为所对应的仅为罚款的行政责任,并未指向其他责任,不易产生交叉。但如果以提供虚假证明资料等手段骗取税务登记,或者有其他的犯罪行为介入税收行政管理中亦可能会产生交叉,但这类交叉并非真正意义上的交叉,本质上仍应属于两个并行程序。需要注意的是,对于该类违法事实中违反发票管理制度的行为,同样可能涉及应纳税款的减少及相应的行政责任、刑事责任,亦属于行刑交叉案件的主要类型之一。

(二)税收违法事实特点

税收违法事实存在以下特点:(1)竞合性。即一个行为同时产生两种以上的事实效果,最典型的如偷税和骗税相竞合,如果缴纳税款以后又采用骗取出口退税的方法骗取税款,在已缴税款之内成立偷税,超过这一金额则成立骗税。[2] (2)持续性。即因违法行为持续进行,从而使其在一定时间内处于持续违法状态的事实,如在非法运输发票过程中,从一个地方运输空白发票到另一个地方即达到违法标准。(3)连续性。其是指基于同一或者概括的违法故意,连续实施性质相同的触犯同一税务行政法律规范的违法行为。如纳税人为了达到少缴企业所得税的目的,跨越几个纳税期限连续采取了多提折旧、多提职工福利费、多列支业务招待费等的偷税行为。(4)结合性。即两个行为本身相关,将其结合成一事处理,如伪造和出售增值税专用发票本是两个行为,基于法律规定,在一定条件下可作为一事处理。(5)牵连性。即某一违法行为,其手段行为或者结果行为又违反了其他法律规定,如企业利用作废发票多列成本偷税,虽然同时触犯了《发票管理办法》和《税收征收管理法》,但其偷税结果是由偷税的手段衍生造成的,归根结底只有一种违法事实,应当按照结果行为——偷税处理。[3]

正是由于税收违法事实的上述特点,导致其向刑法领域趋近时产生交叉、变

---

[1] 参见施正文:《税法要论》,中国税务出版社2007年版,第470~471页。

[2] 《刑法》第204条第2款规定:"纳税人缴纳税款后,采取前款规定的欺骗方法,骗取所缴纳的税款的,依照本法第二百零一条的规定定罪处罚;骗取税款超过所缴纳的税款部分,依照前款的规定处罚。"

[3] 参见杨海麟、尹平达、廖永红:《如何理解税务行政处罚"一事不二罚"》,载个人图书馆,http://www.360doc.com/content/12/0815/12/7084656_230287465.shtml。

异或者分离。

(三)税收违法事实拆解方法

税收违法事实与刑事违法事实的交叉多数是由于量化趋近而进入刑事管制的。对违法事实的解构,应按事实确立、事实定性以及事实对照等基本步骤进行。

税收违法事实的确立本质上解决的是证明违法事实的证据问题。既要考虑行政机关对行政行为的合法性举证的一般原则,也要充分考虑对某些特殊情况的举证责任要求,如对偷税行为是否应对主观故意事实进行认定,对虚开发票是否应对骗取国家税款目的以及造成国家税款流失等事实进行认定。尤其当行政违法的条件和刑事犯罪的要件对该等事实具备与否存在不同要求时,更应着重对相应的证据进行审查,同时分析举证责任的分配问题。

税收违法事实的定性,既包括管理性行为和处罚性行为的定性,亦应包含税务管理和税务行政处罚在税法及税收政策层面的具体行政行为类型,以实现对其进行归口处理,最终开启正确的程序处理通道。如对税收违法行为举报的处理,首先应确定其属于一般征管类违法行为还是属于应给予行政处罚的行为,其次还要确定具体属于哪一类的管理性行为或税收行政处罚行为,以此确定正确的程序通道。

违法事实对照,一方面,将案涉已确立的事实置于行政违法和刑事犯罪所分别要求的事实中进行对照,确定和寻找其差异之处,以实现事实的拆分、剥离或并合;另一方面,要将违法事实与相应的程序要求进行比照,以确定相应违法事实应适用的程序。如对偷税和逃税罪涉及的事实进行处理时,应将已证实的事实行为分别在税法规范及刑法规范中进行对照,以确定相应的程序通道。

四、涉税行刑交叉案件三级拆解之程序固定

涉税行刑交叉案件的程序与一般行刑交叉案件的程序整体相同,一般应包括行政管理程序、行政处罚程序以及刑事司法程序。不同的是,涉税案件存在一般征管程序及税务稽查程序之分。而涉税行刑交叉案件在程序方面,最重要的一环即体现在稽查程序和刑事侦查程序的衔接问题之中。为实现行政程序和刑事程序的顺利切换及正常交互,可以从程序前置、程序衔接、程序转化三方面分析行刑交叉案件三级拆解过程中的程序固定环节。

(一)程序前置

部分税收违法案件须先进行行政处理,才能进入刑事追责领域,即通常所称行政程序前置。

以偷税案件为例,在实践中产生的问题是,行政追责程序是否为刑事追责必经的前置程序,即是否必须先进行行政处理才能够刑事追责。这一问题在刑法规范层面产生了不同理解,在司法实践中亦存在不同做法。例如,2013 年河南省息县人民法院(2013)息刑初字第 93 号刑事判决中,人民法院确认了偷税行政处理前置规则,但同时认为公安机关直接立案的逃税罪案件可以不受行政处理的前置约束;2016 年天水市麦积区人民法院(2016)甘 0503 刑初 168 号刑事判决认为,我国刑法没有明确规定行政程序前置,故无须进行偷税处理行政前置;2018 年河南省社旗县人民法院(2018)豫 1327 刑初 320 号刑事判决同样认为,法律未明确规定行政程序前置;而 2018 年湖南省浏阳市人民法院(2018)湘 0181 行初 43 号行政判决认为,逃税罪责任追究必须行政程序前置;2019 年最高人民法院(2019)最高法刑申 238 号驳回申诉刑事通知书基本明确了行政程序前置的原则要求;[1]而浙江省瑞安市人民法院(2020)浙 0381 刑初 64 号刑事判决又引发一个新问题,即对非纳税义务人、扣缴义务人的其他被告人,在没有行政追责的前提下,认定为逃税罪共犯并进行刑事处罚,这一做法是否违反了逃税案件行政处理前置的原则?这是对行政程序前置理解的新发展,需要从立法或司法层面予以重新规范或解释。

(二)程序衔接

行政处理程序和刑事司法程序衔接问题涉及的主要法律法规依据为《行政处罚法》第 27 条[2]、《行政执法机关移送涉嫌犯罪案件的规定》(2020 年修

---

[1] 参见姜瀚钧:《涉税案件行刑交叉路向何方?》,载大力税手网 2018 年 8 月 23 日,http://www.dlsstax.com/index.php? m=Index&c=Content&a=index&cid=549&aid=13249&fuid=9497。

[2] 《行政处罚法》第 27 条规定:"违法行为涉嫌犯罪的,行政机关应当及时将案件移送司法机关,依法追究刑事责任。对依法不需要追究刑事责任或者免予刑事处罚,但应当给予行政处罚的,司法机关应当及时将案件移送有关行政机关。行政处罚实施机关与司法机关之间应当加强协调配合,建立健全案件移送制度,加强证据材料移交、接收衔接,完善案件处理信息通报机制。"

订)[1]、《关于加强行政执法与刑事司法衔接工作的意见》[2]等。修订后的《行政处罚法》确立了行政机关和司法机关的"双向移送机制",同时要求行政处罚实施机关与司法机关之间应当加强协调配合,建立健全案件移送制度,加强证据材料移交、接收衔接,完善案件处理信息通报机制。在确立行政机关向司法机关移送时,新《行政处罚法》将原来规定的"构成犯罪"的移送条件修改为"涉嫌犯罪",这将进一步强化行政案件向刑事案件的转化力度。

在新《行政处罚法》实施后,如何进一步处理好两类程序的衔接将显得更紧迫和重要。具体到税收违法案件,目前在实践中的程序衔接主要有以下几种做法:

1. 税务机关先立案,公安机关未立案

《行政处罚法》明确规定不能用行政处罚代替刑事处罚。当税务机关发现税收违法行为可能涉嫌刑事犯罪时,必须移送刑事机关追究其刑事责任。如果税务机关先行立案,而公安机关未立案,税务机关可先罚后移,先作出税务处理决定,要求相对人补缴税款,也可先作出税务处罚决定后再移交公安机关作刑事处理。当然,税务机关也可移后再罚,即将案件先移交司法机关处理,待刑事处罚之后再作行政处罚决定,但如果司法机关已经处以罚金,一般只能处行为罚、申诫罚,而不能再处以行政罚款。[3]

2. 税务机关先立案,公安机关后立案

公安机关应将立案情况告知税务机关,税务机关暂时不作行政处罚决定,将案件移送公安机关,但涉及行政处理前置及与其他犯罪行为相结合的单纯税收管理行为等特殊情况除外。

3. 公安机关先立案,税务机关后立案

税务机关将案件移送公安机关,不先行作出行政处罚决定。一般而言,公安机关已经立案,要尽量避免出现税务机关和公安机关交叉处理的情形。但涉及行政处理前置及与其他犯罪行为结合的单纯税收管理行为等特殊情况除外。

---

[1] 2001年7月9日国务院令第310号公布,根据2020年8月7日国务院《关于修改〈行政执法机关移送涉嫌犯罪案件的规定〉的决定》修订。

[2] 中共中央办公厅、国务院办公厅转发国务院法制办等部门《关于加强行政执法与刑事司法衔接工作的意见》的通知(中办发〔2011〕8号)。

[3] 《行政处罚法》第35条第2款规定:"违法行为构成犯罪,人民法院判处罚金时,行政机关已经给予当事人罚款的,应当折抵相应罚金;行政机关尚未给予当事人罚款的,不再给予罚款。"

(三)证据转化

由于程序不同,处理机关不同,责任不同,必然产生证据的适用和转化问题。如稽查程序中的证据能否作为侦查机关证据使用,刑事侦查、起诉、审理当中的证据能否作为稽查证据使用,以及特殊证据应如何处理等。仅从证据类型角度而言,刑事诉讼和行政诉讼证据类型大体一致,但证明标准不同。刑事诉讼证明标准一般会高于行政诉讼,由此产生两类证据适用的冲突问题。以虚开发票案件为例,该类案件的违法事实主要围绕增值税专用发票展开,所谓"查案、查账、查税必查票",这是我国以票控税政策在违法查处层面的必然体现。同时,增值税本身有环环征税、环环扣税,最终由消费者承担全部税负的特点,这使案件证据链变得异常冗长和复杂。这就需要我们从程序中去探索证据适用、转化的一般规律和特殊情形,并在实践中加以运用。

1. 行刑证据顺转

以虚开发票案件为例,稽查和侦查程序衔接首先要注意随案移送材料的类型。税务稽查部门一般将案件发票流证据、资金流证据、货物流证据以及合同流证据进行移送,以该4类证据作为基本证据,证明虚开发票行为事实。但在新的经济形势影响之下,"三流一致"或"四流一致"已经变得越来越模糊不清,有必要通过实质重于形式的原则把握"三流"或"四流"在本质上是否一致,而不能仅考察表面资料。此外,随案移送的还有财务账簿、凭证类证据以及行政文书类证据等。其中,行政文书类证据主要包括《案件移送书》《调查报告》《协查报告》《税务处理决定》《税务处罚决定》等。税务稽查部门向侦查机关移交案件时所移送的上述材料,最终可能转化为刑事诉讼证据。《刑事诉讼法》第54条第2款规定:"行政机关在行政执法和查办案件过程中收集的物证、书证、视听资料、电子数据等证据材料,在刑事诉讼中可以作为证据使用。"公 、检、法等机关在具体适用该规定时,又出现不同的解释和原则,导致在实践中证据转化的标准和要求并不统一。

《公安机关办理刑事案件程序规定》第60条规定,可转化的证据种类为"物证、书证、视听资料、电子数据、检验报告、鉴定意见、勘验笔录、检查笔录",与《刑事诉讼法》相比,增加了检验报告、鉴定意见、勘验笔录、检查笔录等几种证据类型,同时明确只要是公安机关接受或依法调取的行政机关在行政执法和查办案件过程中收集的上述证据,经公安机关审查符合法定要求的,都可以作为证据使用。《人民检察院刑事诉讼规则》第64条规定,可转化的证据类型为"物证、书证、视听资料、电子数据、鉴定意见、勘验、检查笔录”,同时明确对于行政机关在行政执法、查办案件中收集的上述证据,需由检察机关审查符合法定要求后,才可以转化为刑事证据。在法院审理阶段的证据转化则较严格,要求行政机关及特定组织在执法和查办案件中收集的证据材料,收集程序合法且经法庭查证属实的,方可转化。可见,公、检、法各机关对行政程序证据向刑事证据转化的具体要求不尽相同。在实践中,应当以人民法院最终适用的证据转化规则予以确定,但对于未能进入司法审判阶段的案件,是否应视其所处的刑事程序阶段而适用不同的标准和要求,司法实践应作统一。此外,还有一些特殊证据不能适用上述证据转化规则,下文将对此予以论述。

2. 刑行证据逆转

由于刑事诉讼证据的证明标准高于行政诉讼证据,在刑事程序中已审查合法、属实的相对固定、客观的证据可直接转化为行政执法证据。但非实物证据(包括言词证据、鉴定意见、瑕疵证据等)不能直接作为行政程序证据,而应经法定转化程序后方能使用。其他已作非法证据排除的证据或虽未排除但明显违法的证据不能直接转化。同时,如果生效判决已经确定的事实亦可直接确认。但需特别注意的是,生效刑事判决涉及纳税义务、税种、计税依据或者应纳税额的确定和计算等税务管理领域专属事务时,如在司法认定结果和税务机关确认的性质和数额不一致时,在实践中应充分考虑税务机关审核、确定的结果,而不应当然接受刑事判决的认定。若因税务机关的正确认定与刑事判决产生冲突,导致刑事审判监督程序的启动,属于对生效判决的纠错程序。

3. 特殊证据

在税务稽查程序与刑事程序中,除上述证据“顺转”“逆转”的一般情形外,还包括部分特殊证据的适用与转化。

第一类证据为类似《已证实虚开通知单》之类的未经外化但确实影响当事人权益的证据。税务机关收到其他机关制作的《已证实虚开通知单》后,可要求涉案企业作进项税额转出或者不予抵扣、退税。基于此,有观点认为,出具《已证实虚开通知单》已外化为影响当事人权利义务的行政行为,具有可诉性。在确定该证据的合法性时,应通过单独的行政复议、行政诉讼程序予以审查。反对观点则认为,《已证实虚开通知单》为税务机关的内部、过程性行为,不具有可诉性,其合法性可在相关案件中直接认定,无须单独启动行政复议、行政诉讼程序。福建省高级人民法院(2019)闽行申 385 号再审行政裁定认为:“《已证实虚开通知单》属于异地税务机关之间内部使用的协查文件,并不直接送达给行政相对人,受托税务机关在收到《已证实虚开通知单》后作为线索和立案依据,之后展开调查取证。因此,本案申请人所诉的《已证实虚开通知单》对其权利义务不产生实际影响,不属于人民法院行政诉讼受案范围。原一审裁定驳回申请人的起诉,二审裁定予以维持,均无不当。"可见,在目前的司法实践中,倾向认为《已证实虚开通知单》不具有可诉性。

第二类证据为税务稽查报告、审理报告等由税务机关自行制作的内部文书。它们不能直接归为刑事诉讼8种证据类型之中的任何一项。有观点认为,该类证据可作为鉴定意见。[1] 但税务机关并非鉴定机构,其基于行政执法的需要制作该类文书,目的并非提供鉴定意见,将其归为鉴定意见较牵强。也有观点认为,税务机关在税收违法案件中类似刑事案件中的被害人角色。如在偷、逃税款案件中,税务机关代表国家征收税款,而税款流失意味着税务机关所代表的国家税收利益受损。故稽查报告、审理报告相当于被害人陈述。这种观点亦与刑法、行政法理念相违背,无论是法理上还是逻辑上均无法周延,不宜采纳。更有极端观点认为,稽查报告、审理报告相当于起诉时使用的起诉状,而非证据。因稽查报告、审理报告不能归为法定证据类型,在实践中将其作为证据使用的做法仍然缺乏法律依据。

第三类证据为言词证据。税务稽查部门的调查包括询问、约谈等,进而形成询问笔录等书面材料。但因稽查程序笔录与侦查程序笔录制作过程中对当事人造成的心理压力、所适用的程序以及所依赖的物理环境完全不同,因此对证据内容的客观化输出产生了很大影响,故不同程序中的言词证据不能直接互相转化。税务稽查程序中所作的笔录不能直接作为刑事证据使用,侦查机关需要通过讯问、询问的方式,重新制作笔录,使行政案件中的证据转化为刑事证据,完成证据链条的闭合。但刑事程序中的言词证据是否能够直接转化为行政程序证据,理论上及实践中尚存在争议。

第四类证据为鉴定意见。在实践中,出现较多争议的问题主要在于鉴定意见突破了鉴定范围或者鉴定结论明显错误。如在虚开发票案件中,鉴定意见认定某公司虚开发票,同时核算虚开税额。但"虚开"属于违法概念,是定性问题,

---

〔1〕 参见杨延锋:《行政执法和刑事司法衔接案件证据问题研究》,云南大学2018年硕士学位论文,第24页。

需由法定机关通过法定程序方能确认某一行为是否构成虚开，第三方鉴定机构无权对某个行为直接作出违法或合法性认定，而仅能就被鉴定材料作客观表述，对涉案金额进行界定。

五、涉税行刑交叉案件三级拆解之责任归属

事实解构和程序固定最终是为了确定责任归属。责任归属可进一步细化为一般责任类型化处理、具体责任差异化处理以及多重责任分解处理。

(一)一般责任类型化处理

违法行为可能产生刑事责任、行政责任和民事责任，各自归属于不同领域和部门法评价，应先进行一般类型化处理，然后再对具体责任作差异化区分。一般责任的类型化处理，要求将可能产生的行政责任、刑事责任、民事责任进行一般性类型化考量以确定整体责任类型，并预判案件发展方向，作出相应的调整和应对。税收违法案件可能产生的行政责任除最常见的补缴税款、罚款、滞纳金外，还包括发票管理限制、出口退税、纳税信用、限制出境、海关管理等一些特殊责任。[1] 如在对一般违法或骗取出口退税案件的税务处理和行政处罚进行责任分析和界定的同时，需要考虑视同内销增值税及滞纳金的处理。税收违法案件刑事责任除要考虑出罪、入罪、量刑外，还要考虑罚金、追缴、没收等财产责任。在确立行政、刑事责任的同时，还需考虑该违法行为是否构成对其他民事主体的侵权或违约。如虚开发票案件，可能导致善意受票方增值税进项税额无法抵扣的损失，还可能导致出口退税款返纳，视同内销的增值税、滞纳金及相关附加税费的损失等。因此，在对税收违法案件进行一般责任类型化处理时，应尽可能全面、完整地进行评估、预判。

(二)具体责任差异化处理

由于责任主体、涉及税种、责任性质不同，具体责任的承担方式和内容亦存在区别，在涉税案件中应注意作差异化处理。以虚开发票案件为例，其已经从单一行政责任走向复杂、联合的行政责任，如联合惩戒、限制出境和其他管理类的惩戒等。

---

[1] 在新《行政处罚法》对行政处罚的内涵进行定义，同时对外延进行列举的情况下，纳税信用等级降低、联合惩戒、重大税务违法信息公示等行为是否属于行政处罚可能存在一定争议。

行政责任客观上在发展变化。应首先明确责任主体是受票方、开票方还是介绍方,从主观上区分善意、恶意,甄别责任类型属于偷(骗)税责任还是发票管理责任。例如,对于善意受票方,在增值税处理方面,一般不予抵扣进项税额或不予出口退税,不缴滞纳金,但重新取得有效发票则准予抵扣;在所得税处理方面,实际发生的合理支出准予税前列支。而对于恶意受票方的责任认定,则存在较大差异,如涉及增值税方面的追缴税款、罚款,调减留抵进项税额,加收滞纳金等;在所得税方面,不符合规定的发票不得作为税前扣除凭据,实际发生的合理支出准予税前列支;此外,恶意受票方还需考虑发票管理方面的没收违法所得、罚款等行政责任。在责任主体方面,开票方与受票方的认定方式亦存在差异。在增值税处理方面,开票方未就虚开金额申报纳税的需要补缴税款,已就虚开金额申报纳税的不需要补税,罚款、滞纳金处理与恶意受票方相同,同时与恶意受票方一样需要考虑发票管理方面的行政责任。

在刑事责任的差异化处理方面,则要关注单纯侵害税收征管秩序、发票管理秩序,但并未导致税款流失的税收违法行为的定罪处理。此外,税款损失认定也要综合该税款所涉及的税种来考虑。如虚开发票犯罪案件一般考量的是增值税损失,并不包含所得税损失。偷税行为则涵盖增值税、所得税等全部税款损失。同时需要特别注意的是,主体差异导致刑事责任不同的问题。如虚开发票案件中的介绍方、开票方、受票方及其他协助方,因其在犯罪过程中的地位、作用不同,定罪、量刑也不同。逃税罪案件中除考虑纳税人、扣缴义务人外,还需考虑纳税人、扣缴义务人之外的其他共犯。对于其他共犯来说,是应以纳税人、扣缴义务人为参照,遵循行政处理前置程序,还是直接对其追究刑事责任,均需予以特别考量,这对于共同犯罪的认定会产生重大影响。

(三)多重责任分解处理

责任界定的难点在于对责任聚合、责任竞合以及责任背离的多重责任的分解处理。

责任聚合,较典型的是行政罚款与刑事罚金的聚合。税务机关就涉税违法行为作出行政罚款决定后移送到司法机关,由司法机关审理后再处以刑事罚金。两种处罚虽同属财产罚,但可以同时存在,行政罚款可以折抵罚金,但在实践中对于折抵的具体方式存在较多争议。例如,行政罚款和刑事罚金的执行主体、方式并不相同,无论是规定层面还是操作层面,对折抵方式均未明确;再如,当刑事罚金小于行政罚款时,应如何进行折抵以及折抵之后的余额如何处理这些问题均需进一步明确。有权机关在办案中进行责任界定时,更应予以充分、全面的考量。

责任竞合,即两个责任不能聚合,必须选择性成立。如行政处罚决定中的补缴税款与追缴税款,刑事案件中的没收违法所得与追缴违法所得,这两个责任同时出现在行政处理决定和刑事判决中时,可能会产生双罚争议及执行争议。此外,在虚开发票案件中还存在税务机关补缴增值税处理决定及刑事判决追缴违法所得的两部分金额指向同一笔款项的情形,亦应注意加以区分。在对税收违法案件进行刑事责任界定时,还要考虑想象竞合犯、牵连犯以及数罪并罚的特别处理。例如,行为人利用虚开普通发票手段逃税,其中包括虚开发票犯罪行为和虚列成本偷、逃税款两个犯罪行为,两个行为之间并无包容关系,即逃税罪不必然通过虚开发票的行为才能成立,也可以通过少列收入等形式来认定;而虚开发票不必然是为了逃税的目的,虚开发票还可以用于侵占单位财产等其他非法目的。因此,该两个行为间的关系应属于刑法理论中的牵连关系,对该行为可以按照处理牵连犯的原则"择一重罪从重处罚"。[1] 至于定罪时具体适用哪个罪名,主要根据手段行为和目的行为的情节适用法定刑幅度中较重的予以确定。考虑以虚开发票方式偷、逃税款的行为触犯了两个罪名,其社会危害性较之单个罪名更大,故量刑时应在确定适用法定刑较重罪名的基础上从重处罚。因此,进行多重责任的分解时,首先要确定是责任聚合还是责任竞合,避免因行政程序和刑事程序独立而导致因责任未界定或界定不清晰而发生认定错误或执行冲突等情形。

责任背离,在税收违法案件中主要表现为税务机关作出的行政违法认定不被刑事审判机关所采纳。如税务机关认定是虚开发票行为的,但是人民法院可能认定该行为不构成虚开发票犯罪。虚开行为同时会涉及发票管理、偷税等。如果仅仅依照发票管理的要求,发票形式上不符合规定、代开发票等行为都可以认定为虚开发票。但在刑事程序中,司法机关会综合考虑行为本身是否具有逃税的主观目的,是否对国家税款造成实际损失等因素,并以此作为虚开发票犯罪的主观方面及客观结果进行出、入罪评价。如在企业并购时,为虚增营业额、扩大销售收入或者制造虚假繁荣,采用相互对开或者环开方式虚开发票,则不宜认

[1] 参见《案例:用虚开发票方式逃税的法律责任》,载微信公众号"华税学院"2020 年 3 月 10 日,https://baijiahao.baidu.com/s?id=1660765860130866674&wfr=spider&for=pc。

定为虚开发票犯罪。[1] 但该类行为没有真实货物交易，已违反发票管理的相关规定，在行政处理上应认定为虚开。另外，对于挂靠或者代开发票等行为，均可能出现行政和刑事认定不一致的情形。理论界及实务界的争议主要集中在虚开增值税专用发票犯罪应属于行为犯、目的犯、结果犯，还是危险犯。在司法实践中逐步形成了主客观结合的立场，更愿意综合考虑偷、逃税款的主观因素与是否造成国家税款损失的客观结果进行认定。这种刑事责任对行政责任的背离，系因行政执法条件宽于刑事犯罪构成要件，导致了同一违法行为的行政责任和刑事责任不匹配。它是责任界定中最重要的情形之一，可能形成责任主体出罪、入罪的“分水岭”，意义重大，应有意识地加以研究和区分。

---

〔1〕 参见《全国法院经济犯罪案件审判工作座谈会综述(2004)》，载微信公众号“刑法规范总整理”2020 年 8 月 9 日，https://www.sohu.com/a/412294496_671848。

社会保险费征管体制改革:挑战与应对

洪小东*

摘　要:提升征管效率是社保费征管体制改革的核心意旨。社保费征管体制改革须以能够有效应对企业“新增”负担,促使税务机关严格依法征收以及提升参保人缴费动力的三重挑战为必要。形成这些挑战的相应主要原因是:社会保险转制成本承担方式不合理,税务机关自身的角色冲突以及社会保险权益的可携性不足。降低企业负担的主要措施是降低社保费率,而这需要以强化国家对社保基金的财政补助以及综合协调税费筹资工具为着力点;为促使税务机关严格依法征收,应强化税务机关的垂直管理以消解其角色冲突;提升参保人缴费动力的关键则在于增强社会保险权益的可携性。

关键词:社会保险费;征管效率;挑战与应对

一、社保费征管体制改革之内涵解读

企业与职工社会保险缴费不实已经成为我国社会保险基金失衡的重要原因之一。[1] 为了充分应对人口老龄化危机,平衡社保基金收支差额,通过强化征管汲取更多的社保费收入已然迫在眉睫。为此,政府进行了以税务机关统一征收社保费为核心的社保费征管体制改革。2018 年 3 月,中共中央审议通过的《深化党和国家机构改革方案》指出,“为提高社会保险资金征管效率,将基本养老保险费、基本医疗保险费、失业保险费等各项社会保险费交由税务部门统一征收”。同年 7 月,中共中央办公厅、国务院办公厅印发了《国税地税征管体制改革方案》,将“统一征收”起始时间确定为 2019 年 1 月 1 日。虽然这一改革举措

---

* 华南师范大学法学院特聘副研究员。

〔1〕 参见汪润泉、金昊、杨翠迎:《中国社会保险负担实高还是虚高?——基于企业和职工实际缴费的实证分析》,载《江西财经大学学报》2017 年第 6 期。

实际上并未如期推行,一些税务部门推迟了对企业社保费的统一征收。[1] 但随着时间的推移,已经有越来越多的地方落实了这一改革要求。[2]

此前,我国社保费的征收模式呈现“主体二元并立、征收方式多样”的基本格局。“主体二元并立”,是指税务机关与社保经办机构都是社保费的合法征收主体。[3] 征收方式多样,主要是指税务机关征收社保费时,又存在“代收”与“全责征收”的区别。[4] 社保费征管体制改革要求统一征收主体,即原本由社保经办机构征收社保费的地方政府必须一律将社保费交由税务机关征收,实现征收主体的一元化。而“征收”仅仅是社保费征管的一个环节,所聚焦的乃是社保费的“转移”过程——从劳动者和企业到社会保险基金,其效果等同于税款从纳税人到国库。“统一征收”对征管效率的提升已经获得了经验证据的支撑,其依托的是税务机关较之社保经办机构更强大的征管能力——包括但不限于税务机关在信息、技术以及执法权等方面的比较优势。

有必要着重区分的是“统一征收”与“全责征收”。两者的含义并不完全相同。前者更多地指向征收主体,后者则更加着眼征收方式。可以说,社保费核定权的归属是两者最重要的区别。根据《社会保险费申报缴纳管理规定》第4条、第7条之规定,社保费核定是针对用人单位的社保费申报所进行的审核,主要包括用人单位的缴费险种、缴费基数、费率、缴费数额,以及职工名册及职工缴费情况。事实上,在“统一征收”的语境下,社保费核定权并不必然归属于税务机关;但在“全责征收”的语境下,社保费核定权则应发生转移。一般而言,社保费的征管包括登记、申报、核定、征收、追缴、处罚、稽查以及待遇发放等多个执法环节。即便是税务机关“全责征收”社保费,社保经办机构也不可能完全丧失社保费管理职能。那么,社保费征管体制改革的目的究竟是统一征收主体还是统一

---

〔1〕 参见陈益:《部分省市企业“社保转税”推迟背后的信号》,载《城市金融报》2019年1月10日,第3版。

〔2〕 例如,截至2020年11月,湖南、贵州、广西、北京、江西、新疆、山西、吉林、山东、四川、上海、天津、西藏、深圳14省市的人社、税务、财政部门相继发布公告,明确将企业职工、灵活就业人员各项社会保险费均交由税务部门统一征收。

〔3〕 参见任宛立:《税务机关全责征收社会保险费:制度障碍及其破解之道——一个权责配置的视角》,载《华中科技大学学报(社会科学版)》2020年第3期。

〔4〕 参见汪德华:《税务部门统一征收社会保险费:改革必要性与推进建议》,载《学习与探索》2018年第7期。

征收方式？虽然最高决策层并未给出对“统一征收”的官方解释，但从社保费征管体制改革所要应对的主要问题以及制度运行的逻辑来看，“统一”的内涵实际上包含了“全责”之意旨。

二、社保费征管体制改革所面临的挑战

(一)如何有效应对企业“新增”负担

由于税务机关的执法能力较社保经办机构更强，如果现行征收标准不变，则企业未来的社保负担较之此前“二元征收”时期必将有所增加。这实际上构成了企业的一种“新增”负担。首先，社保费的缴费基数将被做实，这对于那些以较低缴费基数为标准的企业来说，负担将会显著增加。企业所缴纳的社保费的费基与职工个人所得税的税基以及企业所得税的税基高度相关。税务机关可以根据职工所缴纳的个人所得税推算企业应当缴纳的社保费总额。即便国务院已经决定降低缴费基数，[1]但由于缴费基数依托于社会经济发展总体水平，具有客观性，一旦被做实，这就在很大程度上消除了企业按职工的实际工资代扣代缴个人所得税却按更低标准缴纳社保费的可能性。其次，税务机关通过严格执法，有能力使那些此前并未为全部职工缴纳社保费的企业实现全员缴费。这相当于增加了缴费人数，对于企业负担的加重也是显而易见的。

尽管降低社保费率确实有助于降低企业未来的社保负担，但由于我国尚未完全建立科学的社会保险精算制度，社保费率的科学降幅事实上难以把握，费率普降导致的社保费“减收”与强化征管导致的社保费“增收”对社会保险基金安

[1] 参见国务院办公厅《关于印发降低社会保险费率综合方案的通知》(国办发〔2019〕13号)。该通知规定：“各省应以本省城镇非私营单位就业人员平均工资和城镇私营单位就业人员平均工资加权计算的全口径城镇单位就业人员平均工资，核定社保个人缴费基数上下限，合理降低部分参保人员和企业的社保缴费基数。”

全性以及社保制度运行的综合影响难以准确料知。[1] 就“收入侧”而言,社保费征管体制改革的目的在于提高征管效率,而且在人口老龄化加剧、养老保险基金缺口增大的现实背景下,国家有汲取更多社保费收入的刚性需求。这意味着,整体费率降低导致的社保费减收幅度应当小于统一征收导致的社保费增加幅度,否则就会背离改革的初衷。就“支出侧”而言,降低费率还要考虑不能使参保人的社保待遇下降幅度过大,否则将影响参保人的权利保障,这在很大程度上将意味着政府必须增加财政补助社保的支出规模。因此,如何掌握费率降低的“度”以控制企业的“新增”负担,是社保费征管体制改革面临的一大挑战。

(二)如何促使税务机关严格依法征管

社保费的征管效率固然与征收主体和征收方式有直接关系,但事实上,征收主体的统一却并不必然带来对社保费的依法从严征管。换言之,社保费征收主体的统一相较二元征收时期虽然能够提高征管效率,但仍不足以保障征管改革所追求的理想目标之实现。换言之,在“全责征收”的背景下,征管层面仍然存在社保制度政策化的情形。除受客观条件所限的征管能力方面的问题外,税务机关自身的主观执法意愿被忽略。如果说,科学处置企业“新增”负担主要是以企业利益为出发点,那么实现从严征管则回归了以提升效率为中心的社保费征管改革目标。因此,统一征管之后仍然面临如何激励税务机关严格执法的问题,它对提升征管效率的影响是决定性的。从目的论视角来看,这将是社保费征管体制改革所面临的另一个挑战。

(三)如何提升参保人的缴费动力

社保费的征管效率不仅与征收主体有关,更与被征收主体的遵从度直接关

---

[1] 有必要说明的是,理论上对社会保险的精算分析是存在的。如汪润泉等学者以“不降低待遇”和“维持基金平衡”为约束条件,对养老保险进行了精算分析并提供了征缴率与养老保险费率之间的关系数据。参见汪润泉、鲁於、杨翠迎:《养老保险降费何以可能?——基金平衡视角下的精算分析》,载《人口与发展》2019 年第 4 期。但实际上,政府对社保费率之调低,更多的是采用谨慎尝试的实用主义方法。例如,从 2015 年 3 月到 2018 年年底,国家先后针对失业保险、工伤保险和生育保险 3 个险种提出了阶段性降费方案,3 个险种的费率标准分别下降了 2、0.4 ~ 0.625、0.5 个百分点,基本养老保险则在部分地区下调了费率。然而面对企业感觉降负不明显的舆情,2019 年 4 月,国务院出台了《降低社会保险费率综合方案》,开始新一轮降费。由此不难看出,理论上的精算推演对政府决策的指导意义是比较有限的,根本原因可能在于精算并不“精”。

联。从参保主体的视角来看,其参保意愿也是影响社保费征管的重要因素。正如税收遵从度直接影响税收征管效率一样,社保遵从度也会直接影响社保费的征管效率。无论是社保经办机构征收社保费还是税务机关征收社保费,都会存在参保人遵从度的问题。在实践中,劳动者自身不愿缴费甚至与企业协议将保费纳入工资一并支付的情况非常普遍。税务机关依靠其执法能力,虽然能够在某种程度上提升征管效率,但由于这种基于权力的"强制"不能从根本上解决参保人遵从度的问题,进而也就难以实现最优的征管效率。税务机关的执法资源始终是有限的,如果参保人纷纷逃避社保费的缴纳,税务机关的执法工作可能会陷入被动,从而影响社保费的征管效果。因此,只有增强参保人自身的缴费动力,促使所有缴费主体提高缴费遵从度,才能真正维护社会保险制度,助力税务机关切实提升征管效率。故而,如何有效提升参保人的缴费动力亦是社保费征管体制改革面临的一大挑战。

三、社保费征管体制改革面临挑战的制度性成因

(一)社会保险基金承担了大量的外部负担

我国偏高的社会保险费率主要体现在此前较高的职工基本养老保险费率,这在很大程度上源于制度建立之初它承担了较多的外部负担,即法律规定由职工基本养老保险基金支付此前已退休人员和累积工龄人员的养老金权益。在职工基本养老保险制度改革以前,对企业职工的劳动风险,我国实行"国家—单位"共同承担的保障模式。[1] 20 世纪 90 年代,伴随国有企业改革,我国进行了职工基本养老保险制度改革。对于改革前已经退休或者有工龄累积的企业职工来说,他们在很长一段时间内并未缴纳养老保险费。按照当时的制度规定,他们提供劳动的对价,除享受国家规定的工资和劳动待遇外,还包括退休后的养老和医疗保障。所以,企业职工基本养老保险制度的建立和实施,不能改变国家对已经退休或者已通过累积工龄享受一定待遇的职工的承诺。即国家通过立法要求社保基金分担了一部分原本应当由国家承担的"转制成本"。[2] 例如,1997 年

---

〔1〕 参见郑功成等:《中国社会保障制度变迁与评估》,中国人民大学出版社 2002 年版,第 5 页。

〔2〕 参见熊伟、张荣芳:《财政补助社会保险的法学透析:以二元分立为视角》,载《法学研究》2016 年第 1 期。

颁布的国务院《关于建立统一的企业职工基本养老保险制度的决定》要求,对该决定实施前参加工作、实施后退休的人员以及该决定实施前已经离退休的人员,统筹基金对其视同缴费年限的养老金承担支付责任。社会保险基金之所以在当时的背景下有能力分担部分转制成本,在很大程度上就是通过较高的社会保险费率来实现的。此即我国社保费率偏高的源头。

从比较法视角来看,我国的社会保险总费率水平也是偏高的。根据一些学者对非洲、美洲、亚太和欧洲160多个国家和地区社会保险法定费率的观测,2004~2016年,平均而言,非洲国家的费率均值在16.5%~17.9%,美洲国家的费率均值在16.4%~18.9%,亚太地区的费率均值在17.5%~18.7%,欧洲国家相对较高,在28.9%~32.2%。[1] 而我国社会保险费率"在供给侧结构性改革之前,全国5项社会保险执行的平均缴费率相当于工资薪金的42%,其中养老保险费率占比高达28%。近几年来,由于实施了几轮的降费政策,全国平均社保缴费率大约降至39%左右,其中,大部分省份执行的养老保险费率是27%(企业雇主缴费率为19%,职工个人费率仍维持8%)"。[2] 当偏高的社会保险费率遭遇经济下滑以及人口老龄化加剧带来的养老保险收不抵支问题时,其对企业的消极影响最终显性化,并对社保费征管体制改革的推行带来了挑战。

(二)税务机关的角色冲突

税务机关的角色冲突,是指在税基与费基能够相互影响的情况下,征税与征费的执法标准双重化的问题。税务机关作为税收与社保费的共同征收机构,将会面临何者利益优先的权衡——在企业负担能力一定的情况下,要想征收更多的税款就必须减轻对社保费的征收力度。

首先,作为国库利益的当然代表,税务机关往往会强化税款的征收而弱化社保费的征收。税收制度相比社会保险制度更具刚性,后者的社会政策意义更明显。[3] 在中央严格限制地方政府税收优惠权力的背景下,社保费往往成为地方

---

[1] 参见杨翠迎、汪润泉、程煜:《费率水平、费率结构:社会保险费的国际比较》,载《经济体制改革》2018年第2期。

[2] 郑秉文:《大幅"双降":社保制度改革进程中的一个转折点——从长期制度安排和长期经济增长的角度》,载《华中科技大学学报(社会科学版)》2019年第3期。

[3] 与税收法定相比,社保费的法定程度要低得多。但从另一个角度而言,近些年来地方经济的快速发展事实上得益于社会保险法律制度的政策化。无论是立法还是执法,社保费都有相比于税收更宽松的弹性空间,地方政府往往以社保费为政策工具激励企业的投资生产运营。

政府招商引资的政策性工具。[1] 当社会保险作为一项社会政策时,它就要服从于地方政府对整体利益的考量。如果税务机关完全依法履行职责,对社保费“应收尽收”,会直接缩减个人所得税和企业所得税的税基并对地方政府财政的可持续性造成影响。

其次,大多数税收都会进入支出不受用途限制的一般公共预算,而社保费则进入“专款专用”的社会保险基金预算,并且不能为政府直接使用。特别是养老保险基金中央调剂制度实施以后,养老保险基金充足的地方降低社保费征管力度的动机更强烈。严格征税与宽松征费之所以成为我国税费征管实践的“常态”,一个重要原因在于,税务机关的内部激励机制主要是围绕完成“税收任务”来设计的,社保费的地位远没有税收重要,税务机关欠缺主动稽查的动力,这在很大程度上放纵了企业违规缴纳社保费的行为。

(三)社会保险权益可携性不足

在制度层面抑制劳动者缴费动力的一个重要原因是,社会保险权益的可携性不足。社会保险转移接续不畅,导致参保人社保权益损失严重。[2] 如果劳动者的远期社保权益得不到保障,就会有越来越多的人采取及时“变现”的策略。有学者的研究已经证实,可携性是一个影响农民工参保意愿的重要因素。[3] 以最重要的养老保险权益为例,在现行制度下,参加职工养老保险的农民工,在达到退休年龄、缴费未届满 15 年时,只能将职工养老保险关系转移至农村居民保险体系;转移的措施是缴费年限可以累计,但职工仅能转移个人账户部分,统筹

---

〔1〕 例如,《池州市加快工业经济发展若干政策》(池发〔2006〕11 号)规定,企业可以采取分步实施的办法参加社会保险,但最迟要在 3 年之内为全部职工办理养老、失业、医疗、工伤等各项社会保险;缴纳社会保险费的基数可按全省平均工资的 60% 或高于 60% 自行选择,其中,失业保险费的基数可按不低于当地最低工资标准自行选择。江西省崇义县在《招商引资政策指南》也提到,企业及职工办理参保登记申报缴纳基本养老保险费,允许其将全省上年度在岗职工月平均工资的 60% 作为月缴费基数。参见李彪:《社保缴费地方样本:个别地方政府将低费率当作招商引资“筹码”》,载《每日经济新闻》2018 年 9 月 10 日,第 2 版。

〔2〕 参见房海军:《社会保险费强制征缴的现实之需、实施困境及其应对》,载《北京理工大学学报(社会科学版)》2019 年第 3 期。

〔3〕 参见郭庆:《从意愿到事实:农民工养老保险参保意愿和行为差异的影响因素研究》,载《西北人口》2017 年第 5 期。

账户的缴费累积无法转移。[1]

此外，根据现行制度规定，社保费转移接续程序也是由参保人主导的。在实践中，为了办理社保关系转接手续，往往需要劳动者在两个甚至多个统筹地域之间多次奔走，这无疑加大了参保人转接养老保险关系的成本和负担。虽然《社会保险法》确立了跨统筹地区就业的养老金待遇“分段计算”规则，并对国务院施加了行政立法责任，[2]但时至今日，并未有实质性的进展。从实现转移的成功率来看，根据人力资源和社会保障部社保中心的统计数据，在 2011 年全国开具基本养老保险参保缴费凭证已转移接续的人中，成功转移的人仅占 20%[3]，这也在很大程度上证实了社会保险权益可携性不足的问题。

四、社保费征管体制改革顺利推行的应对之策

（一）科学降低社保费率

国家推行税务机关统一征收社保费的征管体制改革，是在做实缴费基数的基础上摸清社保费率降低空间的必要之举。[4] 既然降低费率已达成共识，问题的关键将转化为，如何才能使社会保险费率之降低契合社保费征管体制改革的终极目的——为企业减负的同时维持社保基金收支平衡以保障参保人社保待遇不降低。这还需要从两方面进行考量：一是国家财政的积极介入；二是综合协调税费筹资工具。

---

〔1〕 人力资源和社会保障部、财政部《关于印发〈城乡养老保险制度衔接暂行办法〉的通知》（人社部发〔2014〕17 号）第 3 条规定：“参加城镇职工养老保险和城乡居民养老保险人员，达到城镇职工养老保险法定退休年龄后，城镇职工养老保险缴费年限满 15 年（含延长缴费至 15 年）的，可以申请从城乡居民养老保险转入城镇职工养老保险，按照城镇职工养老保险办法计发相应待遇；城镇职工养老保险缴费年限不足 15 年的，可以申请从城镇职工养老保险转入城乡居民养老保险，待达到城乡居民养老保险规定的领取条件时，按照城乡居民养老保险办法计发相应待遇。”

〔2〕 《社会保险法》第 19 条规定：“个人跨统筹地区就业的，其基本养老保险关系随本人转移，缴费年限累计计算。个人达到法定退休年龄时，基本养老金分段计算、统一支付。具体办法由国务院规定。”

〔3〕 参见李贤：《“流动”断保问题必须正视并解决了》，载《工人日报》2013 年 12 月 31 日，第 7 版。

〔4〕 参见杨翠迎等：《社会保险费率的适度性、降费空间及统征统管——基于待遇与基金平衡视角》，载《税务研究》2019 年第 6 期。

1. 国家财政的积极介入

国家财政介入社保基金的原因有二:其一,社保制度的转制成本原本即需要由国家来承担;其二,基于社会保险蕴含的国家福利属性,国家有义务积极回应公民权利保障的诉求,更好地保障公民社会权的实现。[1] 国家财政介入社保基金能够增强其充盈性和可持续性,进而能够为降低社保费率腾出空间。事实上,国家财政也一直在补助社保基金。例如,人力资源和社会保障部(2008 年国务院机构改革之前称为"劳动和社会保障部")从 2002 年开始在年度统计公报中单列各级财政对城镇职工基本养老保险基金的补助情况,2002 年为 408.2 亿元,2016 年增加到 6511 亿元,全国社保基金决算数据显示,2017 年为 4955.13 亿元,2018 年为 5355.43 亿元,2019 年为 5587.76 亿元。18 年间,财政补助城镇职工养老保险的支出已逾 5 万亿元。

国家财政介入社保基金的方式可以通过国有资本划转和一般公共预算拨付这两种途径来实现。党的十八届三中全会审议通过的《中共中央关于全面深化改革若干重大问题的决定》提出,"划转部分国有资本充实社会保障基金。完善国有资本经营预算制度,提高国有资本收益上缴公共财政比例,2020 年提到百分之三十,更多用于保障和改善民生"。这表明,国有资本作为社保基金的资金来源被明确化。党的十八届五中全会再次强调,"建立更加公平更可持续的社会保障制度,实施全民参保计划,实现职工基础养老金全国统筹,划转部分国有资本充实社保基金",正式拉开了国家财政补助社保基金制度化的序幕。2017 年 11 月,国务院发布《关于印发划转部分国有资本充实社保基金实施方案的通知》(国发〔2017〕49 号),对划转的原则、范围、对象、比例、承接主体以及程序等事项都作了规定,落实了党的十八届三中全会关于划转国有资本充实社保基金的决定,国家财政对社保基金外部负担的化解有了一定的制度化保障。但由于该通知系国务院的规范性文件,效力层级较低,与全面依法治国的要求仍有差距,应当逐步正式化、法律化。

国家财政补助社保基金的筹资方式已经趋于明朗,国有资本充实社保基金的制度化也取得了实质性进展。但一般公共预算对社保基金的补助仍然缺乏制度层面的保障。彻底化解社保基金的外部负担,需要从根本上厘清国家财政对

---

[1] 参见洪小东:《养老保险中的政府责任解析——以基本养老金的二元"构成"为视角》,载《现代经济探讨》2018 年第 7 期。

社保基金的责任。一方面，需要完善我国的预算支出体系，提升预算支出结构的科学性和法制化；另一方面，需要完善社会保险精算制度——这是明确国家财政责任的基础和前提。唯有如此，才能从根本上确定合理的社保费率水平、激励税务机关做实缴费基数并严格执法，进而有助于在建立科学、独立的社保体系的同时，有效降低企业的社保费负担，并最终为社保基金提供持续性财源。

2. 综合协调税费筹资工具

降低费率是社保费征管改革能够顺利推行的关键。因为立法层面的征收标准问题不解决，执法层面的征收标准必然陷入“脱法”之境地。无论是税收还是社保费都有再分配功能，[1]由于国家财政的介入，在社保待遇刚性增长的现实背景下，社保基金的筹资工具就具有了某种相互替代性。事实上，每一次旨在降低企业财产负担的改革都面临“降费”还是“减税”的博弈。从该种意义上讲，减轻企业财产负担的方式不一定是降低社保费率——降低税率同样能够达到。那么，为什么还要强调通过降低社保费率来保障社保费征管体制改革的顺利推行？笔者认为，其根本原因在于，社保基金应当独立于国家财政的价值目标和制度构造。摆脱对国家财政的依附性最终实现收支平衡，仍然是社保基金的根本价值目标之一。国家财政介入社保基金的正当性不足以覆盖社保基金的独立性。

基于税费之间的关联性，企业不合规缴费、征收机关不严格征收的问题不能简单地归咎于社保费负担过重。降费从某种程度上意味着社保待遇的降低，寻求合理的降低费率的空间，需要将作为筹资工具的税收与社保费作为一个整体加以考量，社保费的费率并非越低越好。换言之，政府选择通过降费来降低企业负担的原因在一定程度上由于它是税收利益的享有者。同样的逻辑适用于税务机关作为执法者的“厚税薄费”。总而言之，只有充分协调税费筹资工具，在综合平衡企业财产负担的基础上，才能确立更科学的社保费率。

（二）强化税务机关垂直管理以消解角色冲突

我国税收征管体制在国地税二元并立时期，地方税务机关是地方政府的行政部门之一，其机构设置、人员编制和管理体制等均由地方政府负责。[2] 因此，

---

〔1〕 参见章萍：《社会养老保险中企业逃费行为的制度成因分析》，载《现代管理科学》2007 年第 7 期。

〔2〕 参见董蕾、王晓、李佳朋：《我国国地税机构合并衍生问题探析》，载《税务与经济》2018 年第 6 期。

地方税收征管往往要考虑地方政府的整体利益而不能自行其是。税务机关中央化的意旨在于尽可能消解地方利益本位主义对社保费征管改革的干预,防止社会保险法律制度的政策化。2018 年税收征管体制改革将国税与地税系统合并,并“实行以国家税务总局为主与省(区、市)人民政府双重领导管理体制”,已经迈出了税务机关“中央化”的关键一步。在未来,应当着力实现税务机关人、财、物的中央统管,将税务机关的事权与财权统一到中央层面。总之,强化税务机关的垂直管理可以使其更好地与地方利益进行切割,有助于增强税务机关的独立执法地位,提升社保费的征收刚性,进而切实提高社会保险费的征管效率。

强化税务机关的垂直管理是保障其严格征收社保费的必要条件,但却并非充分条件。换言之,税务机关中央化主要是为了抑制地方政府对税务机关从严征管的干预,但并不足以保障税务机关对税收与社保费的一视同仁。正如上文所述,那些已经实现了由税务机关(全责)征收社保费的地方政府同样存在如何严格执法以提升社保费征管效率的问题。税收所具有的通用性特质与社保费的专款专用属性,将会在很大程度上对税务机关的执法动力产生不同影响。“税费征收一体化的缺点主要是,税务机关在日常管理中采取的措施或管理手段是出于税收目的考量的,对社保费的本质及目的的特殊性关注不足。”[1] 因此,在税费征管中,如果将中央与地方视为同一利益主体,尚需完善对税务机关的内部激励机制,改变税务机关在执法过程中的“重税轻费”。社保费相比税收而言,其缴费与受益之间的关联性更强,这正是税务机关可以有效利用之处。在最终的社会保险待遇支付上,国家财政与社会保险基金之间具有相互替代性。从某种程度上讲,将执法重点放到税收上并不能真正惠及国库利益。因此,激励税务机关严格执法的关键还在于税费综合考评,建立以税费总额为基础、优先保障社保费征管为导向的征管制度,同时完善不严格征收社保费的责任追究制度并强化社会监督。唯有如此,才能促使税务机关严格而公平地执法,切实提高社保费的征管效率。

(三)完善社会保险转接制度以增强参保人缴费动力

如上文所述,社会保险可携性不足会严重影响参保人的缴费动力。特别是参保人的当期收益(工资)偏低而支出需求较大时更会如此。“在职工个人层

---

[1] 郭昌盛:《我国社保费征管体制改革的困境与出路——基于欧洲国家改革的经验与教训》,载《经济体制改革》2018 年第 2 期。

面,低技能劳动者的收入较低、流动性较强,企业往往将其登记为非正式职工,从而逃避缴费,甚至当较高的社会保险费率影响到自身收入水平时,职工也愿意接受企业安排。”[1]

五、余论:社保费改税是否是摆脱征管困境的根本出路

有学者认为,社会保险“费改税”是解决社保费征管难题的根本出路。[2] 笔者认为,这其实是对“费”与“税”概念区分的误解。事实上,国际上所谓的社会保障税实为社会保障费。[3] 换言之,旨在以公民养老、就医、失业等诉求为筹资目的、具有专款专用性质的社会保障税与社会保险费在本质上并无不同。假定社会保险费改为社会保障税,并将社会保障税直接作为中央税,实质上是社会保险全国统筹的“结果”。社保费改税看上去似乎有一个好的结果,但却忽视了平衡财政收支过程的复杂性。无论采用何种筹资形式(费或税),社会保险都需要一个“精算平衡”与“预算平衡”相结合的过程——在筹资阶段先确定保障项目和标准,进而依此确定筹资水平,做到“以支定收”;在支付阶段再依据所筹集的税款设定待遇,实现“以收定支”,两个阶段均不偏废,可在一定时期内实现“收支平衡”。[4] 总而言之,简单的社保筹资形式的变化,无法真正解决其面对的根本性问题——收支平衡。

综上所述,社保费征管体制改革顺利推行的关键在于:税费整体考量,收支两端兼顾。这需要由立法机关在更高层面上统一决策。因为这涉及纳税主体和缴费主体的总体负担,需要从根本上进行规划。社会保险无论选择以费还是以税为筹资形式,都要坚持精算平衡与预算平衡相结合。精算平衡是社保基金收支平衡的技术性法则,预算平衡是社保基金运行的法律原则。[5] 正是从这个意

[1] 袁志刚、李珍珍、封进:《城市化进程中基本养老保险制度的保障水平研究》,载《南开经济研究》2009 年第 4 期。

[2] 参见叶姗:《社会保险费改税的法律分析》,载《税务研究》2012 年第 1 期。

[3] 参见任寿根:《社会保障费与社会保障税的根本区别》,载《证券时报》2018 年 9 月 25 日,A03 版。

[4] 参见何文炯、杨一心:《社会医疗保险筹资若干问题辨析》,载《中国医疗保险》2011 年第 3 期。

[5] 参见娄宇:《论作为社会保险法基本原则的“精算平衡”和“预算平衡”》,载《华东政法大学学报》2018 年第 5 期。

义上讲,社会保险采用何种筹资形式反而不那么重要了,因为单纯的社会保险“费改税”并非摆脱其征管问题的根本出路,它从一个结果论视角出发忽视了实现社会保险收支平衡过程的复杂性。

社会保险费税式征收法律问题研究

薛皓天*

摘　要：随着税务部门统一征收社会保险费，将《税收征收管理法》作为法律依据，可补足现行规则授权不足、刚性缺失、追缴不明等缺憾，亦为"费改税"争论提供了一种新出路。但社保费的公私属性及对价特征须受法理检视和调整。我国的社保费征收具有国家主体性，但相比税收，其在整体的社保费筹资与待遇支出关系上构成"约略性"比例，而我国缴费人缴费与参保人待遇给付的具体关系上又表现出对价特征。社保费税式征收的推行，应适当弱化对参保个人征费的公法措施，同时衡量企业法律预期性、经济转型压力等影响，在法律上考虑引入保费赦免等规则，以缓和追缴压力。

关键词：社会保险费；税收征收管理法；对价性；比例原则；赦免

社保基金偿付压力与日增加，[1]而企业欠费、逃费问题仍存在。中共中央在2018年3月印发的《深化党和国家机构改革方案》中，决定"将基本养老保险费、基本医疗保险费、失业保险费等各项社会保险费交由税务部门统一征收"（以下简称社保入税）。相比社保经办机构征费，税务部门有更成熟的涉税信息资源与管理系统优势。但这项改革在法律层面仍存在问题：

首先，税务部门征费法律依据不充分。税务部门征缴社保费目前主要依据的是《社会保险法》以及国务院于1999年出台的《社会保险费征缴暂行条例》（2019年修订，以下简称《征缴条例》）。[2] 但其仅授权税务部门"代征"社保

---

* 中国政法大学财税法研究中心博士研究生。

〔1〕 仅就养老金而言，据中国社科院发布的《中国养老金精算报告2019—2050》，2019年全国城镇企业职工基本养老保险基金到2027年达到峰值6.99万亿元，然后开始迅速下降，到2035年耗尽累计结余。参见郑秉文等：《中国养老金精算报告2019—2050》，载搜狐网2019年4月15日，https://www.sohu.com/a/308193682_120056655。

〔2〕 人力资源和社会保障部早先出台的适用于社保部门征缴的规章，也因机构体制改革将在事实上失去效力。如《社会保险费申报缴纳管理规定》（人力资源和社会保障部令第20号）、《社会保险费征缴监督检查办法》（原劳动和社会保障部令第3号）等文件。

费,即“社保经办机构核定,税务部门征收”,不能满足实践中已经出现的从登记到处罚全过程的“全责”征收模式的要求。这使税务部门征费更依赖地方出台的文件,[1]由此导致其执法依据效力层级较低,且标准不统一,不利于未来社保费的全国统筹。税务部门在实践中,也难以避免“重税轻费、先税后费”现象。[2]

其次,税务部门征费的公法措施刚性不足。例如,《社会保险法》第63条仅规定,税务部门间接的银行账户划拨执行权,而配套的存款冻结强制权缺失,导致欠费单位在调查过程中转移资金,致使追缴不能。《征缴条例》亦未赋予税务部门对社保费征缴的强制措施。从短期看,由于社保降费难以提高遵从度,所以依靠外在压力非常必要。[3] 从长期看,为使社保费实际费率与名义费率匹配,[4]更需一套更严格规范的程序保证社保费基“做实”。

最后,社保费如何追缴、追缴期限等问题没有法律规定。随着社保入税,税务部门动辄追征10年社保费的新闻引起广泛关注。由于征费不合规问题普遍存在,追缴严厉化倾向可能会引发市场担忧。虽国务院以政策文件要求“暂不集中清缴”,[5]但政策的灵活性却不能满足企业权益保障与交易预期的长期诉求,未来追缴的不确定性“阴云”依然高悬企业的头顶。同时,追缴规范的缺失,也易造成税务部门工作中的执法风险。[6]

因而,法律依据配套的滞后,将在很大程度上影响社保入税改革的落地。本文将尝试基于以《税收征收管理法》作为未来社保费征缴的主要法律依据的法理分析,以“税式征收”模式作为征费的法律改革路径,通过比例原则考量税式公法措施在征费中的具体化,以解决前述障碍。

---

[1] 例如,《广东省社会保险费地税全责征收实施办法(暂行)的通知》(粤劳社函〔2008〕1789号)、《江苏省社会保险费征缴条例》(江苏省人大常委会公告第103号)、《浙江省社会保险费征缴办法》(浙江省政府令第188号)等。

[2] 参见元林君:《我国社会保险费征缴体制现状、问题与改革趋势》,载《科学经济社会》2018年第2期。

[3] 参见郑秉文:《社会保险降费与规范征收:基于公共政策分析的思考》,载《税务研究》2019年第6期。

[4] 参见郑秉文:《社会保险费“流失”估算与深层原因分析——从税务部门征费谈起》,载《国家行政学院学报》2018年第6期。

[5] 参见《降低社会保险费率综合方案》(国办发〔2019〕13号)第6条。

[6] 参见王延中主编:《中国社会保障发展报告(2018)》,社会科学文献出版社2018年版,第6页。

一、社保费税式征收的立法植入困惑

在立法上建立统一的社保费征缴规则是以法治路径规范“社保入税”改革的必然选择。就目前可行的立法路径看,第一种是在《社会保险法》中对社保费征缴制定具体条款;第二种是完善国务院的《征缴条例》;第三种是授权税务部门适用现有的《税收征收管理法》进行征收。[1] 第三种立法模式相对前两种模式的优势在于,可直接借用更完善的税收征管法律体系,擢升执法刚性,便于税务部门进行具体执法操作,同时亦可以提高社保费征缴法律层级,规范征缴行为,有效回应《国税地税征管体制改革方案》对“统一税收、社会保险费征管服务标准”的要求,减少另行修法、立法的成本。目前,在有的地方已经出现参照《税收征收管理法》执法的实践。[2] 可见,以《税收征收管理法》作为征费依据是一种实现法律改革目标的理想模式。

征税程序以更有效地筹资社保。[3] 那么在“社保入税”的改革背景下,若实体法上暂不直接进行“费改税”,仅在程序法上授权税务部门适用税收征管程序征缴社保费,似可成为解决以往学界争论的一种新思路。但这仅是一个法条授权的形式问题吗?又该如何进行立法?

有人提出,可“在《税收征收管理法》中增加‘社保费征管参照或直接适用《税收征收管理法》’的规定”。[4] 但实际上,“参照适用”与“直接适用”的性质是不同的。所谓“参照”,即既要考虑事物的类似之处是否足以导致准用,又要

---

〔1〕 参见李轶:《将社保费的征管融入税收征管之中》,载中国税网,http://www.ctaxnews.com.cn/2018-08/15/content_640740.html。

〔2〕 如浙江省的《社会保险费征缴办法》(浙江省政府令第188号),对于费款推计、追缴期限、行政强制以及检查权等规则,都非常类似《税收征收管理法》。并且,对于企业的缴费,其并未采用“参保人工资总额”作为单位缴费基数,而是采用更固定的“企业全部职工工资总额”作为缴费基数,社保费入库也严格按照税收入库的方式操作。

〔3〕 参见贾康、杨良初、王玲:《实行费改税开征社会保险税的研究》,载《财政研究》2001年第1期;邓子基、杨志宏:《中国社会保障费改税的几个基本问题》,载《江西财经大学学报》2011年第3期。

〔4〕 邹新凯:《税务机关社保费征管权证立与运行保障——来自功能适当原则的分析径路》,载《地方财政研究》2019年第3期。

考虑其不同之处是否足以限制、修正或排除所准用之规范。[1] 故在社保费征缴时是否类推诸多税收征管规则应交由执法或司法部门进行判断,这在效果上远不同于“直接适用”的规定。因而,如何取舍“参照适用”还是“直接适用”,并非简单的立法用语选择。“参照适用”会赋予公权机关以规则适用裁量权,损及缴费人对规则适用的预期。而如果采取“直接适用”,还要进一步考虑是对《税收征收管理法》条文的全部直接转引,还是有选择性地转引?有学者认为,如税务部门代征社保费,除“对于社会保险费缴纳义务人的强制措施,适用《社会保险法》的相关规定”外,适用《税收征收管理法》。[2] 另有学者对该种“直接适用”本身提出了谨慎质疑:社保费是一种非税收入,与税收性质不一致、征收内容不同,不宜适用《税收征收管理法》。[3]

故对该问题之明确涉及两者法律行为性质的探讨,而非单纯的立法形式问题。若二者性质上本就出入较大,与其费力在《税收征收管理法》中择取同质部分,还不如另立新法单独应对更适恰。

二、社保费税式征收的前提与理论障碍

(一)前提:征税权配置的基础

对于社保费征缴行为的性质定位,一直以来并不清晰。“养老保险费征收行为、缴纳行为定性不清是困扰社会保险经办机构征收养老保险费力度、企业和劳动者缴纳养老保险费积极性的根本所在。”[4] 社保费之征缴行为定性困惑的症结在于其公私性质的不明确——它到底是行政机关行使“权力”还是缴费人获得相应“权利”的问题。[5] 而能否将《税收征收管理法》适用于社保费,其实

---

[1] 参见于飞:《合同法总则替代债法总则立法思路的问题及弥补——从“参照适用”的方法论性质切入》,载《苏州大学学报(法学版)》2018 年第 2 期。

[2] 参见滕祥志:《税收征管法修订草案批注 2018》,载《中国财税评论:政策与案例》2018 年第 1 期。

[3] 参见王桦宇、李想:《税务部门征收社会保险费的误区及其澄清》,载《税务研究》2019 年第 6 期。

[4] 郑尚元:《公开、规范与定型——养老保险制度从政策到法律——中国社会保险立法的进路分析》,载《法学》2005 年第 9 期。

[5] 参见郑尚元:《公开、规范与定型——养老保险制度从政策到法律——中国社会保险立法的进路分析》,载《法学》2005 年第 9 期。

就是能否用征税程序上的公法保障措施，包括税收保全、强制执行、税务检查、税收处罚等，用于该种公私性质有待明确的社保费之征缴。

征税主体基于公法的权力关系被称为“征税权”，附属于税收实体关系，源于税收之债本身的效力——税收债权，[1]是“运用国家行政力量，以求实体的税收债务请求权的实现，这源自作为公法之债的税收债务在履行上的要求不同于私法债务的清偿”。[2] 而基于各类型债务[3]的公法性质差异，相应配置的程序性征收权力也不同。如德国《行政强制执行法》虽是一般公法金钱给付之债的程序基本法，[4]但对于税法、社会保险法和诉讼缴费法等具有特殊性质的给付，则另作规定。[5] 可见，对于“行政强制执行的具体贯彻，其展开面相极大地受执行基础内容的影响，即执行机关针对不同的公法义务类型及其产生方式，需满足不同的前提并采取各异的措施，方可凭借国家强制力强迫非自愿的相对人履行有关义务”。[6] 因而，能否将征税权用于社保费，需要以构成征税权基础的税收为参照基点，以考察社保费的“公法义务类型及其产生方式”“非自愿性程度”等基础内容。

(二)理论障碍：社保费的特殊性质

相比税款征缴，社保费之征缴的特殊性质主要体现在以下两个方面：一是社会保险的权属性质与征费行为的性质不明。如将其定性为私有性，则将征税权适用于社保费必然不当。二是我国社保费缴纳与其待遇享有的对价性问题。因为对价性之有无影响了公民缴费的自愿性，这直接决定征费一方的公法手段强制性适用之深浅程度。而以无偿性为特征的税收才可采用典型的税式征收措施。

---

[1] 参见施正文：《税收债法论》，中国政法大学出版社2008年版，第128页。

[2] 施正文：《论征纳权利——兼论税权问题》，载《中国法学》2002年第6期。

[3] 社会保险费与税收、规费、特别公课等皆为公法债务，参见葛克昌：《税捐行政法——纳税人基本权视野下之税捐稽征法》，厦门大学出版社2016年版，第8页。

[4] 《联邦德国行政强制执行法》第1条第1款规定：“联邦以及联邦直属公法法人的公法金钱债权，依本法规定通过行政途径予以执行。”

[5] 《联邦德国行政强制执行法》第1条第3款规定：“税法、包括失业保险在内的社会保险法以及诉讼缴费法的规定，不受影响。”

[6] 段沁：《德国公法金钱债权的行政强制执行制度——二元结构与双层理路下的构造》，载姜明安主编：《行政法论丛》第23卷，法律出版社2019年版，第272页。

1. 社会保险的公私性质争议

(1)“社保费私有说”

我国社保费目前是“社会统筹与个人账户相结合”的模式,即雇主缴费或雇主与雇员的共同缴费进入社保基金统筹账户,雇员缴费归于个人账户。对于社保费统筹账户的权属定性,历来富有争议:有认为是国家财政资金的;[1]有认为是社会共同财产的;[2]还有认为是特定参保人共同共有的,[3]具备集体私有属性。

社保费私有性的观点有历史的渊源。社会保险费起源于私法领域,其特点是自愿与互助,发轫于“行业互助”。最初体现为雇员和雇主的“缴费分摊、风险分担”,[4]参保人员较有限,并且待遇与职员收入密切相关。后来国家逐步介入,充当起了“保护人”角色。这种典型体制见诸德国。俾斯麦创立了社会保险制度,于1881年在《建立完善的社会保险的皇帝诏书》中引入了“社会保险”概念。

德国法学家汉斯·察赫对这种理想中的社会保险制度的描述是,“如果社会保险的特征被完全发挥出来,它会是一种:特殊的管理机构执行,管理机构的财政来源是被保险人的缴费,被保险人(以及其他缴费者,尤其是雇主)自治管理”。[5] 以德国联邦养老保险机构为例,其就是一种以德国《社会法典》第6卷为依据设立的介于政府组织与市场主体之间的专业公共机构:雇主和雇员组成代表大会,通过自治模式共同负责社会保险费的征缴与给付。因自治权的行使所形成的“中间载体”(社保机构)“有权对具体问题制定单方面的且有约束力的规则,在收缴保费和确定福利费时体现这种规则”。[6] 政府不干预其日常运行,

---

[1] 参见王显勇:《社会保险基金法律制度研究》,中国政法大学出版社2012年版,第105页。

[2] 参见彭丽萍:《社会保障基金信托法律问题研究》,法律出版社2013年版,第58~59页。

[3] 参见林嘉:《社会保障的理念、实践与创新》,中国人民大学出版社2002年版,第287页。

[4] 参见郑秉文:《社保基金的法律组织形式:欧盟的经验教训》,载《中国政法大学学报》2009年第1期。

[5] [德]汉斯·察赫:《福利社会的欧洲设计——察赫社会法文集》,刘冬梅、杨一帆译,北京大学出版社2014年版,第259页。

[6] [德]乌里奇·贝克尔:《德国社会保险的自治权——理念、组织安排和改革》,载《社会保障研究》2005年第1期。

仅进行市场(运营与金融风险)监管与财务监督,实现了“政事分开”与“管办分离”。[1] 在该种社保模式下,雇主与雇员共同管理,从缴费、保管到发放体现出一种公法干预下的意思自治特点,私益性色彩较浓厚。

(2)私有说下的征费行为定性

在德国,参保雇员与雇主间共同组成公法法人团体对社保基金实施自治管理。因而在权力性质上,社保费征缴权被纳入雇员与雇主的自治管理权之下,成为自治权力的一部分,而非国家公法强制性权力的行使;在征费主体上,国家仅扮演社保体制监管者的角色,而非直接管理者;在社保资金的权属上,德国社保资金应是各个社保自治组织中参保人共同共有的财产,而非国家所有。统而言之,德国的社保体制不具有国家主体性特征,此时社保费的征费权与政府的征税权存在本质上的隔阂。可能正由于这一体制土壤生发出的理论影响,我国有学者亦认为,社保费“脱胎于私法领域,要强化(征缴)刚性,目前还找不到足够的理论依据”。[2]

所以,如果视社保费权属具有私有性,则对之适用《税收征收管理法》并不适当。因为对参保人财产征缴后其权属性质与主体不发生改变,仅产生权能上的限制,故保费征缴行为并非行政法上的征收行为,而更应被认为是一种“筹集行为”。[3] 然而,征税权的行使,本质是一种公法上对所有权或支配权的单向转移关系。同时,由于税收征管手段是一种为实现公共利益的国家“自力救济权”,[4]具有国家主体性特征,故适用于特定参保人集体私益的保障也并不妥当。因而需要对社保费的征缴行为性质是否具有“国家主体性”问题作进一步分析,否则社保费征缴对《税收征收管理法》的适用,将在法理上存在障碍。

2. 社保费的对价性

强制性原则被认为是“社会保险制度的基石”。[5] 的确,基于社会连带责任与大数法则理论,强制性为社保费的基本特征,因而其也是一种典型的公法强制性金钱给付。然而,强制性也有程度深浅的问题。公法给付强制性的典型代表

---

[1] 参见娄宇:《论我国社会保险经办机构的法律地位》,载《北京行政学院学报》2014 年第 4 期。

[2] 董保华等:《社会保障的法学观》,北京大学出版社 2006 年版,第 193 页。

[3] 参见黎建飞、谢冰清:《公权视野下社会保险基金权属问题之审思》,载《湖南社会科学》2016 年第 4 期。

[4] 参见施正文:《税收债法论》,中国政法大学出版社 2008 年版,第 134 页。

[5] 参见叶姗:《社会保险法》,高等教育出版社 2016 年版,第 74 页。

为税收。在具体征纳关系中,税收具有强制性和无偿性,不同于私法债务所具有的意思自治、契约自由等特点。而规费作为另一种公法强制性给付类型,具有因享受一项公共服务而缴费的特征,具有对价性与一定程度的契约自由,其强制性主要体现在对这种契约自由的限制上:"对公共服务的享受,公民的选择自由仅仅是抽象的,即要么选择放弃享受,要么选择接受事先单方面确定的义务和条件来享受,因为这类公共服务只有相关公共机构才能提供。"[1]可见,规费之强制性体现于对契约自由的限制,其弱于税收。这种限制的强弱决定了强制性的深浅,而程序上则需要配套相适应的公法措施对这种强制性加以保障。

我国基本养老、医疗、工伤、失业4类基本社保费要求强制缴纳,若"保险对象未依规定参加保险及缴纳保险费义务,依法得科处罚金",[2]即用人单位与参保劳动者个人皆不能通过放弃社保待遇进而规避缴费义务。所以,相比规费,其强制性程度更深。

同时,我国社保费还表现出"对价"属性,主要体现在具体的征缴关系与整体的社保收入和支出关系两个方面:

(1)具体征缴关系的"对价性",主要体现在两方面:一是缴费为社保关系发生的原因。从社保机构的实际操作看,参保人与社保机构间的社保关系采缴费发生主义。即参保人需要先缴费才能与社保机构建立社保关系,从而申请社保待遇。缴费构成社保待遇享有的条件。这可见于原劳动和社会保障部组织编写的教材《社会保险经办管理》中的观点:社保登记是用人单位、职工与社会保险经办机构建立养老保险关系的标志,用人单位、劳动者参加养老保险进行登记、申报、缴费后,社会保险经办机构即与劳动者建立养老保险关系。[3] 二是用人单位是否缴费构成参保人申请社保待遇的对待给付条件。我国《社会保险法》第41条第1款及《工伤保险条例》第62条第2款规定:职工所在单位未缴工伤保险费,应由用人单位支付社保待遇。而在生育保险中,也考虑到因用人单位未

---

〔1〕 翁武耀:《再论税收法定原则及其在我国的落实——基于意大利强制性财产给付法定原则的研究》,载《交大法学》2017年第1期。

〔2〕 沈政雄:《社保保障行政给付之行政法学分析——给付行政法论之再开发》,台北,元照出版有限公司2011年版,第133页。

〔3〕 参见孟昭喜主编:《社会保险经办管理》,中国劳动社会保障出版社2005年版,第42~43页。

为职工缴纳生育保险费，由用人单位支付保险待遇。这种转由用人单位承担给付的民事责任设定，弱化了未缴费行为承担公法行政责任的基础。

(2)在整体关系上，社保收入与待遇支出在金额上构成“约略性”比例。社保缴费金额须计入单独的社保基金账户，遵从精算平衡的基本原则。在我国的4类社会保险中，除养老金的给付数额受个人累计缴费年限、工资数额影响外，其余社保缴费与受益待遇金额虽并不完全对应，但在整体上保持社保收入与待遇支出的平衡，因而呈现一种“约略性”比例的特征。[1]

可见，目前社保费虽具有不同于规费的强制缴纳特征，但社保费在前述两个方面体现出的对价性，又不符合传统税收关系的无偿性定位。有学者认为，“社会保险费负担之有无与给付之间具有连动关系……租税则无此种对应关系，此为保险费与租税之间的本质区别”。[2] 这在法律上则体现为对社保“强制”缴费措施的设置弱于税收。如我国《社会保险法》在2011年才将第86条的罚款规则引入社保费征缴，[3]在行政强制方面也不同于税收，除银行账户划拨权外，税务部门只能向法院申请强制征缴。

所以，社保费征缴的法律刚性弱于税收，并非立法上的偶然。其存在的私有性、对价性，在理论上预设了缴费人更多的自愿性与主动性，从而弱化了社保费征缴程序中公法手段的设定基础。这既造成了实践中缴费不合规的问题，亦构成了社保征费向税式征收模式转轨的理论障碍。

三、我国社保费的税收化面向

(一)我国社会保险的公共化

1. 我国社会保险的国家主体性

在我国，国家在社会保险中不仅担当“监管者”的角色，更是社会保险的“管理者”和经办人。这可从社会保险的国家主体性、福利化、筹资机制的国家化三

---

〔1〕 参见钟秉正:《社会保险法论》(修订3版)，台北，三民书局2014年版，第141页。

〔2〕 蔡茂寅:《社会保障的财政问题》，载刘剑文主编:《财税法论丛》第13卷，法律出版社2013年版，第381页。

〔3〕 《社会保险法》第86条规定:“用人单位未按时足额缴纳社会保险费的，由社会保险费征收机构责令限期缴纳或者补足，并自欠缴之日起，按日加收万分之五的滞纳金;逾期仍不缴纳的，由有关行政部门处欠缴数额一倍以上三倍以下的罚款。”

方面体现:

(1)国家作为社会保险人

我国并不存在自治独立的社保管理机构。在进行税务部门试点征收社保费之前,我国社保费一直由社保经办机构征缴,但其法律地位一直存在争议。不少学者认为,其应被定性为类似德国公法上的社团法人或独立的事业单位。[1] 但实际上,人力资源和社会保障部对中央经办机构(社会保险事业管理中心)的定位是“综合管理全国社会保险基金和社会保险经办业务工作的部直属事业单位”,而各地的经办机构都属于同级政府主管部门直属的、全额拨款的事业单位,对经办机构的人员都实行“参公管理”。[2] 可见,我国社保经办机构依附国家,呈现一种国家经办社会保险的特征。

这种经办模式肇始于英国。《贝弗里奇报告》(*the Beveridge Report*)于1942年指出,建立全民医保,需要国家来经办。[3] 目前,英国的社保基金法律组织机构的设置和管理模式也已经完全扬弃了传统的社会伙伴合作制。[4] 同时,尽管社保费在英国被称为一种“贡款”(contribution),但一般仍被经济学家视为“纯粹的税收”。[5] 面对社保人主体地位的争议,我国也已逐步在制度层面奠定了国家作为社保人的法律地位,但更强调政府行政主导,而非人大。2014年,修改后的《预算法》将“社会保险基金预算”作为政府的财政专户加以规范,而2015年出台的《基本养老保险基金投资管理办法》第13条更直接规定政府为养老基金委托投资的委托人。[6] 在实践中,国务院也早已自主决定社保待遇标准。如

---

[1] 参见胡川宁:《社会保险经办机构的性质和定位研究——从公法人的组织模式出发》,载《行政法学研究》2016年第2期;喻术红、李秀凤:《迷局与反思:社会保险经办机构的主体定位》,载《时代法学》2016年第5期。

[2] 《社会保险法》第72条第2款规定:“社会保险经办机构的人员经费和经办社会保险发生的基本运行费用、管理费用,由同级财政按照国家规定予以保障。”

[3] 参见劳动和社会保障部社会保险研究所:《贝弗里奇报告:社会保险和相关服务》,中国劳动社会保障出版社2012年版,第8页。

[4] 参见郑秉文:《社保基金的法律组织形式:欧盟的经验教训》,载《中国政法大学学报》2009年第1期。

[5] See Glen Loutzenhiser, *Tax Avoidance, Private Companies and the Family*, The Cambridge Law Journal, Vol. 72:1, p. 35 – 49(2013).

[6] 《基本养老保险基金投资管理办法》第13条规定:“省、自治区、直辖市人民政府作为养老基金委托投资的委托人,可指定省级社会保险行政部门、财政部门承办具体事务。”

从 2005 年起,国务院逐年上调企业退休人员基本养老金 10%。

(2)社会保险的福利化

国家经办社保地位的制度性定调,与社保的发展目标紧密相连。相对传统上强调“行业互助”“劳动保障”的社会保险,我国社保正在社会化与全民化。2014 年,全国人大常委会审议了《统筹推进城乡社会保障体系建设工作情况的报告》,提出中国将实施全民参保登记计划,加快实现城乡基本养老人员的全覆盖。截至 2017 年 8 月,各省已逐步建立全民参保登记数据库。[1] 可见,目前社会保险的“保险性”日益弱化,同时“社会性”渐强。因而有学者认为,社会保险与社会福利逐渐趋同。[2] 这种观点强调,基于生存权保障,社保基金负担起了更多社会福利的任务,例如,残疾人等弱势群体在缴费和享有社保待遇时享有的优惠政策。又如,为鼓励城镇个体经营者和灵活就业人员加入养老保险体系,给予其相对企业职工的缴费优惠。[3] 而不同于传统社保依靠特定参保人的缴费,社保基金更要求国家财政的支持,这对它的筹资机制也提出了更多要求。

(3)社保筹资的国家化

在国际上,实施“税费合征”改革的国家主要是英国、瑞典、意大利以及中东欧国家,[4]其都具有国家经办社保的特质。而自治互助型的德国、法国,以及主要实行社保私营制、积累制的智利等拉美国家,都未实行国家征缴体制。

从社保基金的来源看,我国加强了国家财政补贴。国家财政对社保基金的补贴其实长期有之。截至 2020 年年末,符合条件的中央企业和中央金融机构划转工作全面完成,共划转国有资本总额 1.68 万亿元。[5] 2020 年出台的《预算法实施条例》更以法律条文的形式规定,“一般公共预算可以根据需要和

---

〔1〕 截至 2017 年 8 月 24 日,全国 31 个省份和新疆生产建设兵团均已建立省级全民参保登记数据库,登记信息平均入库率达 89%,有 24 个省份登记信息入库率超过 90%,其中,有 13 个省份达到 100%。而登记信息入库率低于 60% 的个别省份也正在加速推进工作。

〔2〕 参见栗燕杰:《中国社会保险的法治议题》,中国社会科学出版社 2013 年版,第 15 页。

〔3〕 参见国务院《关于完善企业职工基本养老保险制度的决定》(国发〔2005〕38 号)第 3 条。

〔4〕 参见[丹麦]汉斯·豪斯特·康克乐伍斯基:《社保费征收体制:问题与趋势》,载《中国社会保障》2009 年第 4 期。

〔5〕 参见《中央层面划转部分国资充实社保基金完成　共划转国有资本总额 1.68 万亿元》,载中央人民政府官网,http://www.gov.cn/xinwen/2021-01/13/content_5579333.htm。

财力适当安排资金补充社会保险基金预算”,[1]这为加大财政补贴提供了必要的制度支持。[2]

在社保筹资的方式上,2018年3月,社保入税改革的施行正式确立了税务部门对社保费的统一征收地位。由于税务部门相对社保经办机构,是典型的国家财政收入部门,这体现了向国家主导的社会征收模式的彻底转向,缴费的公法义务性质被加强。

2. 社保费征缴行为的公共属性

对税收来说,其权属在传统上被认为是国家所有。现代公共财产法理论重新定位了税收的权属性质:税收是一种“公共财产,在形式上来源于私人财产并依法为政府所持有,但在本质上是政府基于‘公共性’而代替公众持有的‘集合化的私有财产’,仍为‘公众之财’”。“其相对于私人财产存在。”[3]而对筹集到的社保费,本着社保资金应与一般财政资金相区别的原则,其并不属于国家的一般财政资金。若认为是“特定参保人共有财产”,亦不可取:首先,尽管目前确实尚未达成全民参保,仅为部分群体筹集,但从社会保险的福利化与全民化看,其公共性凸显,定位为特定群体的私益不再妥当;其次,在自治的社保体制中,虽受公法限制,参保人对社保基金仍享有自治管理权力,可理解为一种私权被限制后的剩余权能。然而在我国,参保人对之无任何参与管理的权利,法律规定政府为社保基金的所有者,只有全体人民通过人民代表大会方可对社会保险基金进行预算监督,而非行使私产权能,因而不应将之认定为一种参保人共同共有。

所以,应以“社会公共财产说”界定社保基金的基本权属。故社保费的征缴行为与税收的征税行为,本质上都是完成一种私人财产向公共财产的转化,具有同质性。加之,税务部门正式成为社保征缴的主体,为其统一适用征税权创造了条件。

(二)社保费对价性的解构

1. 具体“对价性”在用人单位层面的消解

(1)社保费征缴关系独立于社保待遇给付关系

在具体“对价性”中,关于社保关系何时发生,我国《社会保险法》并未对此

---

[1] 《预算法实施条例》第3条。

[2] 参见杨志勇:《新预算法实施条例评析:社保预算、国库、地方债、税收返还》,载澎湃新闻网2020年8月25日,https://www.thepaper.cn/newsDetail_forward_8868057。

[3] 刘剑文、王桦宇:《公共财产权的概念及其法治逻辑》,载《中国社会科学》2014年第8期。

进行明确。行政机关在实践中倾向采用缴费登记主义,即须经缴费人缴费,社保机构进行缴费登记,社保关系始得成立,此时社保部门审核办理登记行为被认为是一种形成性行政处分行为。但如果参保人或者用人单位未缴纳社保费,社保费征缴机构又会要求其履行补缴义务,这其实导致了循环解释的悖论:未经缴费则社保关系不存在,征缴机构又基于何种法律关系行使缴费请求权?所以,该补缴规则的适用必须回归"确认性行政处分说"下的公法之债理论,即劳动事实产生时社保关系即发生,无须社保机关实质审核,当社保关系发生之后,作为社保附随关系的缴费关系才发生,此时征缴机构对缴费人能当然行使公法给付请求权。"……社会保险费征缴关系也逐渐从社会保险关系中分离出来,在社保税征改革背景下两者并驾齐驱……已经摆脱了社会保险关系而成为一种独立的公法关系。"[1]笔者认为,承认社保征缴关系为一种法定之债,一方面,可解决社保关系是否存在的可能争议,使补缴请求权之行使更明确,提高了缴费的强制性;另一方面,社保关系的存在不以缴费为条件,使税务部门能作为征收机关,更独立地运作于社保关系之外,这为税务部门征缴社保费奠定了理论基础。

(2)用人单位缴费与劳动者社保待遇不构成对价

在我国目前的社保关系中,社保待遇的享有仍然以缴费人是否缴费为对待给付的条件。根据《社会保险法》第41条、《工伤保险条例》第62条第2款等的规定,用人单位缴费与劳动者获得社保待遇构成对待给付关系。从《社会保险法》现行规定看,用人单位是负有法定义务的缴费人自不待言,但如果以用人单位不履行缴费义务(包括代扣代缴义务)为理由,限制参保人的社保待遇,似乎并不符合对待给付的真正内涵。因为享受社保待遇的并非用人单位,而是作为参保者的劳动者个人。故现行法律以参保人可对用人单位提出代为支付作为补充,[2]或可提出劳动社保争议诉讼要求其补缴社保,甚至还规定了社保基金的先行给付制度。[3] 事实上,上述规定形塑了用人单位的两种法律义务:一种是公法上的社保费缴纳义务;另一种是附条件的社保待遇民事给付责任。

从短期看,将因缴费不足的给付责任转移给用人单位,可以缓解社保基金面

---

[1] 王显勇:《一个伪命题:作为劳动争议的社会保险争议》,载《法学》2019年第11期。

[2] 参见《社会保险法》第41条。

[3] 即由基金先行向缴费人支付社保待遇,再由社保机构依法追偿,目前仅适用于工伤保险。参见《社会保险法》第41条。

临的资金压力。然而从长期看,社保待遇的给付责任到底由用人单位还是社保基金承担,成为一个可因是否缴费而被推脱的问题。试想,如果用人单位不缴费则社保基金可不承担待遇给付义务,则社保费的征收将缺少制度性压力。社保经办机构可通过不履行征缴职责(社保入税后履行征缴的协力职责)而规避给付义务,而用人单位由于并非直接享有社保利益的参保人,也没有充分地缴纳保费的动力。故此种制度设计存在欠缺。因而,让社保机构与基金承担完整的给付责任,切断用人单位缴费与参保人待遇给付的对待关系,同时配套社保入税征缴体制的征收主体改革与其后税式征管程序的法律改革,才能从根本上解决社保费征缴难的问题。在《社会保险法》及相关法律法规中,取消用人单位缴费的“对价”条件,让用人单位承受更刚性的征缴措施,被认为是“有回报的,其因投保缴费而得以豁免相应的因照顾保护义务所引发的损害赔偿责任,劳动损害风险由社会保险予以承担”,[1]这才能使我国以劳动关系为基准的社保制度转向独立。[2]

因而,用人单位未履行或未完全履行缴费义务不能成为社保机构给付待遇的抗辩理由,二者不应构成对待给付关系,这在德国[3]等国家或地区有相应的规定。不缴费违反的应仅仅是社保费征缴关系中的公法义务,应补缴费款和滞纳金,甚至承担应有的行政处罚。而“用人单位基于法律规定承担申报、提供资料……的法定义务,这并不是在履行社会保险关系中的契约义务”,[4]而应当构成社保费税式征收程序中的公法协力义务。故只有参保的劳动者个人应当承担的缴费义务没有履行时,才属于真正的待遇给付抗辩事由。

2. 整体“对价性”与税收的公共财政属性

在传统上,税收往往强调无偿性、强制性与法定性。社保费“对待给付”的“有偿性”特征似乎与税收的“无偿性”构成本质冲突。的确,从税务部门与纳税人之间的具体征纳关系上看,税收具有无偿性,因为纳税人不能从税务部门获得

---

〔1〕 王显勇:《一个伪命题:作为劳动争议的社会保险争议》,载《法学》2019年第11期。

〔2〕 我国1994年《劳动法》规定了“社会保险”,即用人单位有为劳动者参保缴费的义务,如未缴费,则劳动者与社保经办机构未能建立社保关系。因此,社保关系的建立依附劳动关系中义务的履行,而非是一种独立的法定关系。

〔3〕 参见[德]苏珊·贝克尔:《德国的社会保险与司法的作用》,郭小沙译,载《社会保障研究》2007年第1期。

〔4〕 王显勇:《一个伪命题:作为劳动争议的社会保险争议》,载《法学》2019年第11期。

对价给付。但如果从纳税人与国家之间整体税收与财政支出关系上看,税收其实具有对价性特点。在现代税收经济理论中,公共选择学派认为,“从某种宽泛而有用的概念意义上讲,捐税是一种由个人或个人团体为以集体方式提供的公共劳务所支付的‘价格’”。[1] 财政学家马斯格雷夫也认为,税收价格遵循“等价交换这一市场本性”。[2] 因此,从纳税人(缴费人)一方与国家的整体关系的层面上看,社保缴费与社保基金支出之间的“约略性”比例对价关系,其实类似税收与一般财政支出的整体对价关系。前者遵循社会保险法上的精算平衡原则,后者遵循预算法上的预算平衡原则。甚至,随着社保基金接受大量的政府补贴造成财政混同,社保精算平衡“小循环”不得不迁就整体财政收入与支出预算平衡的“大循环”。[3]

(三)用人单位缴费为实质纳税

由此可见,社保费征缴行为的公共性,社保费缴纳与税收在整体层面“对价性”的契合,以及用人单位与税务部门的具体缴费关系不具对价性特征,使对用人单位之社保费征缴行为与税款征收行为具有同质性。此外,有学者认为,由于我国社保费具有专用性,是一种有税收特征的非税收入,应定性为特别公课,其性质接近为特定目的税。[4] 另有学者认为,如果社保费“不分职业类别,具全面涵盖性,且契约内容依法均具有强制性……脱离一般以受益可能性作为分担金或受益费衡量方式,而与个人特别是薪资所得者之所得额为费用基础”,则“性质上即与税捐特别是所得税接近”。[5] 用人单位缴纳的社保费在形式上虽并非“税”,可被划归为特别公课或受益费,但实质上呈现税收特征,此奠定了行政强制执行的基础。因而以征税权征收实质之税款,具有法理上的正当性。

---

〔1〕 [美]詹姆斯·M.布坎南:《民主财政论》,穆怀朋译,商务印书馆1993年版,第16、97页。

〔2〕 See Richard Abel Musgrave, *The Voluntary Exchange Theory of Public Economy*, The Quarterly Journal of Economics, Vol. 53:2, p. 213 – 237(1939).

〔3〕 对于社保基金预算是坚持“精算平衡原则”,还是归入年度政府预算坚持“预算平衡原则”,其实一直存在争议。参见娄宇:《论作为社会保险法基本原则的“精算平衡”和“预算平衡”》,载《华东政法大学学报》2018年第5期。

〔4〕 参见叶姗:《社会保险费改税的法律分析》,载《税务研究》2012年第1期。

〔5〕 柯格钟:《公课与税捐概念》,载《月旦法学教室》2016年总第168期。

四、社保费税式征收的落地——以比例原则为路径

尽管对用人单位征费与征税行为具有同质性,但税式公法措施的适用毕竟具有国家对缴费干预的加强效果,存在过度侵害缴费义务人正当权益之虞,又由于涉众广泛,该种征费法制化的具体落地仍需谨慎为之。由于比例原则"内核在于强调干预的适度性,反对过度干预",[1]可用于社保征费改革公益目的与缴费人私益保护之平衡。比例原则由3个子原则组成,即妥当性原则、必要性原则以及狭义比例原则(亦称均衡性原则):首先,通过妥当性原则考察税式征收能否实现征缴体制改革的最终目的;其次,通过必要性原则考量公法措施的选择,是否对各缴费义务人损害最小化;最后,通过狭义比例原则,衡量该种干预手段对欲实现之利益,是否高于其对其他权益的损害。基于比例原则的分析,对税式公法措施的设定应制定例外、弱化以及过渡性规则。

(一)妥当性原则——社保费税式征收目标的实现

在妥当性原则层面分析,要解决的是"行政权力的行使,行政措施的采取,是为了达到法定目的"。[2] 笔者认为,这里的"法定目的",是社保费征缴体制改革在法律层面要进一步实现的几大目标:一是统一征缴主体的法律授权规定,这可将征费合并入《税收征收管理法》予以解决;二是以全国人大常委会制定的《税收征收管理法》征缴社保费,可提高法律依据的效力层级,统一执法标准,从而达成在收入端实现社保统筹的改革目的;三是适用《税收征收管理法》可提高社保费征缴的执法刚性与可操作性。在征缴措施层面,税务部门征缴社保费可通过《税收征收管理法》获得广泛的强制执行权;在行政处罚层面,《社保费征缴条例》仅对社保登记、未申报、账册设置不合规的课处罚款,[3]而适用《税收征收管理法》,可借鉴其对登记、账册设置、扣缴、资料报送、不纳税、纳税不实、欠缴、抗税、阻挠税务检查等方面可能发生的违法行为设定的不同罚则;还可通过税务

---

〔1〕 Vgl. Claus-Wilhelm Canaris, Gesammelte Schriften, Band 1: Rechtstheorie, Verlag Walter de Gruyter, 2012, S. 775 ff. 转引自郑晓剑:《比例原则在民法上的适用及展开》,载《中国法学》2016年第2期。

〔2〕 黄学贤:《行政法中的比例原则研究》,载《法律科学(西北政法大学学报)》2001年第1期。

〔3〕 参见《社会保险费征缴暂行条例》第23条、第24条。

部门处理涉税争议中所形成的成熟规则,减少社保费征缴的执法成本。

值得一提的是,人力资源和社会保障部于2018年10月发布了《社会保险领域严重失信"黑名单"管理暂行办法(征求意见稿)》,对所列的社保违法行为进行失信惩戒。失信惩戒不仅可以有效提升缴费人的遵从性,而且它"甚至比行政处罚乃至刑事处罚更具有威慑力",[1]理应将其导入《税收征收管理法》这类高位阶法律,与税收失信惩戒一同设立专门规则加以规范,[2]从而根据适用情形确定不同程度惩戒措施适用的先后顺序,[3]强化征费行为的规范性。

(二)必要性原则——弱化参保个人公法措施的设定

根据必要性原则的要求,在达到行政目的的前提下,需要证明该项措施是诸种手段之中损害最小的一种。即税式征收手段的选择应使其对缴费人基本权利的损害最小化。[4] 对于社保个人账户缴费,由于我国《社会保险法》第14条规定,其可以继承,故因其私有属性不应适用《税收征收管理法》。但是值得注意的是,个人账户目前已呈现逐步取消的趋势。[5] 但在统筹账户中,缴费义务人还分为用人单位与参保个人(如灵活就业人员)缴费,应区分这两类主体设定不同程度之公法措施,方能符合必要性原则。

《征缴条例》对"缴费单位"规定了滞纳金、强制执行、罚款等公法保障措施,但地方立法则对该处"缴费单位"的解释存在分歧。2014年施行的《广东省地方税务局征收社会保险费欠费管理暂行办法》明确规定,追欠措施适用对象为"不含灵活就业人员、非全日制从业人员、无雇工个体工商户"的"用人单位"。[6] 但2005年施行的《浙江省社会保险费征缴办法》却将"城镇个体劳动者"(包含

---

〔1〕 袁森庚:《对〈税收征管法〉修订思路的几点认识——兼评〈税收征管法修订稿(征求意见稿)〉的相关内容》,载《税收经济研究》2014年第6期。

〔2〕 例如,2015年《税收征收管理法修订草案(征求意见稿)》曾在第9条增加了对失信的规定。

〔3〕 目前的失信惩戒手段多元,包括交通出行、行政补贴、税收优惠、市场准入限制等30余种失信惩戒措施,因而须根据不同的情形选择对缴费权益侵害相对较小的方案。参见王瑞雪:《政府规制中的信用工具研究》,载《中国法学》2017年第4期。

〔4〕 参见黄学贤:《行政法中的比例原则研究》,载《法律科学(西北政法学院学报)》2001年第1期。

〔5〕 2019年,国家医疗保障局和财政部联合发布的《关于做好2019年城乡居民基本医疗保障工作的通知》规定:"实行个人(家庭)账户的,应于2020年底前取消,向门诊统筹平稳过渡;已取消个人(家庭)账户的,不得恢复或变相设置。"

〔6〕 参见《广东省地方税务局征收社会保险费欠费管理暂行办法》第2条。

城镇个体工商户、自由职业者以及其他依法自行参保的人员)解释为"缴费单位"中的一类,[1]从而适用与其他缴费单位相同的公法措施。而在2020年出台的《江苏省社会保险费征缴条例》则并没有明确规定参保个人是否可适用强制征缴和罚款等。[2] 这反映了我国立法实践中理论认识的不足:一是并不考虑用人单位与参保个人缴费义务在对价性上的差异,而对两者适用同等强制措施与罚款规则,典型如浙江省的立法。二是注意到参保个人相对于用人单位的不同而不设定公法措施,但又忽略了社保缴费具有不得放弃的强制性,完全不对之设置公法措施也并不见得合理。

所以,社保费之对价性仍然体现在参保个人的缴费关系上,使对参保个人适用与用人单位相同的公法措施并不满足必要性。"对价"本身意味着若参保人不履行缴费义务,自然承受待遇享受不能的不利后果,而设置处罚措施可能将加重其经济负担。故可参酌我国台湾地区及美国之实践,对之在《社会保险法》中单独规定可采减轻甚至附条件免除罚款。但基于社保费的强制性基本要求与大数原则,同时根据未来社保全民化推进之不同阶段,可考虑对参保个人设定适当的滞纳金、保全等强制措施,同时配套基本生活用品不得强制执行等生存权保障条款或社会组织扶助规则。如此,在制度上也可与加强对自然人的税收征管改革相结合,符合税式征收措施设定的必要性原则。

(三)狭义比例原则——利益衡量下追缴规则的缓和

对社保费适用税式征收还须受到狭义比例原则的审视,即应比较该手段造成的利益损失是否超过了该目的所欲保护的利益。若超过,则违背了狭义比例原则的要求。前述必要性原则只是对规制手段内部的一种比较与选择,无法衡量这种手段实施后产生的利益冲突问题。而狭义比例原则更强调对整体利益得失进行判断,以探查设定该种措施是否在人民可以忍受的合理程度之内。

关于追缴期限,由于《社会保险法》与《征缴条例》对之未作规定,在实践中的做法并不统一。[3] 随着社保入税改革的推进,原适用于劳动保障行政部门的

---

[1] 参见《浙江省社会保险费征缴办法》(2005年)第3条。

[2] 参见2020年《江苏省社会保险费征缴条例》第30条、第31条。

[3] 有的法院认为,应按照《劳动保障监管条例》规定的2年追缴时效,如山东省高级人民法院行政判决书,(2017)鲁行再26号;北京市第二中级人民法院行政判决书,(2016)京02行终1664号。有的法院认为,法律并未明确设定,并无2年限制,如广州铁路运输中级人民法院行政判决书,(2017)粤71行终660号。

2年时效规定，在严格意义上对税务部门将不再适用。[1] 在学界，有人认为应基于追缴机构的“横向公平”，《劳动保障条例》的2年期限规定也适用于税务部门执法。[2] 但也有意见认为，《劳动保障条例》的2年期限规定仅适用于行政处罚，对社保费的追缴并无期限限制。[3] 甚至还有人认为，在无特别法规定的情形下，可以类推适用《民法典》的3年期限规定。[4] 学界诸般争论至少表明，目前税务部门追缴社保的期限在法律上仍无定论。而如果直接适用《税收征收管理法》，在实践中可能会产生一种参照适用的向前“填补”效果：根据不同情形适用3年、5年或无期限追征，毫无疑问会对企业带来巨大的法律风险。

考虑到我国宏观经济目前进入了转型的新常态，尤其民营企业负担整体较重，在财税领域强调“减税降费”成为政策主旨。加之2020年“六稳六保”成为我国经济发展的基本方针，因而追缴社保费为企业经营带来的眼前危机远远大于社保基金偿付的远期压力。“当在一个体制下社保费不遵从可被容忍，但转换至另一体制中这种行为将被处罚……那么一次性的赦免可用以在新体制中起到鼓励遵从的作用。”故基于狭义比例原则，对于利用最低工资标准等漏洞而未足缴等恶性较小行为，可以考虑适用“保费赦免”（contribution amnesties）措施。如玻利维亚曾在固定受益制转向固定缴款制社保改革中就曾使用过“一次性赦免”。[5] 在眼下面临的经济形势中，考虑对恶性较小行为适用赦免可化解企业眼前的经济困局，更可于将来在一定程度上起到对税式征收模式有效遵从的效果。而对于恶性较大的逃费行为，可以类推《劳动保障条例》的2年期限规定，并对滞纳金和罚款作出上限规定，以稳定企业的法律风险预期，缓和利益冲突带

---

〔1〕《劳动保障监察条例》第20条规定：“违反劳动保障法律、法规或者规章的行为在2年内未被劳动保障行政部门发现，也未被举报、投诉的，劳动保障行政部门不再查处。前款规定的期限，自违反劳动保障法律、法规或者规章的行为发生之日起计算；违反劳动保障法律、法规或者规章的行为有连续或者继续状态的，自行为终了之日起计算。”

〔2〕参见吴凌畅：《国地税合并背景下社会保险费追缴时效问题研究》，载《税务与经济》2019年第3期。

〔3〕参见栾居沪：《对追缴社会保险费时效问题的思考——兼与夏小伟商榷》，载《中国劳动》2017年第8期。

〔4〕参见房海军：《社会保险费强制征缴的现实之需、实施困境及其应对》，载《北京理工大学学报（社会科学版）》2019年第3期。

〔5〕See Clive Bailey & John Turner, *Contribution Evasion and Social Security: Causes and Remedies*, Conference Paper, 2nd International Research Conference on Social Security, 1998, p. 13.

来的不利影响。

五、余　　论

目前,社保入税的机构职能改革正在逐步推进,在法律层面配套以税式征收法治构建,应是补足制度未尽之处与凝练改革最终成果的理想方式。而《税收征收管理法》自2015年以来,一直在酝酿全面修法以适应征管新形势。关于用人单位的税式征收立法,应在稳定市场预期、经济形势向好复苏的情形之下,选择在未来《税收征收管理法》修订的恰当时机加以植入,以完成全国各地征费规则的统一和费税征收标准的统一,从而推动社保全民化改革的继续进行。同时,社保费的税式征收法律改革也可推动《社会保险法》的修订,逐步取消用人单位对于参保人的劳动保障给付机制,使其退出社保待遇给付关系,从而完善我国真正意义上的社会保险制度。关于灵活用工个人参保的征费立法,在短期内仍以自愿参保为原则的情况下,可暂不进行税式征收改革,而随着未来全民化强制参保的到来,再考虑并入《税收征收管理法》中,但应在滞纳金设定、罚则适用等方面考虑对价性之存在,进行区别于用人单位的立法。此外,税式征收的公法程序法改革的完全落地,也能为社会保险费改社会保障税的实体法改革奠定基础,因此需要逐渐统一所得税税基与社保费基,将缴费人、缴费对象等逐渐纳入税法的概念体系范畴,从而进一步完善社保税纳税人、征税对象、税基等方面的规则,使执法适用更加规范,以实现实体与程序两方面的统一。

论偷、逃税行政违法与刑事犯罪的立法协调(上)

陈晓虹*

摘　要:现阶段,我国关于偷、逃税的立法存在问题,置于正在进行的以完善涉税信息管理、健全自然人税收征管制度为主要目标的新一轮税制改革背景之下,对偷、逃税进行研究的重要性突显。全文分为上、下两篇,以偷、逃税行为的立法问题为研究的出发点与落脚点,同时立足于更广阔的视角,结合税法与刑法领域有关偷、逃税的立法沿革、司法现状和学理研究,探索解决立法协调问题的出路。本文作为上篇,通过对我国偷、逃税的立法演变及特征进行梳理、归纳,结合新一轮税制改革的背景,总结出我国历年来立法逻辑中存在的税法与涉税刑法"交织倒错",且刑法"不当扩张"至税法的现实问题。从截至2020年年底的788份偷税行政裁判和1676份逃税刑事裁判文书中筛选出210件偷税和693件逃税罪样本案例进行定量分析,考察了我国偷、逃税司法实践的整体现状,以及各构成要件下普遍存在的不符合行政犯本质原理的法律解释适用问题。在探究问题产生的内在缘由后,进一步提炼分析各构成要件下与本文主题相关的裁判观点,据此以司法困境反证立法不协调之弊病。

关键词:偷税;逃税;行政犯;立法协调

税收的目的在于保障国家财政收入,满足公共需求。由于税收具有强制性和无偿性,纳税不遵从与税收总是相伴而生、如影随形的,偷、逃税违法行为便是其中典型,也是造成国家税款流失的重要现实原因之一。对偷、逃税违法行为进行查处是税收征管的重要内容,符合逃税罪构成要件的还应依法追究刑事责任,因此,完善税收法律以规制纳税不遵从行为历来是各国不懈努力的目标。[1] 我

---

* 北京市金杜律师事务所律师助理,厦门大学法学院财税法方向法律硕士。

〔1〕 参见刘荣:《中美税收犯罪比较研究》,法律出版社2014年版,第7页。

国在从计划经济向市场经济迈进的同时,也从“自产国家”发展成为“税收国家”,税收成为国家财政收入的主要来源,保障税收随即成为税收法律的主要目标之一,并贯彻始终。[1]

税法具有行政法的基本特征,既规定了税收征纳活动中的权利义务,也规定了税收行政违法的责任条款,理应“义不容辞”地作为规制纳税不遵从行为的主要规范。由于我国部门法之间的生态竞争,新中国成立以来,作为评价底端的民商法和评价终端的刑法都得到了相当程度的发展,税法和行政法却发展迟滞。[2] 但偷、逃税等贪利型违法并不会等待法律发展成熟后再发生。在税法仍无法有力规制纳税不遵从行为之时,重刑主义立场及保障税收的紧迫需求导致刑法不当扩张,甚至在一定程度上直接取代了税法对偷、逃税行为进行评价。

刑法向税法的法际扩张虽然有助于保障国家税收并实现犯罪控制,但同时也容易导致纳税人的合法权益被过度侵害,以及理应在先的税法(税收行政法)规制税收违法行为的功能被“架空”,不符合刑法作为社会调整“最后手段”的功能及定位。随着我国税收法治进程的不断推进,税制改革步履不止,税收法律体系日臻完善,在偷、逃税违法与犯罪行为的规制上,税法与刑法应逐步“各就各位”、回归功能本位。

一、偷、逃税行政违法与刑事犯罪立法沿革中的交织与倒错

从立法上看,自新中国成立以来,对偷、逃税行为的规制从未间断,相应的法律规定主要分散于税法与刑法中,并呈现“交织与倒错”的现象。从执法与司法实务上看,关于偷、逃税行为的违法主体,客观行为与主观内容的认定,税收征管程序与刑事追诉程序的衔接等问题存在尺度不一的执法与裁判口径,有违背税收法定原则与罪刑法定原则之虞。究其根本缘由,在于立法上未明确认识逃税罪的本质为行政犯。因此,置身于新一轮税制改革的背景之下,从立法、执法与司法上梳理我国对偷、逃税行政违法与刑事犯罪进行规制的发展变迁,反思当前立法逻辑存在的现实问题,为我国规制偷、逃税行为寻求正当且合理的解决方

[1] 参见杨小强:《中国税法:原理、实务与整体化》,山东人民出版社2008年版,第124页。

[2] 参见杨小强:《中国税法:原理、实务与整体化》,山东人民出版社2008年版,第31页。

案,具有紧迫的现实需要。

(一)1950~1978 年:刑事追责内嵌于税收法规

新中国成立初期,我国的法制建设尚处于“百废待兴”状态。为应对财政、经济上的困难与考验,税收工作受到党中央、政务院及各地方政府的高度重视。在建立起一套以“多税种、多次征”为特征的复合税制的同时,[1]还采取了“三管齐下”的措施规制偷、逃税违法行为:制定税收政策法规;开展“三反五反”运动;着手起草包含涉税犯罪条款的刑法典。

1. 税收政策法规中对偷、逃税行为的规制

1949 年年底,首届全国税务会议在北京召开,根据新中国成立前在上海召开的财经会议所分析调研的当时中国财政收入和工商税收情况,讨论了如下议题:(1)加强城市税收、统一全国税政、解决财政赤字;(2)建立健全各级税务机构;(3)制定第一个全国税收计划。[2] 1950 年 1 月 30 日,政务院颁布《关于统一全国税政的决定》与《全国税政实施要则》,后者在第 7 条至第 10 条明确规定,纳税是人民的光荣义务,公营企业、合作社、外侨及其所经营之企业一律照章纳税不得例外,存在违反税法税政的案件,由税务机关依章惩处。这是新中国成立以来的政策性文件中首提“违反税法税政案件”交由税务机关依章惩处,主要针对当时频发的“资本家偷税漏税,抗税不缴”等情形。[3]

对于何种行为属违反税法税政以及应如何惩处的问题,政务院同期一并颁布了《工商业税暂行条例》、《货物税暂行条例》、《契税暂行条例》(财农范字第 58 号)、《新解放区农业税暂行条例》、《城市房地产税暂行条例》(政财〔1951〕133 号)等单行税收政策法规,针对不同税种分别规定了“偷税、漏税、逃税、抗

---

〔1〕 参见刘佐:《中国税制改革 50 年》,载《当代中国史研究》2000 年第 5 期。

〔2〕 参见赵昭:《回顾首届全国税务会议——为庆祝中华人民共和国建国 50 周年而作》,载《中国税务》1999 年第 10 期。

〔3〕 参见赵昭:《回顾首届全国税务会议——为庆祝中华人民共和国建国 50 周年而作》,载《中国税务》1999 年第 10 期。

税”的具体手段及对其追缴、处以罚金、移送人民法院处理等惩处规则。[1] 当时税收法规中对偷、逃税行为的规制,集中在农业税、工商税等当时开征的主要税种,其中部分条款已初步具备现行《税收征收管理法》第63条关于偷税行政违法行为规定的雏形,即“责任主体+手段行为+补缴+罚款/没收+符合规定情节的移送法院处理”。但仍存在概念不清、主体不一、手段繁多以及刑事责任不明等问题。

2.“三反五反”运动中与偷、逃税行为的斗争

在1951年年底至1952年10月,基于特定时期的历史任务,党中央开展了轰轰烈烈的“三反五反”运动。[2] 对偷、漏税行为的规制主要以“运动”的形式展开,并以相关政治性政策文件为依据,文件通常表达出对偷、漏税等不法行为

[1] 例如,1950年1月27日颁布的《工商业税暂行条例》第25条规定:“匿报营业额及所得额者,除追缴其应纳税款外,并处以所漏税额一倍至十倍之罚金。伪造证据或抗不交税,情节重大者,送人民法院处理。”1950年1月27日颁布的《货物税暂行条例》第13条第2款规定:“私制、私运、私销及其他偷漏行为,按情节轻重,处以所偷漏税额五倍以下之罚金,或没收其货物的一部或全部;对特定货物得罚没并处。漏税货物除没收部分外,并应照章补税。”1950年4月3日颁布的《契税暂行条例》第12条规定:“凡进行田房买卖、典当、赠与或交换等行为而隐匿不报者,或实系买卖、典当、赠与或交换而以继承、分析等名义立契企图蒙骗逃税者,除责令据实完纳契税外,按情节轻重予以处罚,罚金以不超过应纳税额的三倍为限。”1950年9月5日颁布的《新解放区农业税暂行条例》第27条规定:“凡违犯本条例的规定,虚报人口、地亩、产量,逃避纳税者,经调查属实,除订正补交外,并得由县(市)人民政府处以逃避税额部分的百分之五十以下罚金。如有抗税或破坏征粮工作,情节重大者,得送人民法院处理。”1951年8月8日颁布的《城市房地产税暂行条例》第14条规定:“纳税义务人隐匿房地产不报或申报不实,企图偷漏税款者,除责令补交外,并处以应纳税额五倍以下之罚金。”1956年5月3日颁布的《文化娱乐税条例》第8条第3款规定:“纳税人如果匿报售票数额、收费金额或者废票重用,除追交应纳税款外,并且处以所漏税额五倍以下的罚金。”1958年6月3日颁布的《农业税条例》第28条规定:“纳税人如果少报土地亩数、农业收入或者用其他方法逃避纳税的,经查明后,应当追交其逃避的税额;情节严重的,并且送人民法院处理。”1958年9月13日颁布的《工商统一税条例(草案)》第16条规定:“纳税人如果有偷税、漏税行为,税务机关除追交所偷漏的税款外,可以根据情节轻重,给予批评或者处以所偷漏税款的五倍以下的罚金;情节严重的送人民法院处理。”

[2] “三反”,是指反贪污、反浪费、反官僚主义;“五反”,是指反行贿、反偷税漏税、反盗窃国家资财、反偷工减料、反盗窃国家经济情报。参见侯莎:《79刑法颁布40年我国偷逃税款犯罪的发展与变迁》,载《犯罪研究》2019年第6期。

要严厉打击的态度,用以维护社会主义改造时期的税收征管秩序。[1] 诚然,这种形式在特定时空背景下发挥了一定的历史作用,但同时也具有时代局限性。

3. 刑法典草案中关于偷、逃税行为的规定

自1950年起,刑法典的制定便提上日程,先后历经33次修改稿,其中对偷税罪的内容进行了多次修订。例如,1950年7月25日公布的《刑法大纲草案》第64条规定,走私漏税的,处3年以下监禁或酌处罚金;1954年9月30日公布的《刑法指导原则草案》第61条规定,屡次逃税或者具备纳税能力,经催缴拒不缴纳的,视情节判处刑罚。[2] 由于当时不具备出台刑法典的条件,多稿重要草案均被"束之高阁",未进入立法程序。

新中国成立之初,国家财政、经济面临困难,税收工作重要性凸显的同时,也面临严峻考验,全国税收工作整体布局表现为"两面三线"同步推进的特征。"两面",是指从正面构建统一税制的同时,从反面对"偷、逃、漏、抗"税等破坏税收工作的违法行为进行规制,并形成了税收政策法规、"三反五反"运动以及刑法典涉税条款"三条主线"并进的模式。从结果来看,受制于特定的历史背景,统一税法体系的目标短期内难以实现,刑法典历经坎坷与曲折仍然未能出台。因而最终呈现的是:依据税收单行条例,追缴偷漏税款并以加处罚金的形式追究行政责任;[3]刑事追责内嵌税收法规之中;法官在审理刑事案件时所依据的是缺乏相对稳定性的税收政策法规。

(二)1979~1991年:刑事司法解释对行政规定的协调

1978年,党的十一届三中全会正式提出经济体制改革的任务,社会主义法制建设被纳入重要议题。[4] 税收成为国家财政、法制中至关重要的一环,后者的改革与发展势必引发前者的重大改革,进而推动税制建设的完善与税收法律体系的构建。随着改革开放的不断深入,我国对偷、逃税行为的规制在20世纪80年代出现4个关键立法事件:一是1979年《刑法》首次规定"偷税罪"及其刑

---

〔1〕 参见侯莎:《79刑法颁布40年我国偷逃税款犯罪的发展与变迁》,载《犯罪研究》2019年第6期。

〔2〕 参见侯莎:《79刑法颁布40年我国偷逃税款犯罪的发展与变迁》,载《犯罪研究》2019年第6期。

〔3〕 当时的税收法规中对行政处罚的方式之一普遍表述为"罚金",但其与现在通常所称刑事责任中的"罚金"并不等同,更近似行政处罚中的"罚款"。

〔4〕 参见1978年12月22日通过的《中国共产党第十一届中央委员会第三次全体会议公报》。

事责任;二是1981年财政部发布部委通知,首次明确"偷税"概念及其法律责任;三是1986年最高人民检察院颁布司法解释明确"偷税罪"的概念及入罪标准;四是1986年国务院出台的《税收征收管理暂行条例》(以下简称《征管条例》)首次在行政法规层面明确"偷税"及其行政责任。

1. 1979年《刑法》规定"偷税罪"及其刑事责任

1979年7月6日,标志着新中国成立以来刑法成文化、法典化的第一部刑法颁布实施。偷税罪规定于《刑法》第121条。〔1〕在"宜粗不宜细"立法原则的指导下,该法舍弃过往统称的"漏税",合并规定了"偷税"与"抗税",并采取空白罪状的立法技术,未对偷税的内涵作具体阐释,但特别规定承担刑事责任的主体是"直接责任人员",入罪标准为"情节严重"。〔2〕根据立法者解释,之所以删去"漏税",是因为其属于遗漏税款,并非出于故意的欺骗、隐瞒,不宜认定为犯罪,〔3〕即反向表明了过失造成未缴税款不构成偷税罪。

2. 1981年财政部部委通知明确"偷税"概念及法律责任

1981年5月5日,财政部税务总局发布《财政部税务总局通告》(税告字〔1981〕第1号通告),其第3条延续了1979年《刑法》第121条关于"偷税""抗税"的规定,重申了偷税行为应"补交税款+处以罚金+情节严重时追究直接责任人的刑事责任",但仍未明确何为"偷税"及其与"漏税""抗税""欠税"的区别,导致实务中操作难度较大。于是,财政部在上述通告发布10日后再次发布《关于印发什么叫"偷税、抗税、漏税和欠税"问题解答稿的通知》(〔81〕财税办字第9号,以下简称财税办字第9号通知),对4个税收违法的近似概念进行区分解释并举例说明。这也是财政部首次公开对"偷税"内涵进行明确。即纳税主体故意违反税收法规,采用欺骗、隐瞒方式逃避纳税的违法行为是偷税;〔4〕纳

---

〔1〕1979年《刑法》第121条规定:"违反税收法规,偷税、抗税,情节严重的,除按照税收法规补税并且可以罚款外,对直接责任人员,处三年以下有期徒刑或者拘役。"

〔2〕参见侯莎:《79刑法颁布40年我国偷逃税款犯罪的发展与变迁》,载《犯罪研究》2019年第6期。

〔3〕参见高铭暄:《中华人民共和国刑法的孕育诞生和发展完善》,北京大学出版社2012年版,第104~105页。

〔4〕伪造、涂改、销毁账册、票据或记账凭证;少报、隐瞒应税项目、销售收入和经营利润;虚增成本、乱摊费用、缩小利润数额;转移资产、收入和利润的账户,逃避应纳税款等,都属于偷税行为。指使、授意和怂恿进行上述违法行为,也属于偷税行为。

税主体无意识而发生的漏缴或少缴税款的行为是漏税。[1] 换言之,偷税与漏税最大的区别在于是否存在"欺骗、隐瞒"的主观故意。

3. 1986 年最高人民检察院刑事司法解释明确"偷税罪"概念及入罪标准

1986 年 3 月 24 日,最高人民检察院发布《人民检察院直接受理的经济检察案件立案标准的规定(试行)》(〔86〕高检发〔二〕字第 4 号,已失效,以下简称 1986 年高检发《规定》)。它沿用财税办字第 9 号通知中关于"偷税"的定义,并首次针对"情节严重"的入罪标准区分不同的纳税主体设置 5 档"数额 + 比例"标准,附加 5 种"情形"标准,[2] 以及明确"偷税比例"计算的公式以及分税种计算、其他税种金额计入总额等原则。[3]

4. 1986 年《征管条例》规定"偷税"及相应的行政责任

1986 年高检发《规定》发布后 1 个月内,国务院颁布的《征管条例》中第 37 条首次在行政法规层级对 4 种典型税收违法情形的概念及其应承担的行政责任

---

〔1〕 漏税行为有由于不了解、不熟悉税法规定和财务制度或因工作粗心大意,错用税率,漏报应税项目,少计应税数量、销售金额和经营利润等。

〔2〕 1986 年高检发《规定》(已失效)第 3 条规定:"偷税罪是指纳税人有意违反税收法规,有欺骗、隐瞒等方式逃避纳税,情节严重的行为。具有下列情形之一的,属情节严重,对直接责任人员应予立案:1. 国营、集体纳税单位和各类经济联合体以及代征、代扣、代缴税款义务的单位偷税、抗税数额达到下列程度的:(1)偷、抗应纳税金额一万元以上,且偷、抗税额已占该单位同期应纳该税种税款总额的百分之三十以上的;(2)偷、抗应纳税金额五万元以上,且偷、抗税额已占该单位同期应纳该税种税款总额的百分之二十以上的;(3)偷、抗应纳税金额十万元以上,且偷、抗税额已占该单位同期应纳该税种税款总额的百分之十以上的;(4)偷、抗各种应纳税款总金额达三十万元以上的;2. 个体工商业户或其他纳税个人偷税二千元,抗税一千元以上的;3. 偷税、抗税虽不足上述数额,但具有下列情形之一的也应立案:(1)一贯偷税或抗税,屡教不改的;(2)为逃避追查而有意毁坏有关计税凭证或其他纳税资料的;(3)偷税、抗税并有谩骂、殴打、威胁税务工作人员情节的;(4)组织、煽动、指使、唆教纳税人偷税、抗税的;(5)其他偷税、抗税情节恶劣、后果严重的。"

〔3〕 《关于〈人民检察院直接受理的经济检察案件立案标准的规定(试行)〉中几个问题的说明》部分第 6 条规定:"在偷税、抗税案立案标准中,国营、集体纳税单位偷、抗税金额占应纳税金额比例的计算:纳税人偷、抗税金额占该纳税人本期应纳同一税种税款总额的比例 = 该纳税人所偷、抗的本期该税种税款金额 ÷ 该纳税人本期应纳该税种税款总额 × 100%;对同一纳税人同时偷、抗几种税的,其偷、抗税金额占应纳税金额的比例,应分税种计算。其中,只要有一种税的偷、抗税金额和比例达到规定数额的,即应予以立案,且其他税种的偷、抗税金额应一并计入偷、抗税总额;对代征、代扣、代缴税款单位应征未征、应扣未扣、应缴未缴税款金额占该单位同期应征、应扣、应缴同种税金额比例的计算,也按上述计算原则办理。"

进行规定,除直接责任人外,“授意、怂恿偷税的人”也被纳入偷税的责任主体中。

可见,自1981年财税办字第9号通知首次对“偷税”进行定义后,针对偷、逃税行政违法与刑事犯罪立法规定的历次修订与完善均离不开其核心要素——“欺骗、隐瞒”,并初步形成了由“数额、比例、次数”组合而成的入罪标准,为接下来税法与刑法领域的有关立法活动奠定了基调。

(三)1992~2008年:刑法扩张下的法际发展失衡

随着我国改革开放取得初步成就,经济开始高速发展,偷、逃税违法行为也日益猖獗。然而,税收征管等经济领域的立法尚不完善。为了打击导致国家经济流失的严重纳税不遵从行为,不得不通过刑法进行规制。从全国人民代表大会常务委员会(以下简称全国人大常委会)、公安部、最高人民检察院和最高人民法院频繁的立法活动来看,我国的立法工作在此阶段更倾向刑法领域,并已初步存在扩张迹象。1997年《刑法》第201条率先采用列举的立法技术规定偷税罪即为例证,4年后,《税收征收管理法》第63条才用同样的方式规定了偷税行为的行政违法责任。

1.1992年最高人民检察院、最高人民法院联合发布司法解释明确偷税罪的立案与裁判标准

如果说,最高人民检察院发布的1986年高检发《规定》还只是检察系统内部施行的立案起诉标准,并不直接作为判罚被告人构成偷税罪的依据,那么1992年3月16日最高人民检察院联合最高人民法院发布的《关于办理偷税、抗税刑事案件具体应用法律的若干问题的解释》(法发〔1992〕12号,高检会〔1992〕5号,以下简称1992年《解释》)就是分别从公诉立案与审理裁判两个维度同时达成对偷税罪定罪量刑的统一标准。从1992年《解释》的内容来看,实质上大幅吸收、杂糅了此前〔81〕财税办字第9号通知、1986年高检发《规定》等部委通知和司法解释的内容,为偷、逃税犯罪行为编织了一张严密的法网。

2.1992年全国人大常委会同时颁布《税收征收管理法》和全国人大常委会《关于惩治偷税、抗税犯罪的补充规定》

1992年9月4日,全国人大常委会针对《刑法》发布全国人大常委会《关于惩治偷税、抗税犯罪的补充规定》(以下简称1992年《补充规定》),其第1条首次采用具体手段列举的方式对“偷税”进行定义。此外,为适应经济社会的变化,将1986年高检发《规定》中5档“标准”和5档“情形”简化为3种定罪量刑

标准:(1)偷税1万元以上且占10%以上;(2)因偷税被给予两次行政处罚又偷税;(3)偷税10万元以上且占30%以上。将扣缴义务人的入罪标准调整为偷税1万元以上且占10%以上。同日,我国第一部法律层级的税收程序法——《税收征收管理法》颁布实施。其第40条关于"偷税"的规定采用了与1992年《补充规定》完全一致的定义,并重申了入罪标准。至此,我国对偷、逃税行为规制的立法第一次在税收法律和刑事法律层面达成一致。遗憾的是,这种状态维持的时间不到5年。

3.1997年《刑法》新增罪状

1997年《刑法》修订时,其第201条吸收了1992年《补充规定》的基本内容,同时增加列举了"经税务机关通知申报而拒不申报"为罪状之一,并更周延地表述了入罪标准,规定了判处罚金的上下限额。2001年4月18日,最高人民检察院联合公安部发布的《关于经济犯罪案件追诉标准的规定》(公发〔2001〕11号,已失效)第49条进一步明确,偷税罪的罪刑标准采用"1万元+占比10%",因偷税受过行政处罚二次以上又偷税的也构成犯罪。

4.2001年《税收征收管理法》追随1997年《刑法》进行修订

2001年4月28日,修订后的《税收征收管理法》颁布实施,规制偷税违法行为的条款变更至第63条,其对"偷税"的定义与1997年《刑法》第201条完全一致。这是偷、逃税立法上《税收征收管理法》追随《刑法》的典型体现,实现了二者在法律层面的第二次协调一致。

5.2002年最高人民法院发布司法解释明确偷税手段形式

2002年最高人民法院发布《关于审理偷税抗税刑事案件具体应用法律若干问题的解释》(法释〔2002〕33号,以下简称法释〔2002〕33号文),对1997年《刑法》第201条的法律适用问题加以解释说明,包括:(1)明确列举偷税的5种手段形式;(2)可以"犯罪情节轻微"为由免予刑事处罚的情形;(3)应认定为"经税务机关通知申报"的3种情形;(4)应认定为"虚假的纳税申报"情形;(5)应认定为"未经处理"的情形;(6)偷税数额及其占比如何确定;(7)因偷税受过二次行政处罚又偷税的入罪规定。

(四)2009年至今:《税收征收管理法》对《刑法》亦步亦趋

2009年是我国规制偷、逃税立法上的重要"分水岭"。在刑法领域率先构建了新的税收犯罪认定模型,并初步确立了与行政程序、行政责任的衔接规则。税法领域虽然也多次尝试作出不同程度的修改,但都与刑法的修订如出一辙,明显呈现税法对刑法的亦步亦趋。

1.2009 年《刑法修正案(七)》改“偷税罪”为“逃税罪”

2009 年《刑法修正案(七)》对偷税罪作出重大修改,具体表现为:(1)将“偷税罪”罪名修改为“逃避缴纳税款罪”(通常称为逃税罪);(2)不再列举具体的逃税手段,而采用概括性表述,以适应现实中可能出现的各种复杂情况;(3)对数额较大、数额巨大的具体金额未再作规定;(4)对逃税罪的“初犯”规定了不予追究刑事责任的特别条款,即对逃税达到法定的数额、比例标准,已经构成犯罪的,符合经追缴后足额补缴全部税款、滞纳金,并已受到行政处罚这 3 个先决条件的可不予追究刑事责任。[1]

2.2010 年最高人民检察院、公安部发布《关于公安机关管辖的刑事案件立案追诉标准的规定(二)》更新追诉标准

2010 年 5 月 7 日,最高人民检察院联合公安部发布《关于公安机关管辖的刑事案件立案追诉标准的规定(二)》(公通字〔2010〕23 号,以下简称《立案追诉标准(二)》),第 57 条对逃税罪追诉的数额标准定为“5 万元”,并采用并列句式明确了逃税罪立案追诉标准应为“欺骗、隐瞒手段虚假纳税申报或不申报 + 逃税 5 万元以上 + 占各税种 10% 以上 + 经税务机关追缴拒不补缴税款和滞纳金 + 不接受行政处罚”。此外,还明确在公安机关立案后补缴与接受处罚的不影响刑事责任的追究。《立案追诉标准(二)》的初衷是对《刑法修正案(七)》的逃税罪条款作进一步阐释说明,但同时也引发出司法实践中的分歧。

3.2015 年《税收征收管理法修订草案(征求意见稿)》

在《刑法修正案(七)》出台后的 10 多年,《税收征收管理法》仍维持与 1997 年《刑法》定义一致的“偷税”条款,国务院法制办公室曾于 2013 年 6 月和 2015 年 1 月两次公布《税收征收管理法修订草案(征求意见稿)》(以下简称《草案征求意见稿》)征求意见。最新一稿(2015 年 1 月《草案征求意见稿》)第 97 条同样改“偷税”为“逃税”,且定义与《刑法修正案(七)》保持一致,增加条款解释了应认定为“采取欺骗、隐瞒手段”的主要情形,并设置了其他情形的兜底项。但这一修订计划并没有顺利推进。我国税收征管体制改革进展缓慢,加上瞬息万变的社会环境与经济发展对制度建设不断提出新挑战,偷税条款的完善仍需等

〔1〕 参见黄太云:《偷税罪重大修改的背景及解读》,载《中国税务》2009 年第 4 期。

待《税收征收管理法》整体修法步伐的推进,缓不济急。[1]

(五)偷、逃税行政违法与刑事犯罪历年来的立法规律总结

假设历次立法、修法中,将偷、逃税行为的定义和相应的行政处罚和刑事刑罚发生实质性变动列为一级,则从 1950 年至今税法和刑法领域所发生的共 14 次立法变动可以分为 9 级,2015 年《草案征求意见稿》第 97 条暂且列为第 10 级。通过以级数为纵坐标,以重要立法事件时间节点为横坐标,可以分别描绘出税法领域和刑法领域有关偷、逃税立法沿革的变化特征。2015 年《草案征求意见稿》由于并未正式审议通过,暂以虚线表示(见图 1)。

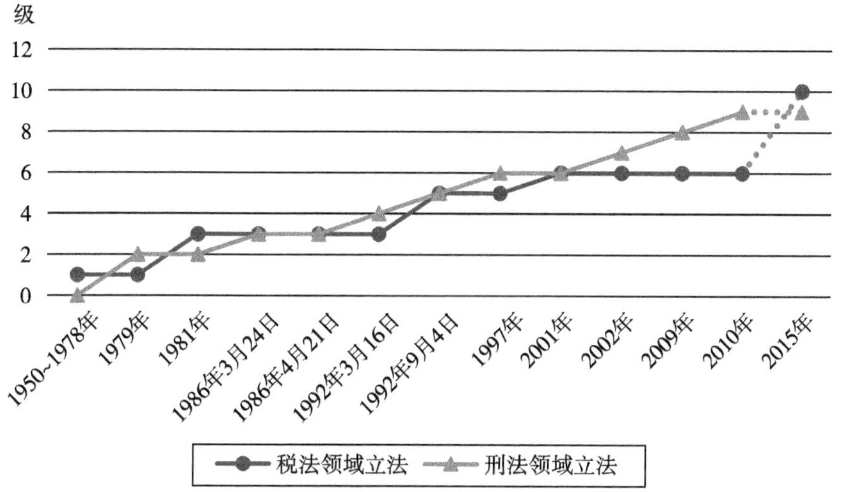

图 1　关于规制偷、逃税行为税法与刑法立法的交织与倒错

由图 1 可见,在 1950 年至今 70 多年的时间跨度中,我国税法和刑法领域关于规制偷、逃税的立法,从最开始的税法先行、相互交织至 1986 年达成一致后,自 1992 年开始,刑法领域反超扩张并"引领"至今,整体上呈现税法与刑法在偷、逃税规制上的"交织与倒错"。尤其是 2001 年后税法领域止步不前,与刑法领域逐渐拉开差距。只有此次《税收征收管理法》在对目前第 63 条有关偷税条款的修订能够在总结司法实践经验的基础上领先于刑法(并非照搬《刑法》第

---

〔1〕 参见郭昌盛:《逃税罪的解构与重构——基于税收制度的整体考量和技术性规范》,载《政治与法律》2018 年第 8 期。

201条有关构成要件表述的修订),才可能再次回归税法引领刑法的立法态势。否则在刑法进一步发展的情况下,税法将难以望其项背。

随着经济社会的发展,偷、逃税行为只增不减,造成国家财政收入严重减少,并干扰社会经济秩序及税收征管秩序。税法和刑法领域几次较重要的立法、修法活动均涉及偷、逃税条款的变动。为更好地指导执法和审判工作,亦不乏相关司法解释的出台。随着立法技术的进步,偷、逃税的立法也逐步完善。由于偷、逃税不仅是行政违法行为,严重违法者还会转化为犯罪,逃税罪正是对严重的税收行政违法行为予以"犯罪化"处理的行政犯,应是"行政"在前,"刑事"在后,即税法先行、刑法后随。然而,如图1所示,两法自1979年以来所呈现的"交织与倒错"规律有悖于行政犯的本质原理,并进一步导致司法实务中处理偷、逃税的不合理现象出现。

二、偷、逃税违法与犯罪构成要件的实证统计与理论剖析

"构成要件"理论是法学领域特有的分析方式。首先将作为大前提的法律规范通过解构分成不同的构成要件,其次将作为小前提的案件事实根据相同的逻辑拆分、转化为对应的法律事实,再次将事实涵摄于法条之下多轮论证,最后得出案件事实是否符合构成要件规定的结论。无论是民法的侵权行为、行政法的违法行为,抑或是刑法的犯罪行为,经历了理论和实践的长足发展后都形成了较成熟的构成要件模型。本文通过对《税收征收管理法》第63条和《刑法》第201条条文进行解构可以发现,税法与刑法对偷、逃税行为规制的立法共同关注的构成要件大致包括:行为主体、手段方式、主观内容,以及行刑责任相互勾连的入罪和出罪机制。基于整理得到的160份认定构成偷税的偷税行政违法案例(以下简称偷税案例)及679份判决有罪的逃税罪刑事犯罪案例(以下简称逃税罪案例),[1]针对上述五大构成要件进行司法观点的统计归纳与理论分析。在完成法条的解构与事实的拆分后,试图在对应的构成要件下寻找"佐证""重申"或是"违背"偷、逃税违法与犯罪立法协调之应然逻辑的案例素材,为后续评价现行立法以及提出修法建议奠定必要的基础。

---

[1] 案例的检索、整理、筛选以及整体统计详情,参见陈晓虹:《论偷、逃税行政违法与刑事犯罪的立法协调》,厦门大学2021年硕士学位论文,第11~19页。

(一)关于偷、逃税主体的理解与认定

无论是偷税行政违法还是逃税刑事犯罪,主体要件毋庸置疑都是至关重要的。在税法领域,偷税主体的认定需要根据不同税种法判断其是否具有法定的纳税义务或者扣缴义务,进而成为特定税种的纳税人或者扣缴义务人(以下统称纳税主体);在刑法领域,逃税罪的犯罪主体属于特殊主体,需要先根据税收行政法判断是否为法定纳税主体,当主体的具体类型为单位时,则须进一步适用刑法的单位犯罪理论判断刑事责任的具体承担者。在司法实践中,法院在审理偷、逃税案件时,同样无法绕开对主体的认定。从认定结果来看,在广义纳税主体层面,通常可以分为非纳税主体、纳税人、扣缴义务人和税务代理人等;而在行为主体的具体类型层面,则可以分为单位/公司、自然人和其他组织等。

1. 偷、逃税主体司法认定的归纳与统计〔1〕

在广义纳税主体层面,偷税案例和逃税罪案例中绝大部分行为主体都是纳税人,仅有少数是作为扣缴义务人被认定为偷、逃税的。也有4件案例中被判处逃税罪的被告既非纳税人也非扣缴义务人,而是帮助他人逃税的人。〔2〕即根据共同犯罪理论,将非纳税主体认定为构成逃税罪的帮助犯。之所以在现实中纳税人的偷、逃税行为较扣缴义务人而言更“猖獗”,是因为税收负担是纳税人的直接成本,偷、逃税款是增加利润的便捷方法,在贪利心理作祟下便容易滋生违法;扣缴义务人的义务是代为扣缴他人的应纳税款,其本身并没有财产得失,因而为了他人得利而置自己于违法风险之中的动机较弱。这也是学者在讨论为何立法上扣缴义务人的入罪标准更低、是否适用初犯免责条款不明等问题时普遍认为扣缴义务人偷、逃税违法主观恶性更大的原因。〔3〕关于扣缴义务人的法律地位确实很有研究价值,但从案例统计结果来看,目前司法实践的需求并不迫切,本文对此不展开论述。

---

〔1〕相关案例统计情况参见陈晓虹:《论偷、逃税行政违法与刑事犯罪的立法协调》,厦门大学2021年硕士学位论文,第21~22页。

〔2〕参见“喻某某逃税罪案”,湖南省湘潭市中级人民法院(2010)潭中刑终192号刑事判决书;“方某某逃税罪案”,广东省惠来县人民法院(2019)粤5224刑初260号刑事判决书;“魏某敏逃税罪案”,广东省揭阳市中级人民法院(2020)粤52刑终179号刑事判决书;“杨某勇逃税罪案”,安徽省亳州市中级人民法院(2019)皖16刑初27号刑事判决书。

〔3〕参见刘荣:《我国税收犯罪主体定位之思考》,载《法商研究》2015年第4期;李翔:《论逃税犯罪中的初犯免责》,载《中国刑事法杂志》2009年第7期。

偷税和逃税行为主体的具体类型主要分为公司、自然人、个体工商户、个人独资企业和其他组织。偷税主体中公司占比最大,为85.6%;逃税主体中单位犯罪及判决单位中的直接责任人员犯罪占比最大,总计为68.5%。公司占偷、逃税主体的比例如此之大的原因之一是,我国法律针对企业的税收征管程序更加全面、完善,往往要求公司需要具备完整的账簿并如实记录收入和支出,以及在增值税征管环节采取以票控税、环环相扣的模式;而自然人日常进行的应税活动,大多数依靠其自主申报,税务机关难以掌握全貌。但这种情况正在发生改变。2019年,我国开始实施新的《个人所得税法》,改采综合与分类相结合的混合税制并建立起个人所得税涉税信息管理体制。与此同时,正在推进的新一轮税制改革也以提高直接税比重及完善税收征管程序为重点内容。税法正为自然人纳税人编织一张庞大而严密的"税网"。可以预计,未来几年我国对自然人偷、逃税行为的规制将趋向严格。

此外,值得注意的是,在逃税罪案例中,案件事实涉及单位作为纳税主体的逃税行为,但法院最终仅判决单位中的直接责任人员犯罪的案例高达30.2%,其中23.9%是由于公司破产、被吊销、注销、解散等自身原因导致单位主体灭失;[1]5.9%是由于公诉机关未起诉或公司涉嫌逃税罪已被另案处理;[2]剩下70.2%的案例中,法院的审理意见中并未认定单位不构成犯罪,甚至有的法院在"本院认为"部分直接认定该案为单位犯罪,但最终仅判决单位直接责任人员犯逃税罪,而未判罚单位,且未说明原因。[3]《刑法》第211条明确规定,单位犯逃税罪的,同时对单位及其直接责任人员判处刑罚。然而在465件事实为单位逃税的案例中,仅有253件判决结果秉持了"双罚制"的规则,另外存在7件单罚单位、205件单罚直接责任人员的情形。造成这种现象的原因可能在于,税法中单位作为法定纳税主体与刑法中的单位犯罪理论未能很好地衔接,两者之间出现"断层",以致刑事审判中普遍忽略逃税罪作为行政犯,具有区别于其他单位犯罪的本质属性。

---

[1] 如"王某贤逃税罪案",广东省深圳市宝安区人民法院(2019)粤0306刑初1370号刑事判决书。

[2] 如"张某树、李某亮逃税罪案",山东省日照市中级人民法院(2020)鲁11刑终59号刑事裁定书。

[3] 如"刘某东逃税罪案",福建省莆田市中级人民法院(2017)闽03刑终122号刑事判决书。

2. 逃税主体的司法认定须以法定纳税义务为基础

税收法律关系的基本要素之一是税法主体,包括征税主体与纳税主体。良性运行的税收法律关系要求征纳双方主体都依法行使权利(权力)、履行义务(职责),共同完成宪法规定的税收征纳活动,而偷、逃税则是纳税主体一方纳税不遵从行为的典型表现。关于纳税主体的具体范围,学界存在 3 种观点:最狭义的纳税主体概念拘泥于"直接负有纳税义务"的组织和个人,即纳税人;[1]最广义的纳税主体概念,是指在征纳活动中履行的主要义务在性质上可归于纳税义务的主体,包括纳税人、扣缴义务人和纳税担保人;[2]也有学者认为,基于税收担保合同这一行政契约从而负有约定义务的税收担保人,其与负法定义务的纳税主体在法律地位上存在根本不同,若不当地将税收担保人当作纳税主体,不仅其财产得以被强制执行(《税收征收管理法》第 40 条),而且产生纳税争议时还被错误地置于必须履行清税前置程序的境地(《税收征收管理法》第 88 条第 1 款)。[3] 本文采最后一种观点,认为纳税主体,尤其是偷、逃税违法与犯罪中的主体,仅包括纳税人和扣缴义务人而不包括纳税担保人,但在刑法另有规定的情况下,其他非纳税人和扣缴义务人也可能构成犯罪,如共同犯罪情形下逃税罪的帮助犯。[4]

(1)纳税人与扣缴义务人的法定性

关于偷、逃税主体的规定,从立法沿革看,税法领域自 1951 年颁布《城市房地产税暂行条例》起便将"偷、漏税"的行为主体限定为"纳税义务人",而何为"纳税义务人",则散见于当时各项税收单行法规及政策文件中。刑法领域中,1979 年《刑法》颁布时其偷税罪条款并未规定特殊犯罪主体,仅规定为"违反税收法规的",责任主体为"直接责任人员",实质上蕴含了犯罪主体的认定依托于

---

〔1〕 参见张守文:《税法原理》,北京大学出版社 2001 年版,第 43 页、第 48 页。

〔2〕 参见施正文:《论税法主体》,载《税务研究》2002 年第 11 期。

〔3〕 参见李刚、郝利军:《海峡两岸税收程序法律制度比较与税收协调问题研究》,厦门大学出版社 2018 年版,第 240 ~ 241 页。

〔4〕 参见"喻某某逃税罪案",湖南省湘潭市中级人民法院(2010)潭中刑终 192 号刑事判决书;"方某某逃税罪案",广东省惠来县人民法院(2019)粤 5224 刑初 260 号刑事判决书;"魏某敏逃税罪案",广东省揭阳市中级人民法院(2020)粤 52 刑终 179 号刑事判决书;"杨某勇逃税罪案",安徽省亳州市中级人民法院(原安徽省亳州市人民法院)(2019)皖 16 刑初 27 号刑事判决书。

税收法规的规定。直至1986年最高人民检察院发布1986年高检发《规定》，将偷税罪主体限缩为“纳税人”，但在对符合立案标准的情节进行列举时，同时将“代征、代扣、代缴税款义务的单位”和“组织、煽动、指使、教唆纳税人偷税的”主体也纳入构成偷税罪的主体范畴。随后《税收征收管理法》与1992年《补充规定》同日颁布，税法与刑法领域同步将偷、逃税行政违法与刑事犯罪的主体统一为“纳税人和扣缴义务人”并沿用至今。

根据《税收征收管理法》第4条的规定，[1]法定纳税人与扣缴义务人的判断与纳税义务以及扣缴义务的有无息息相关。刑法不可能直接对纳税义务和扣缴义务作出规定，判定的依据只能是税收法律和行政法规，这符合税收法定的题中之义，[2]也意味着刑法规定的纳税主体必须依赖税法，可谓税收法定原则在涉税刑法领域的延伸，体现出逃税罪作为“行政犯”的典型特征，即在认定偷、逃税主体的法律适用时应遵循“税法在先、刑法随后”。

自党的十八届三中、四中全会先后提出落实税收法定原则、全面推进依法治国以来，2015年《立法法》将税种、税率、税收征管等基本制度规定确定为法律保留事项。2015年发布的《贯彻落实税收法定原则的实施意见》为税收暂行条例上升为税收法律等立法工作制定了路线图和时间表，“十三五”期间我国在积极开展税制改革的同时，“一税一法”逐步落实，现行18个税种中已有12部税种法律，税收法制建设渐入佳境。[3]如前所述，构成偷、逃税的前提是对法定纳税义务的违反，即税收征管的“正向立法”与偷、逃税规制的“逆向立法”属于一体两面，必须统筹于税收法定原则之下。税务机关查处偷、逃税行为以及法院审理相关案件时必须将各税种法律、行政法规对纳税人及扣缴义务人的规定作为“法律准绳”。

（2）民事约定不能改变法定纳税主体

税收建立在经由民法调整的经济活动产生的成果或者足以推定纳税能力的

---

[1] 《税收征收管理法》第4条规定：“法律、行政法规规定负有纳税义务的单位和个人为纳税人。法律、行政法规规定负有代扣代缴、代收代缴税款义务的单位和个人为扣缴义务人。纳税人、扣缴义务人必须依照法律、行政法规的规定缴纳税款、代扣代缴、代收代缴税款。”

[2] 参见周洪波：《危害税收征管罪立案追诉标准与司法认定实务》，中国人民公安大学出版社2010年版，第33页。

[3] 参见刘剑文、刘静：《“十三五”时期税收法治建设的成就、问题与展望》，载《国际税收》2020年第12期。

事实之上。[1] 即便税收法律、法规已详尽规定了各税种的法定纳税主体,但在现实经济活动中,民法秉持灵活的"意思自治"原则,导致广泛出现约定承担税款者与法定纳税义务者不一致的情形,并由此引发偷、逃税主体司法认定中的问题。

典型的案例有:例如,基于商业与效率因素考量,当事人在合同中约定由一方承担并实际缴纳交易活动中产生的全部税款,包括根据税法本应由对方负纳税义务的部分,俗称"包税条款"或"税款承担条款"。在此类案件中,被税务机关查处的法定纳税主体往往主张其在交易中已通过合同约定的方式移转纳税义务,自己并非纳税主体,甚至提交生效民事裁判文书证明法院已判决税款责任由交易相对方承担,以此抗辩自己不符合偷、逃税行为的主体要件。对此,法院通常认为,民事判决仅能说明民事关系中的税款承担责任分配,不能改变法定纳税主体的认定,更不能因此免除法定纳税义务。法院进一步认为,民事主体之间对于税款承担的约定只产生民法上债的效力,对于民事主体以外的税务机关不产生法律效力。但在量刑环节中,法院认可被告人因他人代缴税款的承诺,产生了纳税义务转移的错误法律认识,影响对其自身纳税义务的正确判断,故以其逃税的主观恶性较轻为由判决免予刑事处罚。[2]

又如,约定由一方代为进行股权收购后一并转给另一方当事人,并约定由最终获得股权利益者代缴案涉税款。法院认为,根据相关规定,个人股权转让所得的个人所得税的纳税人是转让方,扣缴义务人是受让方。扣缴义务人是受让方,应认定为两次股权交易行为,分属不同法律关系,即便最终受让者承诺代缴第一次股权交易产生的税费,但由于其并非第一次股权转让的实际受让人,不能因双方约定移转代扣代缴义务而判处"非法定扣缴义务人"构成逃税罪。但法院最后根据共同犯罪理论,认定其虽不是扣缴义务人,但构成逃税罪的帮助犯。[3] 有的法院则直接根据《税收征收管理法实施细则》第 3 条第 2 款的规定,认为双方约定由一方缴纳税款的条款与税收法律不相符,依法应视为无效。[4] 诚然,

[1] 参见杨小强:《中国税法:原理、实务与整体化》,山东人民出版社 2008 年版,第 10 页。

[2] 参见"郑某铭逃税罪案",甘肃省天水市中级人民法院(2016)甘 05 刑终 94 号刑事判决书。

[3] 参见"阮某、陈某春逃税罪案",浙江省瑞安市人民法院(2020)浙 0381 刑初 64 号刑事判决书。

[4] 参见"东阿县劳服建安有限公司诉东阿县地方税务局稽查局案",山东省高级人民法院(2016)鲁行再 4 号行政判决书。

根据该条规定,法定的、具体的纳税主体不可能因私人自由约定而随意移转,即便是在不改变纳税主体的前提下约定非纳税主体作为实际承担经济成本的负税人,也仅在民法意义上"合法有效",当事人应按约定履行"税费负担"义务。[1]一旦突破民法层面,尤其在涉及追究偷、逃税行政与刑事责任时,纳税主体的认定只能以税收法律、行政法规为准。

(3)实施应税行为的非法经营者可以构成偷、逃税主体

关于非法经营所得应否纳税,非法经营者进行虚假纳税申报或者不申报的行为是否构成偷、逃税的问题,无论是司法实践还是学理研究,一直以来都存在两种不同观点:否定的观点认为,税法是以法律形式颁布的,其强制义务性表明税收的非惩罚性,并且规范的对象是合法经营行为,认可非法经营主体的纳税义务,无异于在法律上承认其行为的合法性;[2]如果课税对象包含违法行为,会造成违法行为合法化的谬论;[3]不仅如此,对非法经营行为课税并不符合税收经济调节的功能,也无法实现遏制其不缴纳税款的行为。[4] 肯定的观点认为,判断经营活动的合法与否和纳税义务的有无分属于不同部门法的运作范畴,两者不可同日而语,民法关注主体资格和行为方式的合法性,而税法并不参与合法性评价,其关注重点为该经营行为是否保有所得以及是否符合课税要件,[5]只要从事了税法列举的应税行为,符合税法对纳税人的规定,就是纳税人,只不过不是合法纳税人。[6]

通过对案例的分析可以发现,有的法院认为从事非法房地产开发的行为有别于违禁品的生产与交易,开发者购买土地使用权从事的房地产建设、销售,属于实施应税行为,应依法纳税,不能因为从事的是非法商品房开发,反而特殊于

[1] 参见"山西嘉和泰房地产开发有限公司诉太原重型机械(集团)有限公司案",载《最高人民法院公报》2008 年第 3 期。

[2] 参见王作富:《税法分则实务研究》(上),中国方正出版社 2010 年版,第 728 页。

[3] 参见杨秀琴主编:《国家税收》,中国人民大学出版社 1995 年版,第 14 页。

[4] 参见周洪波:《危害税收征管罪立案追诉标准与司法认定实务》,中国人民公安大学出版社 2010 年版,第 43 ~ 44 页。

[5] 参见杨小强:《中国税法:原理、实务与整体化》,山东人民出版社 2008 年版,第 118 ~ 119 页。

[6] 参见吴亚荣主编:《中国税收犯罪通论》,中国税务出版社 1999 年版,第 238 页。

正常的商品房开发,[1]但这是否意味着法院认为违禁品的生产与交易所得无须纳税,不得而知。有的法院认为,税法仅对合法经营行为进行调整规范,对于非法经营活动来说,因其本身就为法律所禁止,一旦发现就应当予以取缔,非法所得应当予以追缴或者没收,不存在纳税之说,因此认定被告非法占用农用地取得所得未申报纳税的行为不构成逃税罪。[2] 无独有偶,也有法院认为,案件所涉违法所得不存在逃税问题,应依法予以没收。[3] 有的法院甚至提出,税务机关对合法性不明的交易所得采取征税的行为会直接赋予其合法性,例如,纳税人销售未经规划审批许可私自改动消防设施布局的房屋,由于涉及火灾安全隐患的公共利益,一审法院认为其合法性存在纠纷,需要经司法认定合同有效,才能确定纳税义务,税务机关的征税行为无异于先于法院承认合同合法有效,从而认定纳税人销售房屋行为不构成偷税违法行为;但二审法院认为,纳税人自收到售房收入之日起即产生纳税义务,撤销原判,认定纳税人构成偷税。[4]

综上所述,在偷、逃税主体的确定上,无论是立法规定还是司法认定,均遵从了税收法定主义要求下的纳税主体法定,且该“法”指的就是税法。既不能因民商法领域的否定性评价而不认可其纳税主体地位,也不能单独适用刑法认定,更不能由当事人任意约定。纳税主体的确定与法定纳税义务的有无紧密相关。若缺乏税收实体法对纳税义务的明确和税收程序法对申报纳税行为的要求,刑法也就无法判断究竟是哪个应当依法纳税的主体实施了逃避缴纳税款的严重违法行为,从而构成逃税罪。这在一定程度上重申了逃税罪作为行政犯,主体要件的理解与认定应遵循刑法向税法协调的本质属性。在理论上,尚且不构成偷税违法行为的主体,更不可能构成逃税罪的主体。但在实践中,却存在税法领域不被认定构成偷税行政违法的主体反而在刑法领域被认定为构成逃税罪,这主要发生在刑事审判中适用刑法独有的“单位犯罪”理论的情形。

---

[1] 参见“胡某某逃税罪案”,河南省潢川县人民法院(2015)潢刑初27号刑事判决书;“易某等非法经营、逃税罪案”,河南省潢川县人民法院(2015)潢刑初26号刑事判决书;“胡某逃税罪案”,河南省潢川县人民法院(2014)潢刑初113号刑事判决书。

[2] 参见“武某甲、武某乙非法占用农用地罪案”,河北省邯郸市中级人民法院(2012)邯市刑终256号刑事判决书。

[3] 参见“张某逃税罪案”,陕西省三门峡市陕县人民法院(2010)陕刑初128号刑事判决书。

[4] 参见“冼某新诉海南省税务局第三稽查局案”,海南省三亚市中级人民法院(2019)琼02行终83号行政判决书。

3. 单位犯罪理论下逃税罪的“单位主体”

我国的单位犯罪是伴随商品经济和市场经济发展而来的。传统计划经济形态下,单位没有独立的财产,因而不具备承担责任的能力。所以,当时学界对法人犯罪普遍持否定态度。[1] 而在税法量能课税原则的要求下,法人或非法人组织等单位基于其经济上的给付能力自始便可以作为纳税主体,这从新中国成立之初的税收政策法规中也可窥见一斑。这意味着即便是没有独立财产、不能承担刑事责任的单位,其在从事经营活动中也能创造一定的经济价值,从而具备纳税能力。因此,由于理论根据的不同,单位在税法领域作为法定纳税主体与其在刑法领域作为税收犯罪主体之间存在与生俱来的“断层”。如果不注意构建两者之间有效的衔接与协调机制,就容易导致在司法认定中发生问题。

(1)逃税罪的单位犯罪早于《刑法》单位犯罪理论

在市场经济的建立和健全过程中,单位的经营自主权和财产独立权越发明晰,其法律人格也逐步得到承认,[2]有关单位犯罪的理论及其立法也从否定到肯定、从无到有。在这一转变过程中,由于税收犯罪特有的行政犯属性,其单位犯罪规则领先于刑法的普遍理论。

1979 年《刑法》关于偷税罪的规定采取空白罪状方式,未明确行为主体,但限定责任主体为“直接责任人员”。根据立法者的说明,“直接责任人员”包括工商企业中作出偷税、抗税决定或参与做假账的财务会计和单位负责人等。[3] 事实上,1979 年《刑法》并未规定单位犯罪,但基于当时我国开征的部分税种法定纳税义务人只能是单位的特质,如文化娱乐税,[4]偷税罪条款在责任主体上进行特别规定实际上内涵了单位犯罪理论中的“单罚制”本质。有学者认为,这已呈现处罚单位犯罪的雏形,[5]甚至直接将该条款的特征归纳为“单位犯罪时,刑

---

〔1〕 参见赵秉志:《犯罪主体论》,中国人民大学出版社 1989 年版,第 345 ~ 346 页。

〔2〕 参见赵秉志主编:《单位犯罪比较研究》,法律出版社 2004 年版,第 20 页。

〔3〕 参见高铭暄:《中华人民共和国刑法的孕育诞生和发展完善》,北京大学出版社 2012 年版,第 104 ~ 105 页。

〔4〕 1956 年 5 月 3 日颁布的《文化娱乐税条例》第 1 条规定:“凡在中华人民共和国境内经营电影、戏曲、话剧、歌剧、舞蹈、音乐、曲艺、杂技等文化娱乐的企业、文化娱乐的组织和举办文化娱乐演出的单位,除本条例第 2 条另有规定者外,都是文化娱乐税的纳税人,应该依照本条例的规定交纳文化娱乐税。”

〔5〕 参见周铭川、黄丽勤:《税收犯罪研究》,法律出版社 2020 年版,第 16 页。

罚承担主体是直接责任人”。[1] 当时,同样特别规定由“直接责任人”担责的还有第127条假冒注册商标罪。[2] 该条款明确犯罪主体是工商企业。类比推之,意味着偷税罪中的单位犯罪单罚制早于当时《刑法》总则中关于单位犯罪的规定。尽管在1997年《刑法》明确提出单位犯罪处罚原则后,逃税罪的单位犯罪即应当纳入统一规范范畴。但不容忽视的是,逃税罪存在一定的特殊性,且与其“行政犯”的本质分不开。即逃税主体的特殊身份来源系作为“第一规范”的税收行政法,而在我国税法体系中,某些特定税种的纳税主体只能是单位(如企业所得税),某些只能是自然人(如个人所得税)。[3]

(2)法定纳税主体与单位犯罪规则的司法冲突

结合《税收征收管理法》第63条的偷税条款与各税种法关于纳税人、扣缴义务人的定义,可见在对偷税行政违法的认定与惩处中,行为主体与责任承担主体保持一致,且“单位”与“个人”处于并列地位。主要根据税收实体法确定纳税主体,进而确定偷税主体,在执法实践中也不存在单位偷税、单处或并处负责人的情形。根据《刑法》第201条和第211条的规定,单位犯逃税罪施行双罚制,即对单位判处罚金,并对其直接负责的主管人员和其他直接责任人员(以下统称直接责任人员)处以相应的自由刑。可见,构成逃税罪的主体类型同样包括单位与自然人,当犯罪主体是自然人,因纯粹违反个人纳税义务构成逃税时,行为主体与责任主体保持一致;当犯罪主体是单位时,单位的直接责任人员被一并纳入责任承担主体中,适用双罚制。但从案例统计结果可见,在实践中还存在两种“单罚”模式,如表1所示。

表1　逃税罪行为主体与责任主体的组合形式

法律依据	行为主体	责任主体	责任形式
《刑法》第201条	自然人[4]	自然人	罚金+自由刑

---

[1] 郭昌盛:《逃税罪的解构与重构——基于税收制度的整体考量和技术性规范》,载《政治与法律》2018年第8期。

[2] 1979年《刑法》第127条规定:“违反商标管理法规,工商企业假冒其他企业已经注册的商标的,对直接责任人员,处三年以下有期徒刑、拘役或者罚金。”

[3] 参见刘荣、李佳男:《论我国逃税罪主体司法认定的困境与出路》,载《税务研究》2017年第3期。

[4] 自然人被判处逃税罪存在纯粹违反个人纳税义务以及其行为导致违反单位纳税义务但不构成单位犯罪两种情形。

续表

法律依据	行为主体	责任主体	责任形式
《刑法》第201条、第211条	单位	单位+自然人（直接责任人员）	单位罚金+直接责任人员自由刑
无法律依据	单位	自然人（直接责任人）	自由刑
无法律依据	单位	单位	罚金

①单位逃税还是自然人逃税的判断

从逃税罪案例的判决结果看,当可能涉及单位犯罪,即案涉逃避缴纳税款所对应的纳税人是公司时,法院往往从单位犯罪理论中"是否以单位名义""是否是单位决策机关经过决策程序作出的属于单位的意思表示""取得利益是否归单位所有"等要素出发进行判断。其中,"单位名义"要素主要根据税务机关下达文书的对象进行判断,而"利益归属"要素被视为最关键的判断依据。例如,在有的案件中,法院认为被告单位属于家庭式私营公司,其逃税行为获得的收入及利益均归个人享有,[1]或者单位和其他股东并未受益,[2]进而认定不构成单位犯罪,仅判处实施逃税行为的个人犯逃税罪;在构成单位犯罪的案件中,法院则认为逃税行为以公司名义进行,且无证据证明收取利益用于个人开支。

②单独判处直接责任人员构成逃税罪的情形

有的法院认为,逃税罪可以直接追究逃税单位的主管人员或直接责任人员的责任,被告人作为公司的投资者、经营者,逃税行为由其个人决定,直接追究其刑事责任并无不当。[3] 需要注意的是,我国某些税种法规定其纳税人只能是企业或其他组织(如企业所得税),根据税收法定原则,自然人显然不可能成为企业所得税的纳税人。而当法院基于"单位犯罪"的基本理论,认为公司偷、逃企业所得税所获得利益不归单位,而由个人享有,依法不应认定为单位犯罪而单独

---

〔1〕 参见"郭某珍逃税罪案",甘肃省酒泉市肃州区人民法院(2013)酒肃刑初75号刑事判决书。

〔2〕 参见"孙某某逃税罪案",甘肃省兰州市城关区人民法院(2016)甘0102刑初785号刑事判决书;"舒某逃税罪案",湖南省益阳市赫山区人民法院(2015)益赫刑二初36号刑事判决书;"陈某平逃税罪案",广东省江门市中级人民法院(2017)粤0703刑初142号刑事判决书。

〔3〕 参见"房某明挪用资金、逃税罪案",广东省中山市第一人民法院(2018)粤2071刑初1581号刑事判决书。

判处个人时,就会出现自然人构成企业所得税的逃税主体这一匪夷所思的结果,以致混同了原本泾渭分明的自然人犯罪和单位犯罪,且与案件实际情况大相径庭。[1]

从案例统计结果看,在205件法院仅判决单位直接责任人员因单位逃税行为构成逃税罪的案例中,有144件没有说明为何没有判处单位犯罪。另有4件案例中,法院认为该案实际上构成单位犯罪,但由于检察机关未对单位提起公诉,根据不诉不理原则,暂不追究单位犯罪的责任。[2] 有的法院根据最高人民法院《关于适用〈刑事诉讼法〉的解释》(法释〔2012〕21号)第283条的规定,向公诉机关作出补充起诉建议书,建议对犯罪单位补充起诉,但公诉机关仍未补充,故法院援引《刑法》分则有关追究单位犯罪中直接责任人员刑事责任的条款进行判决。[3] 那么,单位犯逃税罪到底是基于单位作为税法的法定纳税人,还是基于刑法中的单位犯罪理论?如果是两者的结合,应如何实现合法且合乎逻辑的衔接?换言之,当单位不以纳税人身份被认定逃税时,单位中的直接责任人员又是以什么身份构成逃税罪?显然不可能是纳税主体。在单位未构成犯罪的前提下,也不可能以"单位的直接责任人员"构成犯罪。

③单位主体资格灭失后的责任承担

除公诉机关未起诉单位外,现实中还存在另一种单位的直接责任人员单独被判处逃税罪的情形:被税务机关立案查处后,企业出现破产、注销、吊销等主体资格灭失情形。统计中有49件逃税罪案例属于这种情况。法院在审理中一般根据2002年最高人民检察院对四川省人民检察院《关于涉嫌犯罪单位被撤销、注销、吊销营业执照或者宣告破产的应如何进行追诉问题的批复》(高检发释字〔2002〕4号)的规定,对主体灭失的公司不再追究刑事责任,对直接责任人员则

---

〔1〕 参见刘荣、李佳男:《论我国逃税罪主体司法认定的困境与出路》,载《税务研究》2017年第3期。

〔2〕 参见"杨某平逃税罪案",广东省广州市中级人民法院(2014)穗增法刑初21号刑事判决书;"谭某德非法吸收公众存款罪、逃税罪案",四川省达州市中级人民法院(2016)川17刑终7号刑事裁定书。

〔3〕 参见"李某丽逃税罪案",河南省平顶山市中级人民法院(2020)豫04刑终200号刑事裁定书;"张某树、李某亮逃税罪案",山东省日照市中级人民法院(2020)鲁11刑终59号刑事裁定书。

仍然追究刑事责任。[1] 反观偷税案例中的类似案情,法院认为被处罚的企业法人因注销登记,作为责任承担的主体资格随之消灭,不应再作为行政处罚的对象,进而直接撤销税务机关作出的行政行为,也未对企业注销前的行为是否构成偷税进行实体认定。[2] 这与逃税罪案例中对单位注销等情形的处理原则完全不同。

④单位股东或负责人变更情形下的责任承担

当公司股东或单位经营者发生变更后,税务机关对变更前发生的偷、逃税行为进行查处时,相关责任究竟由原负责人还是现负责人承担,在司法实践中存在不同观点:在偷税案例中,法院重申了偷税违法"行为与责任主体一体化"的观点,认为法律规定承担纳税责任的是纳税人,而非纳税人的投资人,虽然偷税这一违法行为是发生在原投资人经营期间的,但作为纳税主体的单位具有延续性,并未注销或解散。[3] 在逃税罪案例中,有的法院认为公司法定代表人变更,但公司作为纳税主体并未改变,在单位犯罪的情形下,变更后的法定代表人理应承担法人变更前后的全部纳税义务。[4] 但也有法院持相反观点,认为后来担任法定代表人的,不应对单位此前的逃税数额负责;[5] 当公司股东转让股权且不再任职的,不应对公司之后的逃税行为负责;[6] 或者认为由于原股东已退出,无论其是否知悉公司被追缴税款的情况,都无法影响新股东的意志,要求其履行补缴

---

[1] 参见"王某逃税罪案",内蒙古自治区包头市中级人民法院(2018)内0221刑初40号刑事判决书;"许某强国有公司逃税罪案",河北省柏乡县人民法院(2018)冀0524刑初16号刑事判决书。

[2] 参见"丁某峰诉国家税务总局北京市税务局稽查局案",北京市西城区人民法院(2018)京0102行初881号行政判决书。

[3] 参见"重庆市秀山县鑫发电解锰厂诉秀山土家族苗族自治县国家税务局案",重庆市秀山土家族苗族自治县人民法院(2016)渝0241行初24号行政判决书。

[4] 参见"河南中原铃木电梯制造有限公司、刘某某逃税罪案",河南省鹿邑县人民法院(2019)豫1628刑初174号刑事判决书。

[5] 参见"四川明锐新材料有限公司、黄某波逃税罪案",四川省眉山市东坡区人民法院(2017)川1402刑初426号刑事判决书;"苑某良逃税罪案",河南省周口市川汇区人民法院(2010)川刑初53号刑事判决书。

[6] 参见"蔡某标逃税罪案",广东省中山市第一人民法院(2013)中一法刑二初986号刑事判决书。

税款义务并接受处罚,故不认定原股东构成逃税罪。[1] 还有法院认为,逃税的违法事实发生在原法定代表人任职并主管公司财务期间,即使其将股权转让给他人,也不影响追究其担任被告公司法定代表人期间逃税罪的刑事责任。[2]

(3)偷、逃税规制中单位违法与单位犯罪衔接机制缺位

前述司法实践中出现的问题,主要原因有两个:一是税法与刑法领域关于"单位主体"违法与犯罪的责任配置存在不同理论基础;二是刑事审判实务中容易忽略逃税罪的行政犯特点,没有充分考虑其犯罪主体的特殊身份其实源于税收行政法的规定。

在税法领域,纳税主体的具体类型通常区分为个人和单位,[3]纳税主体只能是个人的是个人所得税,只能是单位的是企业所得税(企业和其他取得收入的组织)和烟叶税。《税收征收管理法》第63条规定的责任主体是纳税人和扣缴义务人。结合税收实体法对纳税主体的规定,该责任条款的逻辑在于,单位和个人处于并列关系,都可能独立成为偷、逃税主体,并且在单位违法的情形下,只处罚单位而不涉及单位的直接责任人员,尤其是偷、逃企业所得税或者烟叶税,其责任主体只能是单位而不可能是个人。即便如此,单位非生物意义上的个人,其偷、逃税违法行为必然由单位内部人员,尤其是其直接责任人员的意志转化并实际执行,遂难谓单位成员毫无责任。有学者认为,只处罚单位、不处罚单位成员的处理方式是行政罚责体系中单位违法的"转嫁制"。[4]

---

[1] 参见"王某生、薛某顺、彭某辉逃税罪案",广东省深圳市中级人民法院(2015)深中法刑二终500号刑事裁定书。

[2] 参见"詹某逃税罪案",新疆维吾尔自治区喀什地区中级人民法院(2019)新31刑终10号刑事裁定书。

[3] 也存在其他表述,如产权所有人(房产税)、所有人或管理人(车船税)、应税船舶负责人(船舶吨税)、单位和其他生产经营者(环境保护税)等,但实质上都可以分为个人或单位。

[4] "转嫁制"与"代罚制"相对,都源于刑法单位犯罪中的单罚制理论,但是关于两者的内涵存在两种截然相反的观点:一种观点认为,只罚单位的是转嫁制,只罚成员的是代罚制;另一种观点认为,只罚成员的是转嫁制,只罚单位的是代罚制。从"责任自负原则"理解,无论是单位违法还是单位犯罪,单位主体都应当承担相应的法律责任,因此本文采后一种观点。参见喻少如:《论单位违法责任的处罚模式及其〈行政处罚法〉的完善》,载《南京社会科学》2017年第4期;叶良芳:《论单位犯罪的形态结构——兼论单位与单位成员责任分离论》,载《中国法学》2008年第6期;赵秉志主编:《单位犯罪比较研究》,法律出版社2004年版,第41~45页;黎宏:《完善我国单位犯罪处罚制度的思考》,载《法商研究》2011年第1期。

在刑法领域,对于单位犯罪中自然人的地位,即自然人是否能独立构成单位犯罪的问题,刑法学界存在“肯定说”与“否定说”两种观点。[1] 1997 年《刑法》第 30 条、第 31 条规定则明确采用了“否定说”,限定可以构成单位犯罪主体的范围为“公司、企业、事业单位、机关、团体”,同时明确了以双罚制为一般原则,以单罚制为例外。但从逃税罪案例统计反映的情况来看,司法实践对此并未给予足够的重视,甚至广泛受到与立法立场相反的“肯定说”观点影响,这容易导致逃税罪司法认定中单位犯罪被割裂为单位与直接责任人员独立构成犯罪,或者构成共同犯罪的错误观点,且有单位犯罪被重复评价为自然人自身犯罪之嫌。[2] 或者说,虽然认为自然人是作为单位的直接责任人员构成犯罪的,但当遇到公诉机关不起诉单位,或者单位主体资格灭失时,在“控审分离”原则和高检发释字〔2002〕4 号精神的指引下,实质上法院的审理裁判体现出“代罚制”的单罚效果。无论是上述哪种理解,均造成了单位犯罪中单位责任缺位的结果,既违背立法规定,也混淆司法认定。

综上所述,单位违法与单位犯罪的配置规则如图 2 所示。

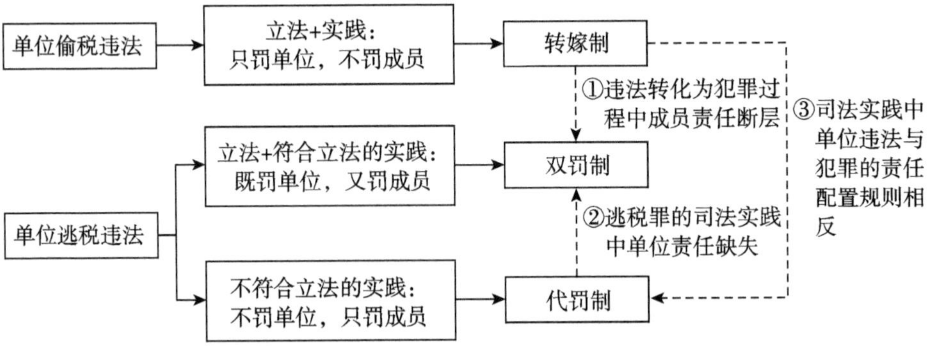

图 2　单位违法与单位犯罪责任的配置规则

---

〔1〕 “肯定说”认为,自然人可以单独成为单位犯罪的主体,如“两个犯罪主体说”“双层机制说”等;“否定说”认为,只有法律明文规定的单位才能构成单位犯罪,如“单位成员非单位犯罪主体说”“单位责任与成员责任一体化说”等。参见刘荣、李佳男:《论我国逃税罪主体司法认定的困境与出路》,载《税务研究》2017 年第 3 期。

〔2〕 参见刘荣、李佳男:《论我国逃税罪主体司法认定的困境与出路》,载《税务研究》2017 年第 3 期。

从图2可见,当单位作为纳税主体实施偷、逃税违法与犯罪行为时,其与单位直接责任人的责任配置规则在税法和刑法领域存在显著不同,并呈现3处"断层":一是在偷税行政违法转化为逃税刑事犯罪过程中,单位直接责任人从"无任何行政责任"直接跨越到"与单位相等的刑事责任"(参见图2中①);二是在逃税罪案例中体现出不符合双罚制原则下的单位责任缺失(参见图2中②);三是在特殊情形下,单位违法与犯罪的责任配置规则完全倒置(参见图2中③)。

为从根源上解决上述立法与司法中的"断层"问题,笔者认为,税法与刑法需要在单位偷、逃税的规制上各迈出一步。一方面,在偷税行政违法领域构建单位违法的"双罚制"处罚原则,以对接刑法中单位犯罪的双罚制原则。即作为纳税主体的单位构成偷税行政违法的,在处罚单位的同时,对单位中相关责任人员处以行政处罚。但需要遵循比例原则,严格限制一并处罚的单位成员的条件、范围,同时考虑采取警告、通报批评、一定期限限制从业等处罚方式。事实上,目前我国行政管理领域的一些特别立法已经适用了单位违法的双罚制,主要集中于食品药品、公共安全、生态环境、金融监管等。[1] 同样采取单位违法双罚制立法例的还有德国1986年公布实施的《违反秩序法》第30条等。[2] 另一方面,在逃税刑事犯罪领域须明确单位逃税应严格适用双罚制原则。即便是单位主体资格灭失,或是公诉机关未起诉的情况,也应在判决主文中明确被告人是作为单位的直接责任人员构成逃税罪,避免造成自然人可以独立构成逃税罪单位犯罪的误解,也理顺了刑法中单位犯罪理论与税法上单位作为法定纳税人之间的逻辑关系。

(二)关于偷、逃税行为的理解与认定

偷、逃税违法与犯罪认定的核心在于客观的行为表现,其是确定偷税违法行为和逃税犯罪行为概念内涵及其外延的关键所在,紧密关系对违法行为进行惩

---

〔1〕 例如,《水污染防治法》第92条、第94条;《固体废物污染环境防治法》第108条、第118条;《食品安全法》第123条、第135条、第139条、第141条;《食品安全法实施条例》第75条;《药品管理法》第118条、第119条、第122条至第126条、第135条、第141条;《反恐怖主义法》第83条至第88条;《消防法》第65条、第67条、第69条;《网络安全法》第61条至第69条;《商业银行法》第89条;《证券法》第180条至第185条;《反洗钱法》第32条;《保险法》第177条;等等。

〔2〕 参见喻少如:《论单位违法责任的处罚模式及其〈行政处罚法〉的完善》,载《南京社会科学》2017年第4期。

处适用法律依据的选取,以及"罪与非罪"或者"此罪与彼罪"的划分标准。随着经济发展与税制改革的不断推进,偷、逃税行为在数量不断增多的同时,其手段方式也在不断更新与变异。综观立法沿革,历次重要的立法与修法活动中均无一例外涉及偷、逃税的手段或方式,[1]其修改幅度居于其他构成要素之上,目的就是更好地适应客观形势的发展和需要。从行政犯的应然逻辑上看,逃税犯罪行为与偷税违法行为的定义应保持基本一致,否则税务机关将无从判断某一偷税违法案件应否移送公安机关立案侦查。关于偷、逃税行为方式的理解与认定中,无论是税法、刑法的学理探讨还是执法与司法实践,对于"(采取欺骗、隐瞒手段)进行虚假纳税申报"可以构成偷税行政违法与逃税刑事犯罪这一问题并无太大争议,分歧与讨论主要集中于"不申报"与"经税务机关通知申报而拒不申报"两种手段的认定上。

1. 司法案例中关于偷、逃税行为认定的归纳与统计[2]

根据《税收征收管理法》第63条第1款与第2款之间的语义逻辑,偷税违法行为的构成包括"偷税手段"与"偷税结果",前者采用完全列举式叙明了5种手段形式,[3]后者并未设置具体标准。

现行《刑法》第201条规定,逃税罪的构成包括"逃税手段""逃税行为""逃税结果",将修正前《刑法》第201条列举的几种具体行为概括为"采取欺骗、隐瞒手段",作为"虚假纳税申报或者不申报"的修饰限定,目的是避免"挂一漏万",有效将各式各样的逃税手段"兜底";同时删去"经税务机关通知申报而拒不申报"这一行为,显著严密了刑事法网,增加了纳税主体的涉税犯罪风险。

从案例统计结果看,偷税案例中法院对偷税手段的认定倾向明确偷税的具体表现形式,如不列、少列收入,多列支出或者隐匿、伪造账簿和记账凭证的方

---

[1] 由于《税收征收管理法》第63条、《刑法》第201条和第204条以及法释[2002]33号文关于偷、逃税认定的条文表述中同时或单独出现"手段"与"行为",且从法条逻辑上分析,两者的含义或重叠或独立,本文基本遵循法条的使用规则,不对二者作严格区分。

[2] 相关案例统计情况参见陈晓虹:《论偷、逃税行政违法与刑事犯罪的立法协调》,厦门大学2021年硕士学位论文,第37~39页。

[3] 包括:(1)伪造、变造、隐匿、擅自销毁账簿、记账凭证;(2)在账簿上多列支出;(3)在账簿上不列、少列收入;(4)经税务机关通知申报而拒不申报;(5)进行虚假的纳税申报。偷税结果上没有数额要求,区分纳税人为"不缴或者少缴应纳税款",扣缴义务人为"不缴或者少缴已扣、已收税款"。

式,实际上是进行虚假纳税申报的具体手段形式。逃税罪案例中法院对逃税手段的认定较关注有无“采取欺骗、隐瞒手段”而不再细分,以及是否包含“税务机关的前置行为如追缴、通知申报、行政处罚”等情节。

偷税和逃税罪案例中,法院认定最多的偷税和逃税行为都是“采用欺骗、隐瞒手段进行虚假纳税申报”,这也正是我国法律对“偷、逃税”所作的最基本定义。另外,“经税务机关通知申报而拒不申报”也是法院认定较多的一种情形,此手段最早在1997年《刑法》修订时被增加为偷税罪的罪状之一,2001年《税收征收管理法》作出了相同规定,而2009年颁布的《刑法修正案(七)》已将此罪状删除,《税收征收管理法》仍沿用至今。从司法实践中看,2009年2月28日后法院在审理逃税罪案例时仍存在认定纳税人的逃税手段为“经税务机关通知申报而拒不申报”的情形。

此外,偷税手段和逃税手段认定中的显著差别有两处:一是偷税案例中广泛地将纳税人“取得虚开增值税发票并抵扣进项税额”的情形认定为偷税,而由于《刑法》第205条至209条规定了多个有关发票的罪名,因此在逃税罪案例中仅有9件案例将与“非法发票”相关的手段认定为逃税,且侧重利用非法发票进行虚假纳税申报的情形。[1] 二是法院所认定的逃税手段,还包括“不申报”“采用欺骗、隐瞒手段不申报”两种,而由于《税收征收管理法》并未将“不申报”作为偷税的行为方式之一,在实践中也几乎没有法院在偷税案例中认定不申报构成偷税。

2. 对“不申报”的理解与认定

立法者在对《刑法修正案(七)》重大修改的背景进行解读时,将逃税手段区分为“采取欺骗、隐瞒手段进行虚假纳税申报”和“不申报”两类。不申报,是指不向税务机关进行纳税申报的行为,对此有3种理解。[2]

(1)“不进行纳税申报”不构成偷、逃税

上述立法者的观点以及实践中的普遍做法,意味着在《税收征收管理法》中分属于第63条及第64条规制的“偷税行为”和“不进行纳税申报行为”,在符合

---

[1] 参见“喻某某逃税罪案”,湖南省湘潭市中级人民法院(2010)潭中刑终192号刑事判决书。

[2] “不申报”,是指已领取工商营业执照的法人实体不办理纳税登记,或者已办理纳税登记的法人实体取得经营收入不向税务机关申报或者经税务机关通知申报而拒不申报等行为。参见黄太云:《偷税罪重大修改的背景及解读》,载《中国税务》2009年第4期。

不缴或少缴税款达到入罪标准的情况下,均构成《刑法》第 201 条规定的逃税罪。然而,《税收征收管理法》第 77 条规定的涉嫌犯罪应移交司法机关追究刑事责任的包括第 63 条而没有第 64 条。也有学者尝试通过体系解释厘清税收行政法的逻辑,认为《税收征收管理法》第 64 条规制的情形并非出于逃避缴纳税款故意,而是由于纳税主体对税收法律、制度的不熟悉或者是其他特殊原因而发生的不申报,与出于故意的偷税行政违法存在显著区别。[1] 这种情况在 2009 年《刑法修正案(七)》颁布之前并不存在,因为当时税法与刑法领域对偷、逃税行为的定义完全一致,都不包括"不申报"这一情形。然而在 2009 年《刑法》将"经税务机关通知申报而拒不申报"修改为"不申报"后,《税收征收管理法》仍维持原有规定,这也从侧面反映了在偷、逃税领域,"刑法先行"的不当越位可能造成司法认定失序的问题。有学者提出,理解《刑法》第 201 条中的"不申报"不应当受到《税收征收管理法》第 63 条的限制,否则,就否认了刑法本身的独立性,否认了刑法修正的必要意义。[2] 殊不知,这种理解过于推崇刑法的独立功能,从而忽略了逃税罪作为行政犯的本质。以行政违法"在先",在税收行政法尚未认定为构成违法偷税行为(但构成第 64 条规定的违法不进行纳税申报的行为)的情况下,却由本应"在后"的涉税刑法"越俎代庖"直接予以规制,违反了行政犯的基本原理。

通过分析偷税案例,更能验证"不进行纳税申报"不等于"偷税"的观点与司法实践相符。如在"张某某诉贺兰县国家税务局案"中,税务机关认定纳税人"取得虚假发票抵扣进项税额,虚转成本,少计应纳税额"和"取得收入未纳税申报"两种行为均应适用《税收征收管理法》第 63 条定性为偷税,而法院经审理认为前者适用第 63 条,后者适用第 64 条第 2 款,即取得收入后未申报纳税不认定为偷税。[3] 而在"周某超诉宜兴市税务局案"中,法院同样认为转让个人股权未申报行为不是偷税,属于《税收征收管理法》第 64 条第 2 款规定的"不进行纳税申报"的行为。[4] 反观逃税罪案例,则通常秉持相反观点,存在 14% 的案件认

[1] 参见周微:《偷、逃税行为的违法与犯罪》,法律出版社 2014 年版,第 8 页。

[2] 参见周铭川、黄丽勤:《税收犯罪研究》,法律出版社 2020 年版,第 62 页。

[3] 参见"张某某诉贺兰县国家税务局案",宁夏回族自治区贺兰县人民法院(2014)贺行初 7 号行政判决书。

[4] 参见"周某超诉宜兴市税务局案",江苏省无锡市中级人民法院(2019)苏 02 行终 18 号行政判决书。

定纳税人“不申报”造成少缴税款的行为构成逃税罪，其实也正是税法与涉税刑法立法不协调导致的司法适用违背行政犯本质的结果。

(2)“采取欺骗、隐瞒手段不申报”才构成偷、逃税

在偷、逃税手段司法认定中最大的争议之一莫过于“不申报”手段能否单独构成偷、逃税，其是否以“欺骗、隐瞒的手段”作为修饰限定？以及从形态上看，不申报属于“不作为”，还是积极地“作为”？由于“不申报”仅在《刑法》条文中出现，《税收征收管理法》已有第64条对此情形进行规范，故本部分仅在犯罪认定语境中分析“不申报”行为的修饰限定问题。

关于犯罪形态问题，大部分学者都认可“不申报”是不作为犯罪。基于不真正不作为犯的刑法理论，逃避缴纳税款是对特定义务——纳税义务的违反，无论是积极行为还是消极行为，都可能造成对特定义务的违反，因而逃税罪的犯罪形态只能是不作为；[1]反对观点认为，“不申报”行为并不存在积极与消极之分，如果采取欺骗、隐瞒手段加以掩饰的，应属于“进行虚假纳税申报”。[2] 在司法实践中，有法院同样认为取得收入不申报是“不作为”，与常见的逃税罪手段有明显区别，属犯罪情节轻微，但仍构成逃税罪。[3] 在该案件中法院将“不申报”视为比其他“作为”的逃税手段更轻的情节，并在量刑上予以体现。这种做法其实反而违背了不作为的刑法理论。因为“不作为”只有产生和作为等价值的危害后果时才具备刑事制裁的正当性，[4]反过来看，如果不作为能够构成犯罪，则意味着其与作为犯罪应具有相当的社会危害性，应等同对待。

关于“不申报”的修饰限制问题，学界存在4种不同的观点：

第一种观点认为，“欺骗、隐瞒手段”仅作为虚假纳税申报的手段行为限定条件，并不修饰“不申报”，此为立法参与者的解读。[5] 也有学者主张，为避免不同的用语解释方法下罪与非罪的认定出现天壤之别，有悖刑法公正，应采取联合

---

[1] 参见郭昌盛：《逃税罪的解构与重构——基于税收制度的整体考量和技术性规范》，载《政治与法律》2018年第8期；杨高峰：《逃税罪立法实施中的疑难问题研究》，载《学术探索》2009年第4期。

[2] 参见周铭川、黄丽勤：《税收犯罪研究》，法律出版社2020年版，第65页。

[3] 参见“郑某铭逃税罪案”，甘肃省天水市中级人民法院(2016)甘05刑终94号刑事判决书。

[4] 参见黎宏：《不作为犯研究》，武汉大学出版社1997年版，第111页。

[5] 参见黄太云：《偷税罪重大修改的背景及解读》，载《中国税务》2009年第4期。

结构的理解方式,即无须考虑“不申报”是否采取欺骗、隐瞒手段。[1]

第二种观点认为,单纯的“不申报”不能构成逃税罪,其理由呈现多样化。有学者指出,为避免歧义,立法为何不表述为“不申报或者采取欺骗、隐瞒手段进行虚假纳税申报”?加之逃税罪的主观层面显然是故意,消极不作为的客观表现形式难以认定其主观故意。也有学者基于限缩刑罚权的目的,或称为刑法谦抑性原则,认为只有当纳税人对税务机关采取“欺骗、隐瞒手段”而不进行纳税申报的情形,才具有最终的刑事可罚性,并符合比例原则。[2] 只有在“不申报”同时具备欺诈手段或其他不正当方法,并造成国家税收严重流失的后果时才能评判其具有犯罪的严重危害性。[3] 韩国《逃税者刑事处罚法》规定逃税是指行为主体通过欺诈或其他不公正行为逃避缴纳税款、获得退税或者减税。“行为”是逃税的核心要求,一般的税务不作为不应被视为逃税,除非该不作为归属于欺诈或其他不公正行为的范围。[4]

第三种观点认为,虽然不需要采取欺骗、隐瞒手段,但是对此应作另一种限制解释,即只有经税务机关通知申报而拒不申报的,才能认定为逃税罪,[5]因为《刑法修正案(七)》的主旨在于限制逃税罪的成立范围,作出如此限制解释在实质上契合了立法目的,而且单纯没有按时纳税申报仅仅违反了税收征收管理法律法规,若径直认定为犯罪,将导致用刑事责任替代行政责任。[6] 此观点的反对者认为,从立法沿革看,将“经税务机关通知申报而拒不申报”修改为“不申报”显然是为了扩大逃税罪的成立范围,不能任意作限制解释。[7]

第四种观点认为,“欺骗、隐瞒手段”是否修饰“不申报”并不重要,实际上应

---

〔1〕 当认定“采取欺骗、隐瞒手段进行虚假纳税申报或者不申报”语句属于偏正结构时,消极的不申报行为不构成犯罪,而在联合结构下,消极的不申报行为也可能构成犯罪。参见杨高峰:《逃税罪立法实施中的疑难问题研究》,载《学术探索》2009 年第 4 期。

〔2〕 参见李刚:《论税务稽查局管辖权限的认定——基于法律解释学的分析》,载《法律科学(西北政法大学学报)》2018 年第 5 期;李晓明:《论对我国刑法“偷税罪”罪名的改造及规范》,载《政治与法律》2009 年第 3 期。

〔3〕 参见毛玲玲:《逃避税收义务刑事责任的修正与方向》,载《法学》2008 年第 12 期。

〔4〕 See Baik J. H., *Key Issues and Recent Trends in Criminal Tax Law in Korea*, 72 Bulletin for International Fiscal Documentation, p. 6(2018).

〔5〕 参见张明楷:《刑法学》(下)(第 5 版),法律出版社 2016 年版,第 811 页。

〔6〕 参见马克昌主编:《百罪通论》,北京大学出版社 2014 年版,第 390 页。

〔7〕 参见周铭川、黄丽勤:《税收犯罪研究》,法律出版社 2020 年版,第 64 页。

关注犯罪的主观故意层面。不申报虽属于刑法理论中的不作为犯罪,但应区分故意的不申报和过失的不申报,"故意不申报"可以追究刑事责任,"过失不申报"则需经税务机关事先追缴。[1] 前者为明知自己不申报行为会造成税款流失的危害结果,希望或放任这一结果的发生,构成逃税罪;后者则是不知法律规定应该自行申报,也未采取任何避税手段,主观方面是过失,不构成犯罪。[2] 对此,在司法实践中存在相反意见,有法院认为,所谓不申报是一种纯正的不作为行为,刑法并未规定主观故意与否能够成为此种纯正不作为行为责任的阻却因素,故"无主观故意"不认为是不纯正犯罪的构成要件缺失。[3]

笔者认可第二种观点,理由仍然是从逃税罪的行政犯本质出发。《税收征收管理法》对"不申报"行为的责任追究规定在与第 63 条并列的第 64 条第 2 款中,该条款明显不是《刑法》第 201 条逃税罪的前置性行政法律规定。在司法实践中,偷税案例中税务机关和法院也广泛认可"不申报"行为有别于偷税。既然税法领域未将此行为模式独立作为偷税手段,那么刑法领域强行将其作为逃税罪的独立罪状将有违行政犯本质、进一步违背罪刑法定原则。因此,消极的"不申报"行为不能构成逃税罪,应将其置于"采取欺骗、隐瞒手段"的修饰限制之下。

3. 对"经税务机关通知申报而拒不申报"的理解与认定

1997 年《刑法》首次增设"经税务机关通知申报而拒不申报"作为偷税罪的手段表现,2001 年《税收征收管理法》随之保持一致。法释〔2002〕33 号文以"是否办理税务登记或者扣缴税款登记"对应的 3 种情形作为理解该手段的标准,但这一解释自问世以来便广受诟病。在司法实践中有法院对此另辟蹊径进行反面理解,认为被告人作为依法无须办理税务登记的自然人,在税务机关未书面通知其申报的前提下,不具备认定被告人构成逃税罪的构成要件。[4] 2009 年《刑法修正案(七)》对逃税罪罪状作出的重大修改之一即在于,以"不申报"取替了"经税务机关通知申报而拒不申报";现行《税收征收管理法》由于尚未修订,"经税

---

〔1〕 参见马存伟、苏静:《〈刑法修正案(七)〉视域下:偷税罪的嬗变》,载《学术探索》2009 年第 6 期。

〔2〕 参见余高能:《纳税中"不申报"行为的刑法分析》,载《人民检察》1997 年第 11 期。

〔3〕 参见"周某逃税罪案",海南省第二中级人民法院(2017)琼 97 刑终 194 号刑事裁定书。

〔4〕 参见"大同市云冈实业有限责任公司逃税罪案",山西省大同市中级人民法院(2016)晋 02 刑终 130 号刑事裁定书。

务机关通知申报而拒不申报”仍作为偷税的手段行为之一。

在案例统计中,法院认定纳税主体偷、逃税手段为“经税务机关通知申报而拒不申报”的偷税案例占8.1%、逃税罪案例占7%。由此可能引发的思考是,在《刑法》第201条已经删除该种手段形式的情况下,在逃税罪案例中作出上述认定的法律依据为何?而基于此被认定为偷税的13个偷税案例,假设纳税主体的违法程度继续加深,是否能在刑法领域寻得对其进行规制的“最终手段”?在司法实践中,有的法院适用税法规范进行审理,认为纳税人虽未实施虚假申报逃避税款的行为,但其经税务机关通知后仍不进行申报违反了《税收征收管理法》,即该情形可独立作为逃税罪的手段行为。[1] 其实,从行政犯的角度,法院援引《税收征收管理法》的规定认定经税务机关通知申报而拒不申报导致未缴或者少缴税款的行为违法,且后果严重,从而根据《刑法》认定构成犯罪,这一做法既符合法理,又难谓一定违反《刑法》。其他大部分案例则直接认定“经税务机关通知申报而拒不申报”构成逃税行为,难以区分其是基于税法规范的认定,还是仍未走出修改之前的《刑法》的影响,但从判决结果来看似乎“歪打正着”,贴合了逃税罪行政犯的本质属性。

学界对“经税务机关通知申报而拒不申报”手段的讨论主要集中于刑法领域。在《刑法修正案(七)》颁布之前,有学者认为,增加“经税务机关通知申报”的限定,实际上是由于不具逃税故意的“未按时申报”与“故意不申报”在客观表现上完全一致,而前者已有《税收征收管理法》第64条对其进行规制,立法者将“经过税务机关通知”引入作为判断主观上存在故意的方法。[2] 另有学者认为,“经税务机关通知申报而拒不申报”实质上是对税务机关权力的“公然挑战”,与逃税所具有的欺诈性、隐蔽性特征大相径庭,建议将经税务机关通知申报而拒不申报且情节严重的纳入抗税罪的惩处范围。[3] 而关于《刑法修正案(七)》对该情形的删除,有学者认为理由有3点:一是在司法实践中对该要件的理解不同,难以认定;二是逃税罪的本质是拒不履行纳税义务,税务机关是否通知申报并不影响这一案件实质,无足轻重;三是“不申报”的表述简明扼要,明确其不作为性质的同时,避免在无关紧要的问题上浪费司法资源,并防止被用以逃避刑事责

---

〔1〕 参见“李某逃税罪案”,山东省济宁市任城区人民法院(2020)鲁0811刑初400号刑事判决书。

〔2〕 参见彭爽:《论偷税罪的行为与结果》,载《税务与经济(长春税务学院学报)》2002年第6期。

〔3〕 参见李晓明:《论对我国刑法“偷税罪”罪名的改造及规范》,载《政治与法律》2009年第3期。

任,起到"严密法网"的作用。[1]

笔者认为,对于"经税务机关通知申报而拒不申报"这一手段行为,不仅《税收征收管理法》第63条在后续修法中不应删除,而且《刑法》第201条应将其恢复为逃税罪的罪状之一。理由是"经税务机关通知申报而拒不申报"呈现明显纳税不遵从的主观故意与客观违法,对税收征管秩序的危害程度也与"采取欺骗、隐瞒手段进行虚假纳税申报或者不申报"相一致,属于仅凭行政法内部调整不一定能恢复正常税收征管秩序的情形,符合行政犯的入罪原则。

(三)关于偷、逃税主观故意的理解与认定

1. 逃税罪构成以主观故意为必要要件

偷、逃税违法与犯罪是对国家税收秩序的破坏,准确来说是通过违反税收征管的要求造成国家税款的流失,具有显著的"结果犯"特征。即单纯的虚假纳税申报行为如果没有造成"不缴或少缴税款"的后果,并不能认定为偷税行政违法或逃税刑事犯罪,只能倚赖其他责任规则进行规范。据此,有学者主张,逃税行为是复合行为,"逃避缴纳税款"作为其目的决定了逃税罪的主观方面只能是故意,而不可能是过失。[2] 而"采取欺骗、隐瞒手段"的表述,亦可见立法上对故意要件的要求颇为明确,[3]即使是针对"不申报"手段,也可以依据同类解释规则认定其必须具备主观故意。[4] 如有法院认为,纳税人基于地方政府承诺返还税款的会议纪要,存在部分税款未申报缴纳,其主观上没有以欺骗手段不缴或少缴税款,企图使国家税款减少或遭受损失的故意,"此种情形与刑法所规定的采用不申报手段故意逃避应纳税款有本质区别",因此该笔税款不应计入逃税数额中。[5] 但也有法院采纳被告单位直接责任人员不具有逃税故意的意见,最终仍

---

[1] 参见刘荣:《刑事政策视野下的逃税罪》,载《中国刑事法杂志》2010年第12期。

[2] 参见杨高峰:《逃税罪立法实施中的疑难问题研究》,载《学术探索》2009年第4期。

[3] 参见施正文、翁武耀:《意大利逃税刑事法律责任的立法及其对我国的借鉴》,载《税务研究》2010年第6期。

[4] 参见郭昌盛:《逃税罪的解构与重构——基于税收制度的整体考量和技术性规范》,载《政治与法律》2018年第8期。

[5] 参见"周口汇林置业有限公司逃税罪案",河南省高级人民法院(2010)豫法刑再29号刑事判决书。

判处其作为单位直接责任人员构成逃税罪。[1]

然而,上述大部分认可主观故意要件必要性的观点均是针对逃税罪的构成要件,在偷税行政违法领域并未形成一致观点,对于故意的认识因素是否包含“违法性认识”的问题在理论上与实践中也仍被广泛讨论。由于与主观故意有关的争论并非在每个司法案例中都会出现,故本文仅抽取其中以此为争议焦点的典型案例作为本部分的分析对象。

2. 偷税违法行为是否以主观故意为构成要件

偷税行政违法行为的认定和惩处依据都是税法,属于行政法范畴,应遵循行政处罚的基本归责原则。有学者认为,将主观故意作为构成要件更贴近人们日常生活与习惯法则对偷税的理解,[2]况且偷税行政违法与逃税刑事犯罪“一脉相承”,两者只存在违法程度的不同,主观表现应保持一致。[3] 再者,国家税务总局曾在其致最高人民检察院的复函中明确指出,“《税收征收管理法》规定偷税应当具备主观故意”,[4]在对地方税务局作出的若干个案批复中也明确表示,不能证明纳税人具有偷税主观故意的,不认定为偷税。[5] 然而,也有地方税务局曾发出意见相左的通知,强调认定偷税无须增加是否有主观故意等条件。[6]学界中的反对观点则基于行政违法行为实施中的“客观违法原则”理论,[7]或者“过错推定”归责原则,即行政违法行为“归责不问主观状态”,认为偷税构成要

[1] 参见“镇雄县岩洞矿业有限责任公司、黄某逃税罪案”,河南省镇平县人民法院(2015)镇刑初327号刑事判决书。在该案中,法院认为,被告公司经税务机关通知申报而拒不申报,已构成逃税罪;其直接责任人员提出的“因当地政府关闭被告公司,导致公司无钱未纳税,直接责任人员主观上不具有逃税的故意”的辩护观点成立,予以采纳。但法院最终判决被告公司及其直接责任人员均构成逃税罪。

[2] 参见袁森庚:《论偷税故意》,载《税务与经济》2007年第6期。

[3] 参见薛娟:《偷税认定的理论争议与实践检思——以主观故意的认定为视角》,载熊伟主编:《税法解释与判例评注》第8卷,法律出版社2017年版。

[4] 参见国家税务总局办公厅《关于呼和浩特市昌隆食品有限公司有关涉税行为定性问题的复函》(国税办函〔2007〕513号)。

[5] 参见国家税务总局《关于税务检查期间补正申报补缴税款是否影响偷税行为定性有关问题的批复》(税总函〔2013〕196号);国家税务总局《关于北京聚菱燕塑料有限公司偷税案件复核意见的批复》(税总函〔2016〕274号)。

[6] 参见北京市国家税务局《关于明确税务检查中有关政策执行问题的通知》(京国税发〔2007〕363号)。

[7] 参见周微:《偷、逃税行为的违法与犯罪》,法律出版社2014年版,第14页。

件只有客观手段和行为结果两项,不认可主观故意为法定构成要件之一。[1]

通过对偷税案例进行分析,发现司法实践中的"强势观点"仍然是偷税应以主观故意为构成要件,具体而言存在几种不同的认定方式:

一是若不能证明具有偷税故意则"反面推定"不构成偷税。例如,认为被告公司因财务处理失误导致"少列收入、多列成本",无法证明存在主观故意,不能认定为偷税,即过失不构成偷税。[2]

二是从正面明确肯定主观故意系偷税的构成要件之一。例如,有法院在最终认定纳税人构成偷税时,论述其主观上具有不足额缴纳税款的目的,符合偷税违法行为的构成要件。[3]

三是"正反面相结合",既肯定了偷税以主观故意为必要,又从反面将主观故意认定的举证责任分配给税务机关。例如,2019 年被评为我国首届"年度影响力税务司法审判案例"之一的"北京中油国门油料销售有限公司诉北京市顺义区国家税务局案",明确了偷税行为的构成要件必须具备主观故意,从而揭示了偷税概念的本质特征,同时澄清了认定偷税行为的举证责任主体和举证责任分配。[4] 有的法院认为,定性偷税应当同时具备主观、客观和行为 3 个构成要件,若不能提供证据证明纳税人存在主观故意,就不构成偷税。[5]

四是通过"以客观推定主观"的方式,认为《税收征收管理法》第 63 条明确列举的偷税手段模式均为"主观故意明显"地违反税法规定,不缴或少缴应纳税款的情形。[6] 例如,有的法院认为,在账簿上不列收入的行为属于偷税行为,进

---

[1] 参见薛娟:《偷税认定的理论争议与实践检思——以主观故意的认定为视角》,载熊伟主编:《税法解释与判例评注》第 8 卷,法律出版社 2017 年版。

[2] 参见"广东省开平市创丰贸易有限公司诉江门市税务局稽查局案",广东省江门市中级人民法院(2018)粤 07 行终 134 号行政判决书。

[3] 参见"凌源市北方建材有限公司诉辽宁省凌源市国家税务局案",辽宁省朝阳市中级人民法院(2018)辽 1382 行初 32 号行政判决书。

[4] 参见"北京中油国门油料销售有限公司诉北京市顺义区国家税务局案",北京市第三中级人民法院(2017)京行申 1402 号行政裁定书。

[5] 参见"湖北环球置业有限公司诉孝感市税务局稽查局、湖北省税务局案",湖北省云梦县人民法院(2018)鄂 0923 行初 21 号行政判决书。

[6] 参见"深圳市天诚交通发展有限公司诉深圳市地方税务局第一稽查局案",广东省深圳市中级人民法院(2014)深罗法行初 60 号行政判决书。

而认定纳税人"在账簿上不列收入"具有偷税故意。[1]

诚然,并非所有法院都认可主观故意的必要性。有的法院认为,纳税人"经税务机关通知申报而拒不申报"的依法应被认定为偷税,其是否具备偷逃税款的故意并不影响其成立偷税违法行为;[2]另有法院指明,主观故意并非认定偷税的必要条件;[3]还有法院认为,偷税故意只存在于纳税申报之前,依法进行纳税申报,即使未能按期缴纳税款,也不存在偷、逃税的故意。[4]

从立法动态上看,与《税收征收管理法》第63条对应的《草案征求意见稿》第97条仍维持主观要件不明的状态,但同时于第99条中增设了有关因过失未缴或者少缴税款(通常所称"漏税"行为)的规定。由此可以预见,未来《税收征收管理法》修订通过后,逃税违法行为应当以主观故意为要件,否则即无必要增设上述漏税行为的规定。

值得注意的是,全国人大常委会2021年修订通过的《行政处罚法》,已经自2021年7月15日起施行。该法的修订亮点之一,便是首次明确了行政处罚需要考虑行为人的主观状态。[5] 税收违法行为行政处罚的相关规范规定在《税收征收管理法》中,其与《行政处罚法》属于特别法与一般法的关系,后者的修订势必影响对前者相关制度的理解与适用问题。目前,官方仍未发布针对《行政处罚法》的这一规定在税务领域的具体适用规则,学术界与实务界涌现出不同的解读:一种观点认为,主观过错并非行政处罚的构成要件,即并非行政机关要依职权主动查明的要件,没有树立"无责任即无处罚"的理念,[6]实际上加重了纳税

[1] 参见"南通市通州区横港劳动服务公司诉南通市国家税务局稽查局、南通市国家税务局案",江苏省南通市中级人民法院(2015)港行初217号行政判决书。

[2] 参见"青岛金艺房地产有限公司诉青岛市地方税务局稽查局案",山东省青岛市中级人民法院(2018)鲁02行终284号行政判决书。

[3] 参见"山西平定古州东升阳胜煤业有限公司诉阳泉市国家税务局稽查局、山西省国家税务局案",山西省阳泉市中级人民法院(2017)晋0311行初17号行政判决书。

[4] 参见"蛐岛金艺房地产有限公司诉青岛市地方税务局稽查局、青岛市人民政府案",山东省青岛市中级人民法院(2017)鲁0202行初200号行政判决书。

[5] 2021年《行政处罚法》第33条第2款规定:"当事人有证据足以证明没有主观过错的,不予行政处罚。法律、行政法规另有规定的,从其规定。"

[6] 参见黄启辉:《以〈行政处罚法〉第33条第2款为例谈涉税处罚制度可能变化》,载微信公众号"财税法学研究会"2021年2月6日,https://mp.weixin.qq.com/s/bjZSnFG13A2nb5ze3EHB0w。

人的举证义务;[1]另一观点认为,该条修订间接印证了认定"偷税"的主观故意要件,[2]在逃税行政处罚案件中,具备逃税主观因素的举证责任应由税务机关主动调查予以确认并承担;[3]也有观点认为,该条确定了行政处罚中的"过错推定规则"。[4] 众说纷纭,莫衷一是。由此可见,虽然《行政处罚法》对偷税行政违法责任追究之主观要件的确立发挥了一定的积极意义,即"纳税人有证据证明其无主观过错的,不予行政处罚"。但对于过错是否包括过失、是否作为违法构成要件、举证责任应由谁承担等问题并不十分明晰。

税务违法与一般违法的不同之处在于,其专业、复杂程度与变动频率都更高,以及在提高直接税比例和完善税收征管程序的新一轮税制改革进程下覆盖面将更宽广。基于上述考虑,本文主张应从偷税违法行为的基础理论与实践本身出发,明确偷税违法应以主观故意为必要构成要件,并明确由税务机关承担基本举证责任,纳税人可以通过证明其无主观故意予以免责。

3. 认识因素是否包括违法性认识

关于故意的认识因素是否包含"违法性认识"这一问题,已是刑法理论中的老问题。我国刑法学界中存在"否定说"、"肯定说"、"基本否定说"和"折中说"等。[5] 具体到逃税罪中,则主要存在"肯定说"与"否定说"之争。"否定说"认为,纳税是《宪法》规定的公民基本义务,普通公民都知道偷、逃税具有违法性,更不必说故意为之的犯罪分子,强调逃税故意必须具备违法性认识,无疑给逃税犯罪的行为人提供"不懂税法"的脱罪借口;[6]"肯定说"认为,逃税罪作为典型的行政犯(法定犯),必须以行为人明知自己的行为违反法律为可谴责性的前提,尤其是在我国税法体系庞杂且表现形式不一的现实情况下,"有相当学识的

---

〔1〕 参见姜瀚钧:《新〈行政处罚法〉对于税务执法的影响》,载微信公众号"法言评税"2021年1月25日,https://mp.weixin.qq.com/s/NGk5zTJrjQMo0DEPZIowSg。

〔2〕 参见华税:《新〈行政处罚法〉公布后,税务行政执法应该关注的七大要点》,载微信公众号"华税"2021年1月25日,https://mp.weixin.qq.com/s/ewcSCR1IXLBDPtyVA7voTA。

〔3〕 参见张义:《行政处罚法修订,税务行政处罚会有哪些变化?》,载澎湃新闻网2021年1月28日,https://mp.weixin.qq.com/s/SXzlSPwWhf67UyabEfggcQ。

〔4〕 参见赵菁、费翔、魏麟璎、张庆丽:《〈行政处罚法〉修改对税务行政处罚的影响》,载微信公众号"财税法学"2021年1月31日,https://mp.weixin.qq.com/s/lAj0diviVChx8LtxyKTbGw。

〔5〕 参见张庆方:《论违法性认识错误对刑事责任的影响》,载《烟台大学学报(哲学社会科学版)》1998年第2期。

〔6〕 参见吴亚荣主编:《中国税收犯罪通论》,中国税务出版社1999年版,第160页。

人也难以穷尽”,普通公民即便知道逃税是违法行为,也难以准确判断何种行为是逃税。[1] 逃税的主观要件为“有意”,是指纳税人自愿、故意地违反已知的法律义务,但对主观标准的适用应保护普通公民免受因税法的复杂性而犯下“无辜”的错误。[2]

而在行政法领域,对于行政违法的故意是否包含“违法性认识”的探讨少之又少,但在司法实践中却提供了较丰富的素材可供研究。

在偷税案例中,法院认为被告单位已如实在会计账册上记录收入并申报纳税,但与税务机关计得税款数额不一致的原因在于双方“对计税基础存在异议”,认定不构成偷税。[3] 更有甚者认为,如果连税务机关都对某一行为是否应该征税存在疑问,怎么能“指望”纳税人对税收法规比专业的税务机关更清楚。例如,在“聊城市隆昌投资有限公司诉聊城市税务局第一稽查局案”中,税务机关曾专门对“逾期应收未收利息征收营业税”问题向上级有关部门请示,这意味着税务机关对案涉行为是否纳税存在法律认识上的争议,法院基于此认定纳税人不存在“虚假纳税申报”的故意,不构成偷税。[4] 无独有偶,在“深圳市天诚交通发展有限公司诉深圳市地方税务局第一稽查局案”中,税务机关认为,纳税人与其投资人对合同的性质和法律效力存在争议,且正在进行的民事诉讼结果对税率及计税方法都会产生影响,故一直未处理,税务机关对纳税人多番询问是否需要纳税的函件也不作答复,法院认为,若税务机关主张因处于民事诉讼程序中,难以确定被告人应缴纳税款的税种及金额,那么被告人作为非税务专业人士更难以判断是否存在未履行的扣缴税款义务。[5] 在黑龙江省绥化市北林区人民法院审理的“某某伟业房地产开发集团有限公司等单位逃税罪案”中,法院认

---

〔1〕 参见周洪波:《危害税收征管罪立案追诉标准与司法认定实务》,中国人民公安大学出版社2010年版,第51~53页。

〔2〕 See Allen D. Madison, *The Legal Consequences of Noncompliance with Federal Tax Laws*, 70 Tax Law, p.1 (2016).

〔3〕 参见“广东省开平市创丰贸易有限公司诉江门市税务局稽查局案”,广东省江门市中级人民法院(2018)粤07行终134号行政判决书。

〔4〕 参见“聊城市隆昌投资有限公司诉聊城市税务局第一稽查局案”,山东省聊城市中级人民法院(2019)鲁15行终277号行政判决书。

〔5〕 参见“深圳市天诚交通发展有限公司诉深圳市地方税务局第一稽查局案”,广东省深圳市中级人民法院(2014)深罗法行初60号行政判决书。

定被告公司虽然客观上实施了对销售阁楼营业收入未纳税申报的行为,但主观上并不具备“故意隐瞒销售收入不缴税”的目的,因为其认为“阁楼不能开具不动产发票、不能办理产权证,进而认为不用纳税”,且在税务机关向其说明阁楼销售收入也属于营业收入后,及时缴纳了税款及滞纳金,法院因此认定其不构成逃税罪。[1] 在黑龙江省同江市人民法院审理的“李某某逃税案”中,法院认为被告人对部分回迁的房屋产生的税款,主观上未认识到自己行为的违法性,没有不缴纳税款的故意,亦没有采取法律明确规定的具体行为方式以逃避缴纳税款,故对此部分未缴纳税款不认定为逃税。[2]

笔者认同“肯定说”的观点,即偷、逃税违法与犯罪主观故意的认识因素中应当包括违法性认识。认定偷、逃税故意的前提是明知相应的法律义务,而欲“明知”的前提又在于法律规则是明确且可知的。但对于偷、逃税违法性认识的判断,要保持弹性,必要时可能需要进行价值判断,注重对纳税人的权益保护。

当前税制日益复杂,尤其个人所得税改采混合税制后相关税法规则渐趋烦琐、专业壁垒与日俱增。国家财税主管部门先后颁布的各种解释法律、填补法律漏洞乃至改变法律规则的部门规章和规范性文件层出不穷,导致不同主体基于各自立场解读不一。[3]

若片面强调违法性认识作为主观故意认识因素的必要内容,而不考虑在目前税法普及度及税法确定性有限的情况下,普通纳税人并不具备足够的税法认识能力和水平等现实情况,对纳税人的税法遵从要求将过于严苛,不当扩大了纳税人的涉税法律风险。所以,虽然主观故意中应当包含违法性认识,但并不意味着就默认了所有纳税人都精通税法。如果由于现行税法的复杂性和不确定性导致纳税人无法独立判断其行为性质,税务机关和司法机关在这种情况下就应当认定纳税人缺乏违法性认识,其不具备主观故意,进而不构成偷、逃税。

---

[1] 参见“黑龙江某某伟业房地产开发集团有限公司等单位逃税罪案”,黑龙江省绥化市北林区人民法院(2016)黑1202刑初269号刑事判决书。

[2] 参见“李某某逃税罪案”,黑龙江省同江市人民法院(2016)黑0881刑初38号刑事判决书。

[3] 参见李刚、陈晓虹:《逃税罪司法案例实证统计报告及问题挖掘——新一轮税制改革背景下的思考》,“国际法治的理论与实践研究”国际研讨会论文集,2021年4月于厦门。

三、偷、逃税违法与犯罪之“入罪标准”与“出罪条款”

(一)关于“数额 + 比例”入罪标准的理解与认定

从立法沿革来看,偷、逃税犯罪的入罪标准经历了最初的“情节严重”到“数额 + 比例”、总数额和情节并存;随后增加了“受过行政处罚的次数”,[1]也有学者称为“偷税次数”标准;[2]到现今逃税罪条款成为刑法中唯一采用“数额 + 比例”模式进行判断是否构罪、适用哪一档量刑标准的罪刑规范。[3] 逃税罪之所以采用有别于其他财产犯罪的入罪标准,与其作为税收行政犯的本质属性分不开,但也因此引发了理论中的诸多争议和在实践中的操作困境。

1. 逃税罪案例中有关逃税数额司法认定的归纳与统计[4]

基于逃税罪“数额 + 比例”入罪标准的要求,法院在判决是否构罪前必须对逃税数额的“情节”进行判断,认定是否属于数额较大或巨大,同时一并对逃税数额占应纳税额的比例进行认定。从案例统计结果来看,在逃税罪案例中,法院最终认定纳税主体逃税金额属于“数额巨大”的略多于“数额较大”,分别占47%和40.1%,还有88件案例中法院在最后判处构成逃税罪时并未对金额大小进行认定。金额大小的认定不仅涉及“罪与非罪”的区分,同时影响量刑档次的选择,未对金额大小进行认定是逃税罪司法审判中的不规范之处。

在逃税罪案例中,逃税数额在(37,090.75 ~ 102,940.43 元)区间的一般被认定为数额较大;而超过 12,404,588.5 元的会被认定为数额巨大;而在(102,940.43 ~12,404,588.5 元)区间内的逃税数额,有的法院认定为数额较大,有的法院认定为数额巨大,此间跨度之大竟然可达十万元至千万元。自《立案追诉标准(二)》规定追诉标准为5万元起,这一标准同时也作为法院认定“数额较大”的一般标准,但对于何为“数额巨大”,至今仍未出台司法解释划定统一标准,由此导致不同法院裁量范围较大,且认定标准相去甚远,不利于司法的稳

---

〔1〕 该规定并未被摒弃,而是在《刑法修正案(七)》中被转化为适用初犯免责条款的除外条件之一。

〔2〕 参见袁森庚:《偷税罪成立标准的立法缺陷探析》,载《江西社会科学》2003年第1期。

〔3〕 参见牛军栋:《逃税罪中比例标准的缺陷与完善》,载《国际税收》2016年第9期。

〔4〕 相关案例统计情况,参见陈晓虹:《论偷、逃税行政违法与刑事犯罪的立法协调》,厦门大学2021年硕士学位论文,第51~53页。

定性与权威性。

通过阅读具体案例可以发现,部分法院认为目前《刑法》或有关司法解释对逃税罪客观方面要求的"数额巨大"并无具体标准,认定被告逃税数额巨大无法律依据,或者基于有利于被告原则仅认定为"数额较大"。[1] 有的法院直接在判决书中的"本院认为部分"指出本省逃税罪数额巨大的起点是 50 万元。[2] 也有二审法院认可一审法院根据本地经济社会发展状况等因素,认定案涉逃税金额(30 万余元)为数额巨大。[3] 还有二审法院认为,《刑法修正案(七)》对第 201 条的规定虽然在量刑档次及刑期的设置与修正前一致,但设置了入罪的前置程序,从立法精神看,修正后条款的刑罚更轻,因此一审法院采用 10 万元作为"数额巨大"的认定标准,违背了新法从宽的刑事政策取向,实属不当,应予纠正。[4]

2. 逃税罪案例中有关逃税比例司法认定的归纳与统计[5]

逃税罪案例中,法院根据《刑法》第 201 条设置的两档标准,明确认定逃税主体的逃税比例为 10% 以上或 30% 以上的案例占 72.5%,有 12.5% 的案例并未对逃税比例进行认定,另在 15% 的案例中法院认定了法条规定之外的其他比例,如 100%、10% ~30% 等。

1986 年高检发《规定》明确偷、逃税犯罪的数额和比例采"分税种"计算方法,2002 年最高人民法院发布的法释〔2002〕33 号文改为"合税种"计算

[1] 参见"郑某逃税罪案",福建省南平市中级人民法院(2019)闽 0723 刑初 48 号刑事判决书;"杨某逃税罪案",河南省信阳市中级人民法院(2012)信刑终 300 号刑事判决书;"张某清逃税罪案",广东省广州市海珠区人民法院(2013)穗海法刑初 796 号刑事判决书;"松滋中盛置业有限公司、薛某平逃税罪案",湖北省松滋市人民法院(2018)鄂 1087 刑初 138 号刑事判决书;"周某拒不支付劳动报酬、逃税罪案",安徽省宿州市中级人民法院(2017)皖 13 刑终 592 号刑事判决书。

[2] 参见"刘某逃税罪案",河南省潢川县人民法院(2014)潢刑初 7 号刑事判决书;"易某林等逃税罪案",河南省潢川县人民法院(2013)潢刑初 315 号刑事判决书。

[3] 参见"周某建逃税罪案",安徽省滁州市中级人民法院(2019)皖 11 刑终 327 号刑事裁定书,安徽省滁州市南谯区人民法院(2019)皖 1103 刑初 129 号刑事判决书。

[4] 参见"吴某某逃税罪案",广东省广州市中级人民法院(2010)穗中法刑二终 385 号刑事判决书,广东省广州市番禺区人民法院(2010)穗番法刑初 1801 号刑事判决书。

[5] 相关案例统计情况,参见陈晓虹:《论偷、逃税行政违法与刑事犯罪的立法协调》,厦门大学 2021 年硕士学位论文,第 54 ~55 页。

方式,[1]并明确了以"一个纳税年度"为基本计算期间。对于纳税义务存续未满一个纳税年度,或违法活动横跨若干纳税年度的也分别规定了不同的计算方法和期间。通过阅读具体案例发现,在司法实践中大部分法院采用合税种计算方式,但也存在分税种计算逃税比例的情形。[2]

对于计算比例的期间确定,在实践中存在诸多不一致的做法。有的法院认可未按一个完整纳税年度计算的金额、比例,如仅计算了2014年1~7月的情况;[3]也有法院认为,公诉机关指控被告公司自2007年6月1日至2008年12月31日逃税占比89%,因其计算期间不是一个纳税年度,此种计算方法于法无据,本着有利于被告的原则,认为逃税比例为30%以下。[4] 还存在法院对跨年度逃税行为合并多个年度计算比例的情况,[5]但也有法院认为,公诉机关将若干纳税年度的逃税额和应纳税总额合并计算的做法不符合法律规定,应予以变更。[6]

3.数额与比例标准的存废之争

相较其他采用单一"数额标准"的破坏社会主义市场经济秩序和侵犯财产犯罪而言,逃税罪采用特有的"数额+比例"双重定罪量刑标准,也有学者称为

---

[1] "分税种",是指在计算偷、逃税金额占应纳税额比例时,区分不同的税种分别计算;"合税种",是指对被告人或被告单位在一个纳税年度内全部税种的偷、逃税金额及应纳税额均采合并计算的方式。

[2] 参见"赵某某逃税罪案",河北省灵寿县人民法院(2014)灵刑二初94号刑事判决书,(2014)灵刑二初94号;"贾某逃税罪案",浙江省宁波市江东区人民法院(2014)甬东刑初21号刑事判决书;"哈尔滨市呈旭房地产开发有限公司、刘某霞逃税罪案",黑龙江省哈尔滨市中级人民法院(2019)黑0113刑初44号刑事判决书;"信阳市联发房地产有限责任公司、尹某庭合同诈骗、逃税罪案",河南省信阳市中级人民法院(2018)豫15刑终462号刑事判决书。

[3] 参见"德兴市福泰房地产开发有限公司、钱某军逃税罪案",江西省德兴市人民法院(2018)赣1181刑初93号刑事判决书。

[4] 参见"苑某良逃税罪案",河南省周口市川汇区人民法院(2010)川刑初53号刑事判决书。

[5] 参见"浙江广通印业有限公司、陈某建逃税罪案",浙江省丽水市中级人民法院(原浙江省丽水市人民法院)(2018)浙1102刑初525号刑事判决书;"东莞市利澳花园开发有限公司等逃税罪案",广东省东莞市第二人民法院(2014)东二法刑初1935号刑事判决书。

[6] 参见"江苏三和管业制造有限公司、孙某逃税罪案",江苏省宜兴市人民法院(2015)宜刑二初193号刑事判决书。

“情节加比例”,[1]理论上对此素有“肯定说”和“否定说”之争。

“肯定说”认为,纳税人不依法纳税的现实情况错综复杂,不同主体的规模、营业、应纳税额等千差万别,因此采用比例标准较恰当。[2] 根据报应主义刑罚观的内涵,刑罚应与犯罪行为的客观危害性相适应。功利主义刑罚观或犯罪预防论要求主观恶性和人身危险性同样为定罪的重要因素。[3] 逃税罪的客观危害性通过逃税数额来判断,比例标准的主要功能便是反映行为人的主观恶性,[4]即逃税主体的主观恶意程度,[5]采用“数额＋比例”标准从主、客观不同方面确定入罪标准相较单一数额标准更加科学,[6]体现公正的同时兼顾了效率。[7]

“否定说”则认为:(1)逃税比例与社会危害性无关。该罪以国家税款和税收征管秩序为保护的法益,逃避应纳税额越多,相应的法益侵害程度就越高,[8]比例标准可谓多余之举。[9] (2)逃税比例与主观恶性无关。逃税比例的高低并不能真实反映主体主观恶意程度,反而数额的绝对大小才是主观恶性的体现。理由是市场主体偷税是为了追求高额利润,数额多寡才能体现所得利益的大小,其并不关注比例情况。[10] 在实践中,大企业不惜花高价购买税收筹划服务、安排复杂交易,采用比小企业更隐蔽的偷税手段,其主观恶性更大。[11] (3)有违刑法平等原则。比例标准会造成歧视小企业的不公平现象,只要特意维持逃税比例在10%以下,即便数额巨大也不构成犯罪,实际上是对大企业逃税违法行为

---

[1] 参见郭勇平:《“偷税罪”改为“逃避缴纳税款罪”——解析〈中华人民共和国刑法修正案(七)〉第三条》,载《涉外税务》2009年第5期。

[2] 参见黄太云:《〈刑法修正案(七)〉解读》,载《人民检察》2009年第6期。

[3] 参见程立安:《关于偷税罪定罪量刑标准的思考》,载《涉外税务》2002年第5期。

[4] 参见曹康、黄河主编:《危害税收征管罪》,中国人民公安大学出版社1999年版,第35页。

[5] 参见程立安:《关于偷税罪定罪量刑标准的思考》,载《涉外税务》2002年第5期。

[6] 参见沈玉忠:《理性与宽容:逃税罪罪状的新设计》,载《四川警察学院学报》2010年第4期。

[7] 参见杨美蓉、陈守权:《质疑偷税罪双重定罪标准取消论》,载《江西公安专科学校学报》2008年第4期。

[8] 参见胡光华、韩兵:《不应将偷税数额比例规定为偷税罪的构成要件》,载《人民检察》1995年第7期。

[9] 参见毛玲玲:《逃避税收义务刑事责任的修正与方向》,载《法学》2008年第12期。

[10] 参见袁森庚:《偷税罪成立标准的立法缺陷探析》,载《江西社会科学》2003年第1期。

[11] 参见郭昌盛:《逃税罪的解构与重构——基于税收制度的整体考量和技术性规范》,载《政治与法律》2018年第8期。

的姑息;[1]相同比例下,可能出现逃税1万元构成犯罪而逃税10万元以上却不构成犯罪的制度性歧视。[2] (4)在实践中可操作性差,造成司法资源浪费。

由前文对具体案例的分析可见,即便刑法已对计算方法、期间选取、比例基数等作出详细规定,但司法实践仍存在诸多问题,尤以国地税合并之前"分税制"与"合税种"计算方法之间的矛盾为甚。[3] 即便在国地税合并后该矛盾随之迎刃而解,但在我国复合税制下,不同税种应纳税额的计算及期间的选取等仍使司法人员陷入烦琐的计算中。[4]

面对"数额+比例"入罪标准的理论争议和司法困境,有的学者主张放弃比例标准,采用单一的数额标准作为定罪量刑标准;[5]有的学者则主张以数额标准作为构成要件,辅之以比例作为量刑确定因素;[6]或者以数额标准为主,适当放弃比例标准。[7]

自1992年两高《解释》明确偷、逃税犯罪采用"数额+比例"的双重入罪标准,并被《刑法》沿用至今以来,学界对该标准的质疑与争论就不绝于耳。无论是主张"主客观相统一"的"肯定说",还是认为"违反刑法平等原则"的"否定说",实际上都在刑法领域内徘徊不前。不可否认,该入罪标准仅针对刑法领域的逃税罪设定,税法领域的偷税行政违法并未将数额或比例作为构成要件。但是基于逃税罪作为行政犯的本质原理,该入罪标准,一方面是违法与犯罪的"分水岭",另一方面也是两者彼此过渡的紧密衔接之处,不能孤立地用刑法视角观之。事实上,其中的比例标准正是税法领域税收公平原则在规制纳税不遵从行为中的具体体现,并在宪法平等原则的统一秩序范围内贯通刑法的平等原则,因而必须结合税收公平原则与刑法平等原则重新检视逃税罪的"数额+比例"入

[1] 参见洪华芬:《论偷税罪的防范与立法完善》,载《政治与法律》2006年第1期。

[2] 参见郭魏:《偷税罪立法完善之探究》,载《东南大学学报》2009年第11卷增刊;何秉松主编:《税收与税收犯罪》,中信出版社2004年版,第519页。

[3] 参见牛军栋:《逃税罪中比例标准的缺陷与完善》,载《国际税收》2016年第9期。

[4] 参见应飞虎:《我国偷税罪评判标准的再分析(以最高人民法院有关司法解释为对象)》,载《法律适用》2006年第5期。

[5] 参见袁森庚:《偷税罪成立标准的立法缺陷探析》,载《江西社会科学》2003年第1期;袁森庚:《我国刑法第二百零一条修正案评析》,载《税务与经济》2009年第4期;毛玲玲:《逃避税收义务刑事责任的修正与方向》,载《法学》2008年第12期。

[6] 参见牛军栋:《逃税罪中比例标准的缺陷与完善》,载《国际税收》2016年第9期。

[7] 参见陶阳:《偷税罪数额加比例标准的探疑》,载《法学评论》2005年第5期。

罪标准。

(二)关于"初犯免责"出罪条款的理解与认定

《刑法修正案(七)》对刑法第 201 条修改的亮点之一是增加了第 4 款,是我国《刑法》第一次由重改轻的做法。[1] 同其学理争议一样,该条款的适用在实践中同样产生诸多争议。此外,作为沟通偷税行政违法与逃税刑事犯罪的"桥梁"之一,该条款在适用时应同时关注在先的行政行为与在后的司法行为。

1. 偷税案例中被诉行政行为与逃税罪案例中"前置"行政行为的统计[2]

在偷税案例中,被诉行政行为最多的类型首先是税务行政处罚决定,占 82.5%,其次是税务处理决定,占 13.1%,还有两者同时作为被诉行政行为的,占 3.1%。根据《税收征收管理法》第 88 条第 1 款的规定,对纳税争议提起行政诉讼之前需符合复议前置的程序要求,故在偷税案例中,针对税务处理决定提起的行政诉讼必然都经过"复议前置",否则会被直接驳回起诉。同时,提起行政复议需要满足"清税前置"的程序条件,部分纳税人尝试通过"曲线救国"的方式,直接针对税务处罚决定提起行政诉讼,一并要求审查税务处理决定的内容。大部分法院以税务处理决定未经复议且已经生效,不属于法院审查范围为由直接基于其所认定的违法事实维持行政处罚决定。[3] 也有法院认为,虽然纳税人未在法定期间内申请复议,已丧失对税务处理决定的救济权,但税务处理决定是案涉税务处罚决定的基础性和关联性行政行为,构成案件的事实根据,故一并判决变更税务处理决定相关内容。[4] 事实上,税务处理决定与税务处罚决定是两种并立但紧密联系的行政行为,纳税人单独以处罚决定作为被诉行政行为的,税务机关也应当提交作出处罚的全部实体性及程序性证据,且不能仅以处理决定为事实基础。在审判实务中,法院审理处罚案件时虽不宜直接评判处理决定,但

---

〔1〕 参见郭昌盛:《逃税罪的解构与重构——基于税收制度的整体考量和技术性规范》,载《政治与法律》2018 年第 8 期。

〔2〕 相关案例统计情况,参见陈晓虹:《论偷、逃税行政违法与刑事犯罪的立法协调》,厦门大学 2021 年硕士学位论文,第 58~59 页。

〔3〕 例如,"南阳林源置业有限公司诉南阳市宛城区税务局案",河南省南阳市中级人民法院(2020)豫 13 行终 64 号行政判决书;"凌源市北方建材有限公司诉辽宁省凌源市国家税务局案",辽宁省朝阳市中级人民法院(2018)辽 1382 行初 32 号行政判决书。

〔4〕 参见"贵州金星啤酒有限公司诉安顺市国家税务局稽查局案",贵州省安顺地区(市)中级人民法院(2017)黔 04 行终 27 号行政判决书。

可通过司法建议的方式建议税务机关自行纠正,或由纳税人以判决书为据请求税务机关重新作出税务处理决定。[1]

在逃税罪案例中,税务机关将涉嫌犯罪的案例移送公安机关立案之前作出1次行政行为的比例最大,占39.6%,前置行政行为3次以上的案例占15.2%,但仍有55件案例在刑事立案侦查之前税务机关并未下达任何通知或处理文书,占8.1%,有97件案例在文书中体现出税务机关下达了相关文书,但并不能体现下达时间是在公安机关立案前还是在立案后,暂计为“不明”。此外,在逃税罪案例中,刑事立案侦查前税务机关下达的文书类型最多的3种依次为:行政处罚决定书、税务处理决定书和责令限期改正/缴纳通知书,分别占47.6%、38.0%和22.5%。

2.《刑法》第201条第4款的性质及其正当性基础

根据不同角度理解其性质与功能,学理上对该条款存在多种指称,如“初犯免责”“处罚阻却事由”“除罪条款”等。[2] 就其是否作为逃税罪构成要件的问题,在司法实践中同样存在不同观点:有的法院称该条为处罚阻却事由,[3]而不是构成要件,即行为人的逃税行为符合《刑法》第201条第1款的规定,并具备其他责任要素,构成逃税罪,只是还不能发动刑罚权而已;[4]也有法院认为,该条是逃税罪的构成要件之一。[5]

《刑法》第201条第4款问世之初,其正当性基础以及是否符合立法目的等论题备受关注。有学者质疑以行政程序上“补缴税款”来否定已经认定构成犯

---

〔1〕 参见李辉东:《税务处理决定与处罚决定关系之裁判观点评析》,载熊伟主编:《税法解释与判例评注》第11卷,法律出版社2019年版。

〔2〕 参见李翔:《论逃税犯罪中的初犯免责》,载《中国刑事法杂志》2009年第7期;张明楷:《逃税罪的处罚阻却事由》,载《法律适用》2011年第8期;姚兵:《论刑法中的除罪条款》,载《湖北社会科学》2012年第10期。还有其他多种理论,参见郭昌盛:《逃税罪的解构与重构——基于税收制度的整体考量和技术性规范》,载《政治与法律》2018年第8期。

〔3〕 参见“彭某民等逃税罪案”,河北省永年县人民法院(2018)冀0408刑初430号刑事判决书;“何某元、何某逃税罪案”,新疆维吾尔自治区喀什地区中级人民法院(2015)喀中刑终126号刑事裁定书。

〔4〕 参见“王某生、薛某顺、彭某辉逃税罪案”,广东省深圳市中级人民法院(2015)深中法刑二终500号刑事裁定书。

〔5〕 参见“洪某龙逃税罪案”,内蒙古自治区阿拉善盟中级人民法院(2017)内29刑终18号刑事裁定书。

罪的刑事定性不甚合理,[1]若允许逃税行为人在积极补救后得以刑事豁免,会造成与其他财产犯罪的事后弥补仅作为量刑情节而不得作"出罪化处理"的刑事政策不一致。[2] 有学者尝试提出"复行政犯"理论作为支撑该条款的基本法理。[3] 也有学者主张,该条款确立了"先行后刑、以刑促行"的二元化犯罪模式,能发挥刑法的激励功能、提升经济效益并体现出刑法谦抑精神。[4] 但也有学者担忧该条款的实施实际上会激励纳税人的逃税行为,并因此消解刑法的一般预防功能。[5] 甚至有学者认为,该条款的设置过于强调主观恶性,有"心情刑法"之嫌,建议今后修法予以取消。[6]

从域外视角来看,与该条款相类似的还有罗马尼亚刑法典对逃税罪的规定。罗马尼亚2005年第241号法案第10条第1款规定,如果被指控的被告人在刑事侦查或诉讼程序中直至法院一审结束前,完全补偿了因其逃税造成的损害,对其施以刑罚的限度应调整为法律规定的一半;若补偿损害的金额达到10万欧元,则可以支付罚款代替刑罚;若补偿损害的金额达到50万欧元,则处以行政处罚并记录为犯罪,但同样免予刑罚。尽管该条款被质疑违反宪法平等原则,造成根据财力大小给予公民不同法律待遇的事实。但罗马尼亚宪法法院对该意见予以反驳,认为平等原则并不意味着对所有罪行作出相同处理,议会可以根据行为造成的社会危害性不同予以不同的法律待遇。而后,罗马尼亚2013年颁布的第255号法案删除了后两种"以行代罚"规定,保留第一种刑罚减半情形,同时增加限制条件:如果行为人实施逃税犯罪并适用该条第1款的"刑罚减半"待遇后5年内又实施同法下犯罪的,不得再适用该款。[7] 由此可见,出于恢复国家税收

---

〔1〕 参见毛玲玲:《逃避税收义务刑事责任的修正与方向》,载《法学》2008年第12期。

〔2〕 参见李翔:《论逃税犯罪中的初犯免责》,载《中国刑事法杂志》2009年第7期;郭昌盛:《逃税罪的解构与重构——基于税收制度的整体考量和技术性规范》,载《政治与法律》2018年第8期。

〔3〕 参见万国海:《逃税罪"不予追究刑事责任"条款的理解与适用》,载《政治与法律》2019年第12期。

〔4〕 参见熊亚文:《逃税罪初犯免责:价值、困境与出路》,载《税务与经济》2019年第2期。

〔5〕 参见郭勇平:《〈刑法修正案(七)〉对〈税收征管法〉第六十三条的影响》,载《税务研究》2009年第12期。

〔6〕 参见周铭川、黄丽勤:《税收犯罪研究》,法律出版社2020年版,第24页。

〔7〕 See Mihaela Patraus, *Tax Evasion, Theoretical and Practical Conditions of Application of Art.* 10 *of Law* 241/2005, Rev. Fac. Drept Oradea 1 (2017).

收入的目的,采取以行代刑的激励措施,并非我国独有。

逃税罪作为典型的经济性行政犯,其入罪逻辑本身就是“由行入刑”,该条款的适用又会导致“由刑返行”。两处“刑”均指代逃税罪的构成,而两处“行”分别是指“违反税收义务”和“遵从税收处罚”。通过对逃税罪司法案例的分析,发现实践中因该条款适用产生的争议同样围绕“行与刑”的责任配置及程序衔接而展开。

3. 扣缴义务人能否适用该款

之所以会产生扣缴义务人能否适用《刑法》第201条第4款的争议,是因为该款将其适用范围限定为“有第1款行为”,而追究扣缴义务人逃税罪责任的条款是第2款,即便扣缴义务人的逃税行为同样是“采取前款(第1款)所列手段”,仍难以避免产生歧义。学界中存在完全相反的两种观点,为方便讨论暂归类为“肯定说”与“否定说”。

“肯定说”认为,刑法对纳税人和扣缴义务人进行定罪的立法目的是一致的,应当予以同等对待。该条款指向的仅仅是“行为”而未限定“主体”,[1]采用的是无主语句式,[2]两者在税法领域的偷税责任一致,仅因为刑法中表述不同就否认其本质的一致性,有司法不平等之嫌。[3]“否定说”认为,基于扣缴义务人在征收主体与纳税人间双重法律关系的中枢地位,其逃税行为必然侵犯双重客体,具有更严重的社会危害性,[4]且其期待可能性不同于纳税人。[5]

由于在实践中扣缴义务人被起诉追究逃税责任的案例本身已是少数,目前并未检索到以扣缴义务人能否适用该条款为争议焦点的案例,但存在法院探讨追究扣缴义务人是否需要“行政前置”程序的案例。如有法院认为,关于扣缴义务人逃税犯罪是否须先经税务稽查、待税务执法不能后才能刑事立案,并无法律

---

〔1〕参见逄锦温:《逃税罪的立法修正与司法适用》,载《中国审判》2009年第12期。

〔2〕参见孔向荣:《解读新涉税刑事案件立案追诉标准》,载《中国税务》2010年第9期。

〔3〕参见林雄:《逃避缴纳税款罪的相关问题——兼谈税务机关应如何适应〈刑法修正案(七)〉对偷税罪的修改》,载《税务研究》2009年第12期。

〔4〕参见李翔:《论逃税犯罪中的初犯免责》,载《中国刑事法杂志》2009年第7期。

〔5〕参见张明楷:《逃税罪的处罚阻却事由》,载《法律适用》2011年第8期。

条文予以肯定。[1]

事实上,从立法演变的角度观之,《刑法》第201条第4款初犯免责条款的内容与法释〔2002〕33号文第1条第3款的规定存在高度重合,可以推测《刑法修正案(七)》至少是吸收借鉴了上述条款的精神。其第1条第3款明确规定,在刑事立案前补缴税款和滞纳金从而可以免予刑事处罚的适用对象包括纳税人和扣缴义务人。此外,从行政犯角度看,纳税人与扣缴义务人的偷、逃税违法行为在税法领域所承担的责任并无二致,其在刑法领域对免责条款适用也应保持一致。

4.行政处罚是否为刑事追责的前置程序

对于行政行为是否为逃税罪刑事立案的前置程序问题,法律并没有明确规定。如果涉嫌构成逃税罪的违法行为在移送刑事立案前,是否受到行政处罚完全依赖税务机关的主观意愿,那么对于税务机关怠于履职,在移送刑事侦查前未予事先处罚的案件,行为人就不可能满足"已受行政处罚"这一免责条款规定的核心要求,从而丧失适用该条款"免予追究刑事责任"的可能性。可以说,这一规定在赋予行政机关权力新的内涵和意义的同时,也造成了行政权向司法权的不当扩张。[2] 从案例统计数据来看,税务机关在刑事立案前有22.4%的案例未对偷税行政违法行为进行处理。当案件进入刑事审判程序后,司法机关对于缺少"前置"行政行为是否有程序违法之嫌,以及基于此是否认定构成逃税罪等问题存在分歧。

(1)观点一:行政处罚是前置程序

有学者认为,该条款其实是原"偷税罪"规定中"经税务机关通知申报而拒不申报"行为的修正形式,即从隐性的附加性条款修正为显性的前置性条款。[3] 任何逃税案件,首先必须经过税务机关的处理。[4] 这种行政处罚前置程序使税

---

〔1〕 参见"温州市杉亚轻工有限公司等虚开增值税专用发票、逃税罪案",浙江省温州市中级人民法院(2016)浙0303刑初10号刑事判决书,浙江省高级人民法院(2016)浙03刑终990号刑事判决书。

〔2〕 参见李翔:《论逃税犯罪中的初犯免责》,载《中国刑事法杂志》2009年第7期。

〔3〕 参见马存伟、苏静:《〈刑法修正案(七)〉视域下:偷税罪的嬗变》,载《学术探索》2009年第6期。

〔4〕 参见张明楷:《逃税罪的处罚阻却事由》,载《法律适用》2011年第8期。

务机关垄断了逃税案件的入口关。[1]

在司法实践中认可"行政前置"的意见主要包括:税务机关发现被告单位存在偷税行为,在未下达追缴通知或作出行政处罚情况下即将案件移送公安局进行刑事立案侦查,法院认为这与《立案追诉标准(二)》第57条规定的情形相悖,[2]属于程序瑕疵,[3]判决不构成逃税罪。也有法院明确指出,税务机关下达追缴通知及行政处罚是构成逃税罪的前置条件、[4]先置条件,[5]是刑事追诉的前置程序,[6]案件缺乏相关税务机关前置行为,不能认定构成逃税罪。[7] 有的法院认为,虽然逃税罪规定了税务机关的行政前置程序,但法律并未要求税务机关一定要将税务文书送达所有的纳税义务人。[8]

"行政前置"的认定不仅对罪与非罪的影响重大,对认定逃税金额进而判断量刑档次也有影响。例如,有的法院认为,由于税务机关追缴是追究逃税罪刑事责任的前置程序,公诉机关指控逃税犯罪金额中,未经税务机关事先催缴的部分不得计入逃税金额。[9] 这导致有的案件将未经税务机关下达追缴通知的部分金额核减后,剩余逃税金额占应纳税额比例不足10%,认定不构成逃税罪。[10]

---

[1] 参见熊亚文:《逃税罪初犯免责:价值、困境与出路》,载《税务与经济》2019年第2期。

[2] 参见"张某逃税罪案",甘肃省环县人民法院(2019)甘1022刑初162号刑事判决书;"王某生、薛某顺、彭某辉逃税罪案",广东省深圳市中级人民法院(2015)深中法刑二终500号刑事裁定书。

[3] 参见"李某清职务侵占罪、重大责任事故罪、逃税罪案",湖南省娄底地区(市)中级人民法院(2014)娄中刑二终53号刑事判决书。

[4] 参见"初某刚贪污罪、滥用职权罪、逃税罪,松原市兴达商厦逃税罪案",吉林省宁江区人民法院(2014)宁刑再初1号刑事判决书。

[5] 参见"陈某平逃税罪案",广东省江门市中级人民法院(2017)粤0703刑初142号刑事判决书。

[6] 参见"马某逃税罪案",山东省潍坊市中级人民法院(2014)潍刑二终30号刑事裁定书。

[7] 参见"黄某、吴某某逃税罪案",湖北省潜江市人民法院(2018)鄂9005刑初68号刑事判决书。

[8] 理由是:该案属于两名被告人实施合伙经营,对其中一人送达文书效力及于另外一人。参见"钱某茹、宫某芳逃税罪案",安徽省蚌埠市蚌山区人民法院(2018)皖0303刑初419号刑事判决书。

[9] 参见"重庆市万华房地产开发有限责任公司、万某华逃税罪案",重庆市第四中级人民法院(2017)渝04刑终87号刑事裁定书;"孙某辉逃税罪案",贵州省安龙县人民法院(2017)黔2328刑初151号刑事判决书。

[10] 参见"眉山祥云工业港投资有限公司逃税罪案",四川省眉山市中级人民法院(2016)川14刑终117号刑事裁定书。

也有认定部分金额虽经行政追缴程序,但仍未生效,应从所认定的逃税金额中予以剔除。[1]

(2)观点二:行政处罚不是前置程序

事实上,在司法实践中不认可"行政前置"的观点居多数。法院认为,法律并未将行政处罚作为追究刑事责任的前置程序,[2]而是对已构成逃税罪的初犯,在满足《刑法》第201条第4款规定的3个条件的情况下予以从宽处置的特殊优待。[3] 税务稽查部门发现被告单位的逃税犯罪行为后将案件直接移送公安机关进入刑事侦查程序合法,并不违反相关法律规定。[4] 相反,有的法院认为,税务机关通过稽查发现纳税人未足额缴税时,依法追缴欠缴税款并下达处罚决定是符合法律规定的,若立即移送刑事立案反而缺乏法律依据。[5] 也有法院认为,在公安机关刑事立案侦查后,税务机关行政程序是否合理合法,不予审理,且行政处罚亦非追诉该犯罪的前置程序。[6] 还有法院主张,不能基于该条款规定来排除公安机关的立案权,但被告人未缴纳罚款的原因是税务机关并未作出行政处罚,不能以此推定被告公司不接受行政处罚,即税务机关不作为的不利后

---

[1] 参见"封开县泽堃置业有限公司、李某飞逃税罪案",广东省肇庆市中级人民法院(2017)粤12刑终237号刑事裁定书。

[2] 参见"山西恒瑞昌置业有限公司、段某逃税罪案",山西省汾阳市人民法院(2018)晋1182刑初217号刑事判决书;"社旗京东置业有限责任公司、王某强逃税罪案",河南省社旗县人民法院(2018)豫1327刑初320号刑事判决书;"殷某逃税罪案",河北省隆化县人民法院(2017)冀0825刑初150号刑事判决书;"镇平裕成纺织科技有限公司、张某振逃税罪案",河南省镇平县人民法院(2018)豫1324刑初614号刑事判决书;"刘某武逃税罪案",内蒙古自治区高级人民法院(2019)内刑终149号刑事裁定书;"大同市云冈实业有限责任公司逃税罪案",山西省大同市中级人民法院(2016)晋02刑终130号刑事裁定书;"黄某旺等非法经营、寻衅滋事、逃税罪案",湖南省邵阳市中级人民法院(2013)邵中刑二终63号刑事判决书;"张某甲逃税罪案",山东省枣庄市市中区人民法院(2014)市中少刑初74号刑事判决书;"严某青等逃税罪案",湖北省高级人民法院(2010)鄂刑三终48号刑事判决书。

[3] 参见"余某生逃税罪案",浙江省温州市瓯海区人民法院(2016)浙0304刑初51号刑事判决书。

[4] 参见"湖北洁达环境工程有限公司、李某明逃税罪案",湖北省荆州市中级人民法院(2014)鄂荆州中刑再终1号刑事裁定书。

[5] 参见"袁某逃税罪案",(2013)上海市浦东新区人民法院浦刑初3707号刑事判决书。

[6] 参见"杭州嘉威房地产开发有限公司、应某红逃税罪案",浙江省桐庐县人民法院(2018)浙0122刑初251号刑事判决书。

果不应由被告人承担。[1] 也有案例表明,税务机关虽然在刑事侦查前作出行政行为,但其作出的是暂不予行政处罚决定,而法院认为由于案涉税务机关没有给予被告公司行政处罚,因此驳回被告人提出适用《刑法》第 201 条第 4 款的请求。[2] 还有税务机关在稽查后认定轻微违法,作出不予行政处罚决定后,直接移送刑事立案。[3] 逃税罪作为行政犯,行为人如果连行政违法都算不上,如何能构成刑事犯罪? 也有法院认为,对于被告人实施隐匿、销毁账簿、记账凭证的逃税行为无须经税务机关下达追缴通知。[4] 还有法院认为,当案件由公安机关接到举报后直接立案,而非税务部门立案查处的,可以不受《刑法》第 201 条第 4 款前置条件的限制,但该案件随即被二审法院发回重审,同一法院在重审程序中转变了观点,认为税务机关的追缴不应当然地理解为逃税罪刑事追诉的前置程序,只是一种附条件免予刑事责任的例外条款。[5]

5. 如何理解"已受行政处罚"

对于如何认定"已受行政处罚"的问题,当然要求纳税主体积极按照税务机关的要求在规定期间内缴纳罚款,而不仅是指行政机关作出了处罚决定,并且即便是因税务机关错误执法导致漏查违法行为的,也不影响按决定履行完毕的纳税人适用该款。[6] 对于此问题,学理观点与实践认定中最突出的纷争在于,行为人补缴税款、滞纳金并缴纳罚款后,如果不服税务处理决定、行政处罚决定而提起行政复议或者行政诉讼,还能否适用《刑法》第 201 条第 4 款? 换言之,纳税主体的行政救济权利是否因其适用刑事免责条款而丧失?

有学者在解读《刑法修正案(七)》对逃税罪的修改时表示,纳税人补缴税款、滞纳金和罚款后又提起行政复议、行政诉讼的,不符合《刑法》第 201 条第 4 款规定"接受行政处罚"的要求,因为该条款本身就是对已构成犯罪、应承担刑

---

〔1〕 参见"曹某某等 5 人逃税罪案",甘肃省天水市麦积区人民法院(2016)甘 0503 刑初 168 号刑事判决书。

〔2〕 参见"和田鑫彦旭汽车贸易有限公司、蒋某永逃税罪案",新疆维吾尔自治区和田地区(市)中级人民法院(2018)新 32 刑终 107 号刑事判决书。

〔3〕 参见"周某逃税罪案",海南省第二中级人民法院(2017)琼 9003 刑初 22 号刑事判决书。

〔4〕 参见"海南众信房地产开发有限公司、王某胜逃税罪案",海南省第一中级人民法院(2016)琼 9002 刑初 232 号刑事判决书。

〔5〕 参见"张某兵逃税罪案",河南省息县人民法院(2014)息刑初 39 号刑事判决书。

〔6〕 参见张明楷:《逃税罪的处罚阻却事由》,载《法律适用》2011 年第 8 期。

事责任的逃税行为人例外作宽大处理的特殊规定,不允许纳税人在补缴税款、滞纳金后再就行政处罚的合理、合法问题申请行政复议或者提起行政诉讼。[1] 有学者据此认为,《刑法》第201条第4款的适用实际上剥夺了纳税人的行政救济权,不利于行政相对人合法权益的保护及案件事实的查清。[2] 也有学者认可"接受行政处罚"应同时具备主观上的认可并愿意接受处罚的悔改之意,以及客观上积极履行相关义务,但并不认同行政救济权灭失的说法。税务机关作出处罚决定时具有较大的裁量权,且通常行政行为所认定的违法事实对司法上逃税罪的认定意义重大,若不允许纳税人对此质疑并寻求救济,将难以控制行政权力的滥用,会侵犯公民的合法权益。[3]

在司法实践中的观点基本认可纳税人不因行使行政救济权利就丧失适用初犯免责条款的资格。例如,有法院认为,"已受行政处罚"从立法本义上,还包括相关人员认识到其行为的违法性并有悔过、接受处罚的态度,主观上接受处罚是本罪不予追究刑事责任的前提。[4] 判断纳税人对其已构成犯罪的行为具有悔改之意的重要依据便是其"积极缴纳罚款"的表现,因此不宜将"已受行政处罚"限定为"生效的行政处罚",即纳税人无条件接受行政处罚,并不能等同于其提起行政复议、诉讼的救济权利灭失。[5] 同样有法院认为,提起行政复议、行政诉讼是在行使合法的权利,不影响认定已经补缴应纳税款、滞纳金、已受行政处罚,进而判决被告不构成逃税罪。[6]

笔者认为,行政处罚应当作为追究逃税罪刑事责任的前置程序,并且适用初犯免责条款并不影响纳税人行使行政复议、行政诉讼等救济权利。事实上,《刑法》第201条第4款将"已受行政处罚"作为刑事责任初犯免责的条件之一,除体现出刑法谦抑性精神与宽严相济的刑事政策外,还是逃税罪之行政犯本质属

---

[1] 参见黄太云:《〈刑法修正案(七)〉解读》,载《人民检察》2009年第6期。

[2] 参见熊亚文:《逃税罪初犯免责:价值、困境与出路》,载《税务与经济》2019年第2期。

[3] 参见李翔:《论逃税犯罪中的初犯免责》,载《中国刑事法杂志》2009年第7期。

[4] 参见"化某善犯职务侵占罪、逃税罪案",山东省高级人民法院(2014)鲁刑再2号刑事裁定书。

[5] 参见"王某生、薛某顺、彭某辉逃税罪案",广东省深圳市中级人民法院(2015)深中法刑二终500号刑事裁定书。

[6] 参见"王某鹏、广东省兴宁三建工程有限公司逃税罪案",广东省中山市中级人民法院(2016)粤20刑再6号刑事裁定书。

性的典型体现。偷、逃税行为在责任承担上,刑事责任理应后置于税收行政责任,该"后置"包含两层含义:一是程序上应由行政先行,刑事程序滞后启动;二是只有在行政手段仍无法追回流失的税款、恢复税收征管秩序的情况下,才有必要采用刑事手段予以制裁。行政程序前置是逃税罪行政犯本质的应有之义。

此外,同样从行政犯角度出发,无论是复议、诉讼等救济权利,还是刑法规定的初犯免责条款,其目的都在于充分保障纳税人的合法权益。控制犯罪、保障税收固然有其重要性,但税收执法权与刑事司法权的结合可以说是国家权力中的"强强联合",若不赋予公民足够的救济权利,人权保障与权力制约将无从谈起,税收法定与罪刑法定的根本目的也就无法实现。

6. 但书的理解与适用

《刑法》第201条第4款的但书部分规定了排除该条款适用的情形。[1] 该但书只是对该款前部"处罚阻却事由"适用的否定,[2] 是初犯免责的除外条件,[3] 并非犯罪的构成要件。

对前一情形的理解应认定为只要法院作出有罪宣告即可,不要求实际施以处罚,即认定构成逃税罪但不以受到主刑或者附加刑的处罚为必要,[4] 因为立法本意是对有逃税行为屡教不改的人从严处理。[5]

对于"二次以上行政处罚"的理解,法条原文已明确将其限定于"因逃避缴纳税款"的范围内,与之对应的是《税收征收管理法》第63条规定的偷税行政违法,这意味着行为人因其他税收违法行为受到行政处罚的不包含在内。但通过对逃税罪案例进行分析,发现有的法院所作认定或有偏颇之处。例如,在"甘肃豪森矿业有限公司逃税案"中,税务机关下达追缴通知及行政处罚后,纳税人积极补缴税款、罚款,但法院认为被告公司因此前未依法办理税务登记和逃避纳税

---

[1] 《刑法》第201条第4款规定:"……但五年内因逃避缴纳税款受过刑事处罚或者被税务机关给予二次以上行政处罚的除外。"

[2] 参见张明楷:《逃税罪的处罚阻却事由》,载《法律适用》2011年第8期。

[3] 参见曾庆涛:《关于逃税罪初犯免责的探讨》,载《商业会计》2010年第17期;张平、王庆余:《偷税罪修正后的司法适用》,载《中国检察官》2009年第6期。

[4] 参见杨莹莹:《正确理解逃税罪的刑罚阻却事由》,载《检察日报》2014年11月26日,第3版;张明楷:《逃税罪的处罚阻却事由》,载《法律适用》2011年第8期。

[5] 参见郭昌盛:《逃税罪的解构与重构——基于税收制度的整体考量和技术性规范》,载《政治与法律》2018年第8期。

被给予两次税务行政处罚,[1]不符合适用"逃税初犯免予追究刑事责任"的规定。"莫某杰逃税罪案"判决书中的事实查明部分显示,纳税人5年内存在因"逾期未申报"接受行政处罚的记录,法院在审理中将此认定为纳税人存在因逃税被予以二次行政处罚,因《刑法》第201条第4款是要对有逃税行为屡教不改的人从严处理,排除了这类行为人实施了该条第1款规定的行为享有初犯(含受过一次以下行政处罚)不予追究刑事责任的权利。[2]

"二次"应是指已经受到二次行政处罚,第三次再逃避纳税的,才不能适用该款免责规定,否则法条对"行政处罚"的次数作与"刑事处罚"的区分就毫无意义,有违公平合理与协调一致。[3] 但在实践中有法院认为,5年内因逃税被税务机关处罚后第二次实施逃税违法行为的,即使已缴清税款、罚款,也不免除刑事责任,仅作为酌情从轻处罚的情节予以考虑。[4] 也有法院在认定单位犯逃税罪时,单独计算直接责任人在任期间单位的受罚次数,即虽然认定被告单位在本次逃税行为之前5年内因逃避纳税受过税务机关二次以上行政处罚,判处单位构成逃税罪,但由于在被告人担任直接责任人期间仅发生一次行政处罚,根据罪刑法定原则,判决对该直接责任人不予追究刑事责任,[5]造成了判决单位犯逃税罪却仅罚单位的结果。

---

[1] 参见"甘肃豪森矿业有限公司逃税罪案",兰州铁路运输中级法院(2014)兰铁中刑终10号刑事判决书。

[2] 参见"莫某杰逃税罪案",海南省陵水黎族自治县人民法院(2016)琼9028刑初286号刑事判决书。

[3] 参见张明楷:《逃税罪的处罚阻却事由》,载《法律适用》2011年第8期。

[4] 参见"广东今来药业有限公司逃税罪案",广东省广州市中级人民法院(2016)粤01刑初655号刑事判决书。

[5] 参见"武威市浙江村实业有限责任公司、钱某某逃税罪案",甘肃省武威地区中级人民法院(2015)武中刑终115号刑事裁定书。

《税法解释与判例评注》稿约

《税法解释与判例评注》由武汉大学财税与法律研究中心主任熊伟教授主编，2010 年创始至今，每年出版 1 卷至 2 卷，连续滚动出版。截至 2020 年 12 月，已连续出版、编辑 13 卷，常年公开征稿。欢迎国内外专家不吝赐稿！

《税法解释与判例评注》不是纯粹的理论研究丛书，也不是纯粹的实务信息汇编，而是连接理论与实务的一个桥梁，是理论界与实务界互动的一个平台。收录稿件均从实务出发，既总结实务中的经验，促进理论研究水平的提升，又为实务提供指导，使税法解释和判决更加科学，使税收立法更加合理。

一、来稿内容要求

《税法解释与判例评注》主要关注两个方面的素材：(1)各级法院的判决和裁定，以及各级税务机关的处理决定、处罚决定、复议决定；(2)财政部、国家税务总局，以及各地财税机关对税法所作的解释。我国港澳台地区以及国外的典型案例，也可以作为评论对象。

在评论案例时，必须提供准确的信息来源，尽可能提供文书的文号，便于读者查询和鉴别。可以对一个案件进行评析，也可以评析几个相关案件；在评论行政解释时，既可以关注其合法性，也可以关注其合理性；既可以单独评析一个文件，也可以追本溯源，解读系列相关文件；既可以表示赞同，也可以进行批评。读者也可以评论已经发表的文章，既可以是共鸣，也可以是商榷，以营造一个互动空间。

欢迎税务律师、法官、检察官等向我们提供典型税案的辩护词、代理词、公诉文书和裁判文书，欢迎税务干部向我们提供税务处理决定书、税务处罚决定书、税务复议决定书。

二、来稿形式要求

1. 每篇文章要求注释规范，文字流畅，观点明确，资料翔实，有理有据，论证有力，字数一般在 1.5 万字左右，特别优秀的稿件不受字数限制。

2. 来稿请附上作者的姓名、单位、学位、职称或职务、通信地址、邮编、电话或电子邮件信箱。

3. 稿件可选择邮寄或网络发送。来稿一律采用 Word 2000 以上版本的文档格式,A4 版面,默认页面设置。

4. 论文体裁不限,论文、译文、调研报告等均可,译文请自行解决版权。

三、来稿原创性要求

向《税法解释与判例评注》所投稿件,应属于税法解释或判例评注相关的原创作品,且未曾公开发表或主体部分未曾公开发表。特别优秀的、符合丛书定位和风格的"微信"文章,深度加工、整理后也欢迎来稿。

四、其他说明

1. 来稿一经采用,即赠送样书 2 本。在条件许可时,编辑部将组织作者见面会,商谈丛书定位、稿件质量、读者需求以及推广策略等问题。

2. 编辑部将对收录稿件的作者发放适当稿酬。在条件许可时,编辑部将针对收录的稿件进行评奖。

3. 请勿一稿多投。自来稿之日起逾 3 个月未收到采用通知的,作者可对稿件另行处理。

4. 论文一经《税法解释与判例评注》录用,其数字化复制权、发行权、汇编权及信息网络传播权将转让予《税法解释与判例评注》编辑部,不同意者请及时告知。

附:《税法解释与判例评注》规范要求

通信地址:湖北省　武汉大学法学大楼　421#
邮政编码:430072
收 件 人:熊伟　教授
投稿邮箱:taxreview@126.com,whutax@126.com
联系电话:18971662412;15827249236

《税法解释与判例评注》编辑部
2021 年 9 月 10 日

附：

《税法解释与判例评注》规范要求

一、标题规范

1. 主标题名称用黑体小二号字加粗且居中格式，副标题用黑体小三号且居中，标题采段前段后间距 0.5 行格式。

2. 中文标题后，附英文主副标题，字体为 Times New Roman，其余与中文标题相同。

二、作者信息规范

1. 作者名称用楷体四号字格式，居中附于标题下方，并用上标星号（*）作为介绍作者注释的标志；同时，采段前段后间距 0.5 行格式。

2. 注释中作者简介内容统一为：单位职称、学位，不再写作者名称。例如，武汉大学法学院教授，法学博士。

3. 作者联系方式附录于正文之后，重点列明：收信人地址、联系人、联系电话、E-mail 地址。

三、摘要与关键词规范

1. 主副标题之后，正文之前列中文摘要与关键词。

2. 摘要为文章主要观点的提炼，字数一般在 300 字以上，500 字以内；关键词一般为 3～5 个，其间用分号隔开。

3. 摘要与关键词均为五号楷体，采段前段后间距 0 行、1.5 倍行距格式。其中，“摘要”与“关键词”字样加粗。

四、正文规范

1. 正文中标题级次分别为“一、”“（一）”“1.”“（1）”，其中一级标题用宋体四号字加粗居中格式，首行缩进 2 字符，段前段后间距 0.5 行格式；二级标题用宋体小四号字加粗左对齐，首行缩进 2 字符，段前段后间距 0 行格式；三级标题用宋体五号字加粗左对齐，首行缩进 2 字符，段前段后间距 0 行格式；三级标题及以下格式与正文相同。

2. 正文标题之外的内容统一用宋体五号字，段前段后间距 0 行、1.5 倍行距格式。

3. 正文中出现法律规范的名称时，应当表述规范，原则上不在前加缀“中华人民共和国”字样。在使用简称时，应使用规范化简称，并在文中注明。例如，《中华人民共和国税收征收管理法》简称为《税收征收管理法》，不简称为《税收征管法》或《征管法》等。与此同时，法律条文的序号表述应当与法律文本一致。

4. 正文中出现图、表时，统一标注为“表 1”“图 1”，且表的标题居中置于表之上、图的标题居中置于图之下，采用楷体五号字、段前段后间距 0 行格式。

五、注释规范

全文采用脚注，每页用阿拉伯数字[1][2][3]……单独编码，首行缩进 2 个字符，宋体小五号字，单倍行距格式。英文字体为 Times New Roman。

1. 中文文献规范

(1)著作

熊伟:《美国联邦破产程序》，北京大学出版社 2006 年版，第 2 ~ 3 页。

(2)译作

[法]孟德斯鸠:《论法的精神》(下册)，张雁深译，商务印书馆 1963 年版，第 32 页。

(3)论文

熊伟:《财政法基本原则论纲》，载《中国法学》2004 年第 3 期。

刘剑文、熊伟:《二十年来中国税法学研究的回顾与前瞻》，载刘剑文主编:《财税法论丛》第 1 卷，法律出版社 2002 年版。

熊伟:《法学现代化背景下领域法学之契机》，载《中国社会科学报》2017 年 1 月 4 日，第 5 版。

(4)学位论文

叶金育:《税法解释中纳税人主义研究》，武汉大学 2015 年博士学位论文，第 6 页。

(5)网络资源

熊伟:《财政分税制与地方预算自主权》，载中国财税法治战略研究院官网 2017 年 5 月 23 日，http://taxlaw.cczu.edu.cn/2017/0526/c11510a158548/page.htm。

(6)古籍

司马迁:《史记·商君列传》，中华书局 1959 年版，第 2229 页。

姚际恒:《古今伪书考》卷三,光绪三年苏州文学山房活字本。

(7)裁判文书著录格式

四川省绵阳市中级人民法院行政判决书,(2016)川07行终35号。

(8)案例著录格式

"田某诉北京科技大学案",北京市海淀区人民法院(1998)海行初字第142号行政判决书。

2. 英文文献格式

(1)著作

Richard A. Posner, *The Problems of Jurisprudence*, Harvard University Press, 1990, p. 456 – 457.

(2)论文

Frank K. Upham, *Who Will Find the Defendant if He Stays with His Sheep? Justice in Rural China*, 114 Yale Law Journal, p. 206(2005).

Lars Anell, *Foreword*, in Daniel Gervais eds., The TRIPS Agreement: Drafting History and Analysis, Sweet & Maxwell, 1998, p. 1.

3. 案例

Shull v. London Amusement Co., 123 F. 2d 302 (6th Cir. 1941).

本规范要求自《税法解释与判例评注》(第十四卷)起执行。

《税法解释与判例评注》编辑部

2020年12月31日